人才品鉴

姜少敏——著

光明日报出版社

图书在版编目（CIP）数据

人才品鉴 / 姜少敏著 . -- 北京：光明日报出版社，
2024.6. -- ISBN 978-7-5194-8017-2

Ⅰ. C96-092

中国国家版本馆 CIP 数据核字第 2024G3M660 号

人才品鉴
RENCAI PINJIAN

著　　者：姜少敏

责任编辑：杜春荣　　　　　　　责任校对：张　丽　温美静
封面设计：中联华文　　　　　　责任印制：曹　诤

出版发行：光明日报出版社
地　　址：北京市西城区永安路 106 号，100050
电　　话：010-63169890（咨询），010-63131930（邮购）
传　　真：010-63131930
网　　址：http://book.gmw.cn
E － mail：gmrbcbs@gmw.cn
法律顾问：北京市兰台律师事务所龚柳方律师

印　　刷：三河市华东印刷有限公司
装　　订：三河市华东印刷有限公司
本书如有破损、缺页、装订错误，请与本社联系调换，电话：010-63131930

开　　本：170mm×240mm
字　　数：273 千字　　　　　　印　　张：18.5
版　　次：2025 年 1 月第 1 版　　印　　次：2025 年 1 月第 1 次印刷
书　　号：ISBN 978-7-5194-8017-2

定　　价：89.00 元

自序

自2011年开始进入人才测评行业以来，已经十多年了，测评过的对象形形色色，管理百亿资产的高级管理者有之，刚刚进入职场的学生有之，我逐步对人才测评的技术和方法有了一些感受和理解，再加上大学阶段学的就是心理学专业，所以一直想在两者之间建立某种直接的联系，以打通学术研究和实践经验之间的桥梁。奈何，个人理论知识的欠缺，一直无法形成一个人才测评的系统框架，直到，无意中接触到刘劭的这本《人物志》。

也许是冥冥之中注定的事情，尽管在大学阶段翻阅过《人物志》，但是当时文言底子太薄，根本读不懂，所以也未曾留下太深的印象。直到一位爱读书的朋友向我推荐该书，遂沉下心来细细研读，几遍之后，实有字字珠玑、醍醐灌顶之感，更为可喜的是，那个一直以来，困扰着我的，求而不得的系统框架也逐渐清晰起来，就像一棵树一样，根如何、干如何、枝叶如何，一切都变得通透起来。

看人这件事一直都是一个云山雾罩玄之又玄的事情，每个人都有一点自己的经验，但是都缺乏系统性，而刘劭凭借自己的天赋才华将其系统化地说清楚了，实在令人钦佩。

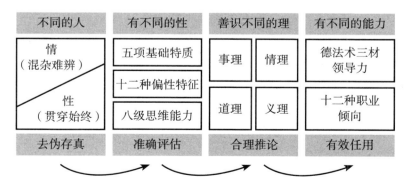

《人物志》从情性之理开始，说明了先天的性质和后天的情状之间混杂的情况，提示我们看人一定要看内质（本性），而不要被后天的情状（表面现象）所迷惑；继而依据中国的传统哲学和自己的观察，提出了人的五个基本特质，以及由此而来的十二种偏性（十二种人格），回答了人的共性特质和个性特征的问题，然后以八级思维能力作为附加评价标准，建立了其个性加上智力的评估结构，也就是我们常常讲的德加才的评估结构，进而推论到其学习能力和职业倾向。上图只是关于人的认识的核心框架，在此基础上，刘劭将人物评估实践中的诸多方法和经验集中体现在了《接识》《英雄》《八观》《七缪》篇，这四篇是更具实操性和指导性的鉴别方法。

鉴于其他关于《人物志》的译本重在字词的意义考证，不利于大众读者的理解，所以本文采用通译的方式，即以词句通顺、通俗为准，而暂时忽略了对字词的意义标注。希望能够帮助大众快速掌握"看人的本事"。

没有一件事不是因缘际会，没有一件事不是和合而生，本书的成书之旅亦是如此。

从成书的脉络上首先要感谢我的舅舅向木松先生，一个充满智慧且狡黠的老头儿，他是我幼年时的光，我从他的身上学到了要多读书读好书的习惯，以及永远都有办法的乐观精神，这让我沉淀了很多对文字本身的好感，也克服了对文言文阅读的恐惧。

第二个要感谢的人是我的至爱 Licky.Gu 女士，一个真诚、善良且美丽的姑娘，在我写作的过程中，给予我无微不至的照顾，看似偶尔调皮的搅扰，却总是饱含深情的支持，虽然我们最终没能走到一起，但是真的非常感谢一路上有她。

还有诸多同事朋友的支持，带我进入人才测评行业的导师黄成新先生，给我推荐《人物志》的朋友 @帮龙叔提鞋的孩纸（微信昵称），给我词句提点的古文大师 @兰陵王（微信昵称），帮助我审稿校对的于洪娜女士，以及极力促成出版的陆永华、石子花夫妇，在此一并致以深深的谢意。

开始写这本书的时候，豪情万丈，待真的要付梓之时，内心却战战兢兢。我深知自己才疏学浅，虽然已经勉力为之，但是错漏必然还有，挨骂事小，亵渎了先贤智慧事大，所以还请广大读者对书中错漏多做提点，共同推动中国人物品鉴智慧的现代化。

2023 年 8 月于苏州

序

　　夫圣贤之所美，莫美乎聪明。**天以三光**[①] **著其象，人以聪明邵其度**。聪明之所贵，莫贵乎知人[②]。**聪于书计**[③] **者，六艺之一术。明于人物者，官材**[④]**之总司**。知人诚智，则众材得其序，而庶绩之业兴矣。

　　是以圣人著爻象，则立君子小人之辞。**君子者，小人之师。小人者，君子之资。师资相成，其来尚矣**。叙诗志，则别风俗雅正之业。**九土殊风，五方异俗，是以圣人立其教不易其方，制其政不改其俗**。制礼乐，则考六艺祗庸之德，**虽不易其方，常以诗礼为首；虽不改其俗，常以孝友为本**。躬南面，则授俊逸辅相之材。皆所以达众善而成天功也。**继天成物，其任至重，故求贤举善，常若不及**。

　　圣贤之所以被称为圣贤，是因为他们聪明有智慧，这些聪明智慧当中最为难得的，莫过于识别人才的能力。如果一个人有足够的智慧，能够做到知人善任，那么众多的人才都可以被安置在适合他们的位置上，这样国家和社会就能够繁荣昌盛、兴旺发达。

---

① 三光指日、月、星。

② 《尚书·皋陶谟》："知人则哲，能官人。"

③ 书计指文字与筹算。

④ 书中多出现如"才"与"材"字混用的情况，因古今用法差异，为避免白话文部分与古文内容衔接不畅或产生歧义，在需要使用原文概念或与之相关内容时，如"人材""偏材""材理""材能""群材""兼材""成材"等，多沿用古文字形，在其他白话文部分则使用现代标准字形，如"人才""成才""高才生""才能"等，其他类似情况不再加注。

孔子在为《易经》作《易传》①的时候，就区分了君子与小人②的概念；在编订《诗经》的时候，就已经根据每首诗当中的内容和所包含的情感，分为风、雅、颂③三大类（比喻三个层次的事业，类似于现代组织的高中基三个层级）；在制定礼乐制度的时候，就确定了礼、乐、射、御、书、数这一六艺考察体系（对应现代人才能力评估体系）。在辅佐君王时，就积极选拔脱俗有才的人以辅佐执政（对应现代的人才任用体系）。这些做法都是为了能充分发挥众人的才干从而成就伟大的事业。

以上两段需要特别说明的有两点。

第一，原文所说的"聪"和"明"都是单指的，"聪"指的是六艺之一术，也就是书数之学，类似于现代语境下的语文和数学，其引申的意思应该是脑子灵活，比如，某人记忆力好，反应敏捷。这些都是"聪"的概念，类似于心理学当中所说的流体智力④的概念。

那么什么是"明"呢？在《论语·颜渊》篇中，有学生问孔子，什么是"明"？孔子答：

一个人如果能够抵制别人像水润物那样暗中说坏话的恶意攻击，或者不会因为个人安全突遭威胁而受到影响，这样的人可以称之为聪明睿智的人。事实上，一个人能够抵御这样的影响或这种不测，确实是超乎

---

① 《易传》是一部古代哲学伦理著作，是诠释《易经》的经典著作。属于战国时期解说和发挥《易经》的论文集。

② 此处小人并不特指日常所说的道德卑劣的人，而是统指不如伟岸君子的人，急功近利、心胸狭小、道德卑劣等非君子品性的人，都属于小人范畴。

③ 风也叫国风，是不同地区的地方音乐；雅是周王朝京都地区宫廷宴飨或朝会时的乐歌，即正声雅乐；颂是宗庙祭祀的舞曲歌词，内容多是歌颂祖先的功业。

④ 美国心理学家卡特尔（1965）等用因素分析的方法将智力分为两大类，一类是流体智力，一类是晶体智力。流体智力指的是一种以生理为基础的认知功能，记忆、运算及推理等都属于流体智力，这些能力大多数受先天影响比较大；晶体智力指的是对从社会文化中习得的解决问题的方法从而进行应用的能力，是在实践（学习、生活和劳动）中形成的能力。晶体智力的形成与发展是需要以流体智力的投入为基础的，流体智力的发展则遵循基本的生物学规律，一般在20岁左右达到顶峰。

寻常的人。①

　　简而言之，"明"即明白事物发生发展的基本规律，在有很多扰乱因素的情况下，仍然可以保持平静，进而做出正确的判断。需要特别强调的是，"明"不是一个意志使然的过程，而是一个水到渠成的过程。这点在炒股这件事情上表现得尤为明显，很多因素都在影响着买卖决策，既有小道消息、统计指标"层峦叠嶂"的影响，又有追涨杀跌的情绪影响，所以新手的每一次买进与卖出都是战战兢兢的，而真正的老手则能做到波澜不惊、进退自如。为什么呢？老手的心理素质更好？不是的，是因为老手是明了的，而新手是不明了的。那么老手明了什么？明了规律。老手在这无边股海里浮沉已久，知道什么时候潮起什么时候潮落，体验过潮起的波澜壮阔，也体验过潮落的肃杀萧瑟，最终明了盛极必衰、否极泰来的股市规律，所以不动不惊。当然并不是所有的老手都可以明了，这也依赖于个人分析总结的能力，所以我们时常会说经历不代表经验。从理论的角度来说，"明"近似于卡特尔智力理论当中的晶体智力，后文多次出现"明能见机"的说法，意思就是说平时常思考，将根本性的规律把握在手中，自然就能在临时的变化中把握住机会并做出恰当的选择。

　　第二，如果对圣人（此处特指孔子）所做的人才工作进行总结归纳的话，可以发现圣人所做的事情大体可以分为四个部分，其一，分德行高低（君子、小人）；其二，别志趣雅俗（风、雅、颂）；其三，考技艺粗精（六艺）；其四，举贤达用。这个结构所描述的内容本质上就是高级人才管理者的基本素质或者基本工作内容，与现代人才管理体系有异曲同工之妙，且更具简洁性。对于现代人才管理工作者有很重要的启示作用。图示如下。

---

① 孔子，著. 辜鸿铭，译著. 论语　大学　中庸［M］. 徐昌盛，欧阳瑾，译. 天津：天津社会科学院出版社，2015：147.

高级人才管理者的基本素质			
人才识别的能力（角度）			人才任用的意识
德行	能力	志向	选贤用贤
君子/小人 君子以良知为准绳要求自己，行事体面，该自己承担的责任和义务绝不逃避，即使这些责任和义务是法理所豁免的	礼/乐/射/御/书/数 懂人际交往； 有文化修养； 能实践操作； 善思维分析	风/雅/颂 有大才不耽于小，宁静致远； 有中才不精于私，弘毅公正； 有小才不坠于志，笃实奋进	建体系 给机会 善识别 敢任用

高级人才管理者的基本素质

将德行作君子与小人之分是对人的最简单的分类，就如同我们日常对他人的粗判：此人虽然……但是不是坏人，此人虽然……但是不可深交。所谓的"不是坏人"与"不可深交"就是最朴素的"君子"与"小人"的判断。具体来讲，君子坦荡、坚韧、内省平静、求同存异、愿成人之美，小人则重私利、患得失、爱疑忌、好抱怨、比而不周。他们的一个核心分界点，就在于一个"我"。君子的"我"是消融的，是与这个世界同为一体的，所以坦荡，所以能成人之美、和而不同；小人的"我"是隔绝的，是与这个世界割裂开来的，所以私利重，为了一点得失绞尽脑汁，甚至蝇营狗苟。

志向说的是什么呢？"君子""小人"的分别是对人的基本底色的描述，犹有高低之分，而象征着志趣意向的风、雅、颂是完全平等的三个类别，是方向性的东西，不论是民间音乐还是庙堂颂歌，只有适合与否之别，而没有高尚与否之分，比如，民间喜欢流行乐，雅士喜欢交响乐，这仅仅是旨趣的不同，都是用来表达情感意志的载体。对于一个具体的人来讲，有的人就只想做好一块豆腐，而有的人想做好的是一架飞机，不能说做豆腐的就不如做飞机的，旨趣不同而已。只要全情投入，精益求精，其本质都是君子的底色。

能力说的是什么呢？能力就是做事的技艺，在过去是礼乐射御书数六艺，懂社会生活的基本规则，有审美判断能力和基本工作技能；在现代可能是写文档的能力、数据分析的能力、沟通表达的能力、组织协调的能力，等等。

从实际运用上，虽然企业构建了各种各样的能力素质模型，声称是重视素质的，其实在招聘与评价实践上，所重视的绝大多数依然是本书所说的"六艺"，很少谈志向，更别说德行。在这种情况下，我们更要清楚地认识到能力固然重要，但是德行和志向才是最重要的，且岗位级别越高影响就越大。

以上三点作为高级人才评价者识别人才的三个关键角度，可以组成一个相对独立的系统结构，用以描述一个人的自我，此结构是纺锤形的，图示如下。

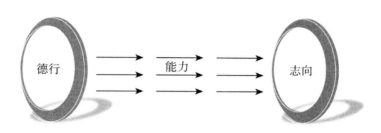

高级人才考察的三个关键角度

一端的德行从心理层面来讲，就是真诚，是去除"我执"之后的我，没有虚弱的自卑，也没有高亢的自尊。这是一种内在的稳定的力量，并不渴望上台成为关注的焦点，但是真正上台的时候又不至于战战兢兢。这种力量能够保证个体不论在任何情况下既能无条件接纳，又能积极改变，这是一种不带恐惧的承担和无需意志的进取，用心理测量的指标语言来讲就是心理安全感，用自体心理学的概念来讲就是雄心（ambition），这种东西在他人看来是一种该怎么办就怎么办的简单与潇洒。

另一端的志向就是选择，选择要达成什么，成为什么。可能是养家糊口护妻儿周全，也可能是建功立业成就人生繁华，亦可能是兼济天下成仁德之业。德行和志向共同构成了一个张力弧，德行是稳定的大后方，是推动性的力量，志向是追求的大前线，是牵引性的力量，两者之间的连接是能力，是支撑性的力量。德行再好，没有能力和志向，大多数只能是个庸常好人；能力再强，没有德行和志向进行推拉，大多数也只能搞些雕虫小技；志向再大，没有德行和能力作为内核，大多数也只会变得眼高手低。

作为最高智慧者还有一个使命——举荐人才、任用人才。在刘劭所处的时代背景下，人才的选拔没有现代的高考制度，主要通过地方和中央相关官员的人才举荐，所以其强调了举荐任用人才。在现代社会，社会主体的人才选拔通道是相对公平、开放的，但是从企业人才选拔的实践来讲，还有很长的一段路要走。

　　天功既成，则并受名誉。**忠臣竭力而效能，明君得贤而高枕，上下忠爱，谤毁何从生哉**。是以尧以克明俊德为称，舜以登庸二八为功，汤以拔有莘之贤为名，文王以举渭滨之叟为贵。由此论之，圣人兴德，孰不劳聪明于求人，获安逸于任使者哉！**采士饭牛，秦穆所以霸西戎。一相仲父，齐桓所以成九合**。

智序众材进而获得事业上的成功之后，被选用的人才和选用人才的人就可以两全其美并接受赞誉了。比如，尧帝因为能够辨识才能出众品德高尚的人而被人称道，舜帝因为任用八恺八元①这样杰出的人才而被人赞颂，商汤因为提拔任用伊尹而闻名于世，周文王因为重用姜尚而为人们所尊崇。由此说来，伟大的功业，每个领导者都是用其智慧求取人才，然后通过这些人才才最终获得垂拱而治之功的。

　　这一段讲述了历史上比较典型的任用优秀人才而取得事业成功的例子。主要有两层意思，一层是在讲，君主（主要领导）的主要职能在于发挥自己的智慧来求取人才，以获得事业上的成就；另一层是在讲，君主与能臣其实是相互成就的，就像伯乐相马，被相之马因为被相中而有成为良马之可能，伯乐也因为被相之马成为良马而有了伯乐之名。在日常的经营管理场景下，老板必然不可能以一己之力成就公司的事业，老板需要的能力是识别并网罗

---

①　据说，尧帝是知道这十六个皇族后裔的才能的，但是不敢任用，害怕他们联合起来影响政局稳定，后来舜注意观察他们的特点，首先任用了八恺，让他们担任掌管土地的官职，由于八恺性情和善，行事公正所以赢得了大家的拥戴；然后任用八元向四方传布五教，加强建立各部落的社会道德规范，效果也非常好，所以就有了"舜以登庸二八为功"的说法。

优秀人才，并将他们合理地组织起来共同达成组织目标。

是故仲尼不试，无所援升。犹序门人以为四科，泛论众材以辨三等。**举德行为四科之首，叙生知为三等之上。明德行者道义之门，质志气者材智之根也。**又叹中庸以殊圣人之德。**中庸之德其至矣乎，人鲜久矣，唯圣人能之也。**尚德以劝庶几之论。**颜氏之子，其殆庶几乎，三月不违仁，乃窥德行之门。**若非志士仁人，希迈之性，日月至焉者，岂能终之。训六蔽以戒偏材之失。**仁者爱物，蔽在无断。信者露诚，蔽在无隐。**此偏材之常失也。思狂狷以通拘抗之材。**或进趋于道义，或洁己而无为，在上者两顺其所能，则拘抗并用。**疾悾悾而无信，以明为①似之难保。**厚貌深情，圣人难之，听其言而观其所为，则似托不得逃矣。**又曰察其所安，观其所由，以知居止之行。**言必契始以要终，行必睹处以求卒，则中外之情粗可观矣。**

人物之察也，如此其详。**不详察则官材失其序，而庶政之业荒矣。**
是以敢依圣训，志序人物，庶以补缀遗忘，惟博识君子裁览其义焉。

因此，（先贤孔子对人才是非常重视的）即使在自己不被重用（不试），无法举荐人才的情况下，对于自己的学生，仍然根据各自的学业特长将其分为德行、言语、政事、文学四科②，意在因材施教、拔擢人才。对于天下众人，则提出生而知之、学而知之和困而学之三等，来区分才能等级，这些都代表了孔圣人对人才发展工作的重视。除了这些才能的区分之外，孔子深感于中庸的高妙难得，遂把中庸作为圣人的最高标准；进而通过褒奖颜回的德行来

---

① 同"伪"。
② 德行指忠恕仁爱孝悌等道德，言语指善于沟通协调、外交等人际能力，政事指治理一方之行政能力，文学指熟悉古代文献者。有说法为夫子门徒三千，贤者七十有二，每科的翘楚加起来也就十个人。

鼓励人们崇尚道德，通过提出六弊①之训诫来警示人们避免自己的偏性，通过辩证地分析狂和狷的特性，来修正过于外张或者过于内秀的问题。并对那些看起来诚恳老实却不守信用，以及那些外表人情练达明通事理实际上却靠不住的人表达出强烈的厌恶之情。除此之外，孔子还将其人才评估的方法浓缩成了一句话：察其所安，观其所由，以知居止之行。

人的鉴察工作是如此详密复杂，我只能怀着战战兢兢的心情斗胆依照圣人定下的准则，来讲述人才识别、人才任用的理论和方法，希望能够为人才方面的研究做一点小小的补充，欢迎博学高识的各路贤者批评指正。

这里需要做两点补充说明。

第一，作为东方人才评价思想的凝练性表达，如何理解"察其所安，观其所由，以知居止之行"这句话？这当中体现了东西方人才评价思想的哪些异同？

这句话出自《论语·为政》，原话是"视其所以，观其所由，察其所安，人焉廋哉？人焉廋哉？"翻译过来就是，通过看一个人做了什么，为什么这么做，其内心是否感到安定（辜鸿铭解作嗜好，杨逢彬解作安身立命，伏俊琏解作安稳，综合来讲就是一个人的自我认同），就可以对一个人进行综合判断。

视其所以也就是看行为，关注的是动作，现代西方流行的测评方式依据的就是这种逻辑。比如，比较有代表性的西方人才测评方法之行为事件面谈、情景模拟测评等方法都强调某一个指标的测评需要多个行为事件作为支撑，并且提出了满足行为事件完整性的 STAR 原则，即 situation（情景）、task（任务）、action（行动）和 result（结果）。这一切都只是强调被测评者做了什么，而对为什么这么做以及做出这些行为的时候伴随的情绪情感强调不够。所以在评估一个管理者辅导下属的能力的时候，西方的评估方式可能会给出如下的样表。

---

① 出自《论语·阳货》。子曰："由也！女闻六言六蔽矣乎？"对曰："未也。""居，吾语女。好仁不好学，其蔽也愚；好知不好学，其蔽也荡；好信不好学，其蔽也贼；好直不好学，其蔽也绞；好勇不好学，其蔽也乱；好刚不好学，其蔽也狂。"

西方人才测评评分表样表

指标名称	得分项目	是否有该行为点	权重分
辅导下属	1. 定期与下属进行面谈，时间不少于30分钟	□有 □没有	2
	2. 谈论工作的难点，并提供指导意见	□有 □没有	3
	3. 关注员工的个人情感，并提供参考意见	□有 □没有	1
	4. 对员工的工作提出展望	□有 □没有	2
	……	□有 □没有	……
指标总分：			

　　这种评分方式看起来是严谨的，且条理清晰，但是毫无疑问，这种评估方式也是机械的，是忽视了人的动机（所由）与情绪情感（所安）的。因为同样是辅导下属这一行为，有的人是和颜悦色的关系导向，有的人是强硬暴戾的结果导向，有的人是循循善诱的启发导向，有的人是居高临下的权力导向，虽然他们可能都有评估表中所需要的行为点，但是他们的行为的"质量"肯定是不一样的，那么给同样的分自然是不符合事实的。

　　从更深层次的角度来看，这种做法不仅是不符合事实的，而且会给组织立一个错误的风向标。试想一下，辅导下属本来是基于成就他人的动机而做出的支持与引导行为，结果变成了一次填鸭式教学，作为这个教学的主导者，完全不用去在意是否伤害了下属的学习兴趣和创造力，而只顾着按照行为/业绩的评估导向做出相应的动作，有动作就能得分，就能得到合格甚至是优秀的评价，这是一件多么恐怖的事情，这似乎在鼓励人们不用在意行为的动机和质量，只要有行为就可以了。但凡有点人才评估常识的人都知道这是非常荒谬的，然而实际上，很多人才评估工作就是这样做的。

　　而"观其所由，察其所安"就恰恰解决了西方人才测评方法带来的问题，这也是东方人才品鉴的精华所在。我们除了关注对方做了什么，还关注甚至更加关注对方做事的动机和内在情感的变化。这个倾向在恋爱当中体现得最为明显，两个男孩子都在追求一个女孩子，他们都有嘘寒问暖、体贴周到、真诚表白的行为，那么他们对这个女孩子的爱是一样的吗？按照西方行为评分的方式，可能会打出同样的分，得出同样的结论。事实上，聪明的女孩子会深入地再想一层，他们为什么追求我，是因为爱，还是因为面子，或者是社会习俗使然？他们追求我的这些行为有几分真诚？这后面的一连串追问就是"观其所由，察其所安"，这是需要智慧与意识加持的，如果能看明白想清楚，收获幸福就是一件自然而然的事情了。

这里再补充一个职场的例子，在一次人才测评实践中，有位受测者从大专毕业之后，一边工作一边提升学历，最后考了很多的职业资格证书，也念了 MBA，受西方测评思想影响较多的顾问就主张给其学习能力这个指标打高分（B+ 级），理由是其满足评分标准当中的学习意识、学习行为、学习成果三大行为要求。是的，行为上这位受测者几乎无懈可击，但是显然其学习的动机是为了获得职级提升和薪酬提升，其本质上并不是对知识有兴趣，而且考取证书与学习能力之间也并不具有必然的联系。毫不意外的是，在后面的高管评价环节，该受测者在学习能力上被评了 C 级。由此可见，所由、所安才是一个人的灵魂所在。

总体来看，西方人才测评的理论和方法基于严谨的数据和可观察的行为，具有很高的科学性，在现代人才评估场景中仍然有其非常卓越的一面，但是其机械化地片面强调行为的缺陷也很明显。究其根本，西方的这种方法是受其由来已久的分析性思维倾向影响的，适用于大工业标准化生产体系，而对于强调个性化、创造性的新时代而言，是有明显弊端的。在新时代，人不再是被设置好的只负责做特定动作的"卓别林式的工人"，而是需要在模糊的岗位边界里，做出更多更复杂的判断和选择。如此，人就需要重新被还原成人，而孔子的人才评鉴理论和方法作为东方人才评鉴核心思想的集中体现，秉承了中国传统文化综合性、全面性的特点，将人重新还原成了一个完整的人，这是人才评价思想中不可多得的奢侈品。

第二，孔子的人才取向是什么？

孔子以生而知之、学而知之和困而学之三个等级来划分天下人才。其中牵扯到对人才能力的看法问题，第一等的是生而知之，天生就明白，是为天才；第二等的是学而知之，知道要学习，且学了就明白，是为人才；第三等的是困而学之，遇到困难才去学习的，是为可造之才。其实还有第四等，是困而不学的，遇到困难也不知道学习，这种就是末流不论了。

这从一定程度上承认了人是受先天影响的，而且影响还不小。这一思想将贯穿于《人物志》全书，在《体别》《材理》《八观》等篇中都有涉及。从个人的人才测评经验来看，对这个观点笔者是深以为然的。另外，据心理学的相关研究，不论是人的能力还是个性，其先天影响的程度可能都不低于50%。有学者担心这会带来标签效应，所以对此观点持批判态度，认为这忽视了人的主观能动性，是腐朽的论断。其实大可不必，每个人都有自己得天独厚的属性，充分发挥自己的长板，尽量避免短板的影响，循心而行，自然能发挥自己独特的价值，关键应该小心识别，将自己放在合适的位置上，所谓革命事业没有高低贵贱之分，充分发挥自己的生命能量，实现自己的人生使命才是需要重点关注的。

另外，基于人受先天禀赋影响较大这一事实，从人才培养效率角度来讲，第四等是不建议培养的，因为没有学习动机；第三等是需要较大的代价去培养的，因为其触类旁通的能力较弱，所以需要分门别类地教；第二等的培养是少而精的，属于响鼓不宜重敲一点就通的类型；第一等则是需要给机会去实践的，让其先天的素质在实践中与现实发生链接。这为很多企事业单位组织进行人才梯队建设提供了指导思想，即（1）选对人的效率大于培养人的效率；（2）有针对性的培养效率大于普适性的培养效率。

那么怎么将不同类别的人识别出来并制定有针对性的培养规划呢？关键是考察其思辨能力，是否对知识感兴趣，是否能穷而思变，是否有主动思考的习惯，是否能将思考的结论进行合理运用，等等。为此笔者结合批判性思维习惯理论设计了一套量表，以帮助大批量筛选，如下表所示。

思维能力与培养方法对应表

考察指标	得分①	才能等级	培养主题	培养方法
审辩思维	>75	生而知之	在实践中成长	专家言传身教，学生观察学习； 给予挑战性任务，在困苦中积累； 高级管理者/专家进行教练
	50~75	学而知之	在指导下成长	打开视野，跟随高质量的课程和行业最佳实践进行学习； 指导/敦促总结，凝练拔高
	35~50	困而学之	在练习中成长	聚焦才能优势，提高单向专业度，辅助打开视野； 强化工具方法和实践；适度鼓励
	<35	困而不学	在督促中成长	反复练习，熟能生巧

---

① 各个不同的量表分数段可能不一样，该表所列的分数取自 DPI-W® 职业发展潜力量表，依据 2020 年 5 月的职场常模。

目　录
CONTENTS

九征第一

人物情性，志气不同，征神见貌，形验有九

【题解】作为全书的首章，重点讨论了三大问题，第一、人是否可以被评估；第二、从哪些角度去评估；第三、具体如何操作。如果需要给本章另附一个现代化的标题应该叫作"人才测评概论"。

从阅读理解的角度来讲，本章应该是全书最难的一章。难点主要表现在两个方面，一是基础概念的脱节，即现代知识体系与中国传统文化当中诸如阴阳、德、精、神、五行等基础概念的脱节，这些概念的脱节导致了文本理解上的困难；二是对人的评估本身依赖于一种经验性的累积，诉诸文字表达本身就非常困难，而让初学者再通过文字去吸收经验就更加困难了。所以在《九征》篇中，我们在多处使用附加问题、附加阅读等方式，增加通俗概念、通俗事例，以帮助读者加强理解。

需要特别说明的是，《九征》篇中有一种倾向是存在争议的。这种倾向即认为生理和心理之间是存在某种对应关系的，比如，认为人的声音、面容、仪表与人的气量、善恶、衰正等存在关联。这种将生理和心理关联起来的做法虽然在科学心理学发展初期也曾经被关注过，但是由于研究方法、研究成果难以标准化等问题，后来被逐渐边缘化了，以至于现在人们普遍会认为其不过是某种不具备科学性的江湖相术。然而随着科学技术的进一步发展，声纹研究、表情研究在最近几年又有逐步升温的迹象。据笔者了解国内外就有好几家公司在从事声音、面部特征与人格的关联性研究，且部分已经有了成型的产品，这似乎说明了生理和心理之间是有明确关系的，但是仍然不是主流观点，读者请酌情采信。

另外，从测评实践上讲，人对另外一个人的主观判断，本质上就是对信号的模式识别，这些信号可能是视觉的，也可能是听觉的，然后组合起来与内部存储的经验模型进行匹配，从而对一个人进行判断，人才测评专家也不过是经验模型的样本量比一般人多，涵盖的类别更广泛而已，专家测评的结果如果存在高成功率的可能，那么其接收到的信号（表）就必然与心理特质（里）之间存在某种对应关系，但是是不是本文所说的这种具体的对应关系尚无法进行科学论证，这也是争议之关键所在。

一、探索一个人的本质是否可能？

盖人物之本，出乎情性。**性质禀之自然，情变由于染习。是以观人察物，当寻其性质也**。情性之理，甚微而玄，非圣人之察，其孰能究之哉！**知无形状，故常人不能睹，惟圣人目击而照之**。凡有血气者，莫不含元一① 以为质，**质不至则不能涉寒暑，历四时**。禀阴阳② 以立性，**性资于阴阳，故刚柔之意别矣**。体五行而著形。**骨劲筋柔，皆禀精于金木**。苟有形，质犹可即而求之。**由气色外著，故相者得其情素③ 也**。

人的本质通常是表现在情和性上的，然而情与性是非常精微复杂的东西，如果没有圣人那样敏锐的洞察力，是很难探究清楚的。但是只要是生命体，无一例外地都遵循着一个基本原理，那就是必须依靠元一之气来开始其生命历程，然后根据其禀受阴阳二气的比例不同而形成自己的基本个性，最后依照禀受的五行精华之多少而呈现在外表上。既然内在的质和外在的形是有联系的，那么我们就有可能去探索到一个人的内在本质。

---

① 指万物唯一的本源，太极。孔颖达疏："太极谓天地未分之前，元气混而为一，即是太初、太一也。"

② "动静有常，刚柔断矣"，语出《周易·系辞上》。也就是中国古代哲学家所说的元气所具有的"动静"与"刚柔"这两种对立统一的根本属性。

③ 情素即本心。

附加阅读：两个问题

1. 性和情分别指的是什么？其理为什么甚微而玄？

一般的解释将情性视作一个词来理解，指性格或者人格。然而根据刘昞的注推断应该将其作分开解。性指的是人的本性，或者说真我，具有先天性和稳定性，而情指的是表象，或者说面具，具有后天性和易变性。所以刘昞的注讲的是性质是禀之自然的，具有相对固定的特性，而情易受染习影响，具有相对易变的特性。用心理学家荣格的理论来类比就是，性是内在的真我，而情是人格的面具，面具可以根据情境不断变化，但是内在真我一般是不变的。所以在观人察物的时候，应当寻其性之质，而不应该被易变之情所蒙蔽。以上就是情和性的基本含义，在理解了它们的所指之后，就很容易理解作者为什么说其理甚微而玄了，类似于"画虎画皮难画骨，知人知面不知心"的俗语，无不是在表达人们在面对这种玄微之理时的无奈，这也是刘劭写这本书的根本原因，即尝试克服这种无奈。

2. 元一、阴阳、五行之间的关系是什么？对应指代人的哪些方面？

元一是什么呢？元一是高于天的存在，是一团混沌的能量。深研《春秋公羊传》的东汉大儒何休对此做过非常精要的解释："元者，气也，无形以起，有形以分，造起天地，天地之始也。"这意在说明元气是一团能量，而且是运动的，是不断演变的，能量的运动自然就存在不均衡，自然就有了阴阳刚柔的分别，进而推进了天地的形成，在形成天地之后又继而演变出人间的种种，但是不论怎么演变都不离元之本来的，所以何休又说："故《春秋》以元之气正天之端，以天之端正王之政，以王之政正诸侯之即位，以诸侯之即位正竟内之治。"这里的"正"是动词，扶正之意。依照什么为模板来扶正呢？依照"元""天"来扶正。那么为什么讲"元一"呢？元一的意思就是世间万物与元是"同一"的，一方面是承袭于元的，另一方面又是映射于元的，元是大宇宙，人是小宇宙，人的小宇宙是从元的大宇宙中承袭了一份元而来的，这份能量又遵循着元的发生发展之规律，所以中国传统文化中认为天人是合一的。综合来看，元一是生命的原因，也是生命所遵循的基本规律。拿一棵小草来类比的话，就是它破土的原因是因为它具有一份元一之气，它长成什么样子以及枯荣的变化则遵循元一赋予的基本规律。所以我们将元一理解为生命能量。

那么什么是阴阳呢？元气依照其动静之别而有阴阳之分，相应的人禀受阴阳二气的比例不同，其性格也就有了刚柔之分。阳气多则刚，阴气多则柔，所以我们一般在对人进行简要描述的时候常用"阳刚之气""阴柔之美"等词汇。

然而阴阳还只是比较简单的描述方法，并不能描述相对复杂具象的事物及其关系，所以古人又从具体观察的角度进一步细分出了五行，五行即我们常理解的金木水火土，从人的角度来讲，人的形体、个性之征象都可以用五行的属性进行描述，如木骨、金筋；又如，将木德定义为温柔又坚强的个性，将金德定义为刚强又有勇气。五行是相对具体的，阴阳是相对抽象的，它们是同宗同源的，所以一般认为木火为阳，金水为阴，而土则是处于平衡的状态。

从元一到阴阳然后到五行，是层层递进的关系，是从抽象到具体的关系，最后具体到可以区分，可以判断的程度，那么自然而然地认识一个人的内在根本从理论上讲就是可能的了。

二、一个人最完满的状态是什么样子？

> 凡人之质量，中和最贵矣。**质白受采，味甘受和。中和者，百行之根本，人情之良田也。**中和之质必平淡无味，**惟淡也，故五味得和焉。若苦则不能甘矣，若酸也则不能咸矣。**故能调成五材，变化应节。**平淡无偏，群材必御，致用有宜，通变无滞。**是故观人察质，必先察其平淡，而后求其聪明。**譬之骥騄，虽超逸绝群，若气性不和，必有毁衡碎首决胸之祸也。**

人的品质（无关道德品质，而是综合素质）最好的状态是什么样子的呢？是中和。因为中和之人本身平淡如水，并不执着于某一种思维和行为模式，所以他们能够根据环境的需要变成各种类型的人，在合适的时候做出合适的行为。所以，我们在对人进行判断的时候，必须先看这个人的质气是不是平淡的，然后再去看他是否聪明。

附加阅读：一个问题

什么叫中，什么叫和？中和是一种什么状态？

《礼记·中庸》记载："喜怒哀乐之未发，谓之中；发而皆中节，谓之和。中也者，天下之大本也；和也者，天下之达道也。致中和，天地位焉，万物育焉。"那么这是一种什么状态呢？没有情绪，即使有情绪也是能够意识到并进行有效管控的。那么这种状态意味着什么呢，用现代的说法应该就是平静，但是并不是退隐山林的被动式平静，而是历尽千帆的主动式平静。国内著名心理学家李子勋先生在回答读者来信时就说过，如果你不想悲伤的时候太悲伤，那么高兴的时候就不要太高兴，这种不太高兴不太悲伤的状态应该就是此处所说的中和状态。

从第三方视角来看，任何你有一点了解的人都会有某些相对稳定且显著的特点，要么特别自信敢言，要么特别自卑羞怯，要么特别善思考爱批判，要么特别不善思考常接纳，但是有一些人我们能感受到的特点就少而浅，这并不是这个人故意隐没在人群中或没有能力、自卑等，而是其知道在什么情况下应该做出什么样的反应最合适，这样的反应首先是真诚的，不是表演的，其次是适宜的，不是过或者不及的，这样的人基本上就接近了我们所说的中和之质了。那么这种人是让人捉摸不定的吗？不是的，这种个性是确定中带着灵活，温暖中带着力量，是让人舒适的。

所以后文说，中和之质必平淡无味，平淡无味就是给你的感受少且浅，不会有太多尖锐明显的特征。这样的人能根据情况变化自己，即调成五材，所谓五材就是勇、智、仁、信、忠五种品质。一个人一般会给人以一个确定性印象，这是他们的特点，也是他们的限制，理性来讲，这就是一种思维和行为的路径依赖，但是对于最高水准的中和之质而言，往往是五材皆有，但是不常现，又能应时而用。

作家豆豆曾经在小说《遥远的救世主》①当中打过一个比方，说人的手能伸掌能攥拳是正常的，但是如果只能伸掌或者只能攥拳那就是有问题的，类比到人的个性，如果你能外向热情也能内敛独处是正常的，如果你只能外向热情或者你只能内敛独处其实是有问题的。以这一最高标准来讲，我们99%的人都没有达到中和。

> 聪明者，阴阳之精。**离目坎耳，视听之所由也**。阴阳清和，则中睿外明。圣人淳耀，能兼二美，知微知章。**耳目兼察，通幽达微，官材授方，举无遗失**。自非圣人，莫能两遂。**虽得之于目，或失于耳**。故明白之士，达动之机，而暗于玄虑。**达于进趋，而暗于止静**。**以之进趋，则欲速而成疾；以之深虑，则抗夺而不入也**。玄虑之人，识静之原，而困于速捷。**性安沉默，而智乏应机。以之闲静，则玄微之道构；以之济世，则劲捷而无成**。犹火日外照，不能内见；金水内映，不能外光。**人各有能，物各有性，是以圣人任明白以进趋，委守成于玄虑，然后动止得节，出处应宜矣**。二者之义，盖阴阳之别也。**阳动阴静，乃天地之定性，况人物乎**。

所谓的聪明是阴阳二气的精华所凝练而成的。如果两者是精纯且平衡的，那么人就能够达到内有睿智之思而外有机敏之行的境界。所以圣人总是会让人感受醇厚且有光芒，其根本原因是他们能兼有阴阳二美，既能够品察幽微玄妙的道理，又能在合适的时候做出相应的行动。如果不是圣人之资，是不能两全其美的。所以偏于行动但是思虑不足的人，往往很擅长对外界做出反应，但是思考并不周全；偏于思虑但是行动欠缺的人，往往能够体会到寂静之美，但是不善于快速行动做出成绩。这就像火热的太阳可以向外发送温暖和光亮，但是不能向内；金水可以内映出深邃的东西，但是不能向外提供光

---

① 后改编成电视剧《天道》。

和热。之所以会有这样的差别，那完全是因为阴阳二气本身就有这样的差别。

总结来讲，聪明、动静、玄白、内外等都是类似于阴阳的相对概念，聪者能谋始，善于思考玄妙艰涩的问题，所以他们通常能够沉下心来，表现为平静、木讷甚至是与世隔绝；明者能见机，善于行动，活跃进取不爱思虑，所以他们通常倾向随外物而灵活机变，表现为机敏、活跃甚至是躁动。聪而不明者，最后只能将自己的思虑隐匿心中，很多思虑艰深但是处理不好现实问题的人就是如此；明而不聪者，最后往往忙活了一大圈而多有悔吝，很多看起来积极行动但是不得其法的人就是如此。

附加阅读：一个问题

一个人最完满的状态是什么样子的？

最完满的状态是中和且聪明。中和讲的是心，是个性；聪明讲的是脑，是才能。心无挂碍、无我执、无动荡就是中和，脑知取舍、知进退、知微知章就是聪明。

这种心和脑的判断结构也奠定了《人物志》全书对人的品鉴思路，后面的诸多章节如《体别》《材理》《材能》等都是对心、脑所内含的中和和聪明的细分论述。

先心后脑的基本架构也契合了中国文化当中的德才兼备、以德为先的人才标准。一般情况下人们会认为德即道德，即利他主义，即己所不欲勿施于人。其实从人物品鉴的角度来讲，德指的是中和之质，唯中和才能兼容并蓄，才能厚重。具体的德是怎样的，在后文有详细描述，此处不再赘述。

三、人基本的内在特质有哪些？

若量其材质，稽诸五物。五物之征，亦各著于厥体矣。**筋勇色青，血勇色赤，中动外形，岂可匿也**。其在体也，木骨，金筋，火气，土肌，水血，五物之象也。**五性者，成形之具，五物为母，故气色从之而具**。五物之实，各有所济。**五性不同，各有所禀。禀性多者，则偏性生也**。

是故骨植①而柔者，谓之弘毅；弘毅也者，仁之质也。**木则垂荫，为仁之质；质不弘毅，不能成仁。**

气清而朗者，谓之文理；文理也者，礼之本也。**火则照察，为礼之本；本无文理，不能成礼。**

体端而实者，谓之贞固；贞固也者，信之基也。**土必吐生，为信之基；基不贞固，不能成信。**

筋劲而精者，谓之勇敢；勇敢也者，义之决也。**金能断割，为义之决；决不勇敢，不能成义。**

色平而畅者，谓之通微；通微也者，智之原也。**水流疏达，为智之原；原不通微，不能成智。**

五质恒性，故谓之五常矣。**五物，天地之常气；五德，人物之常行。**

五常之别，列为五德。

（前文我们已经讨论了人的质最好的是中和，人的材最好的是聪明，这些都是从宏观角度来看的，如果从微观角度来看，该如何衡量和描述呢？）如果要衡量人的材质，可以通过五物——金木水火土禀受之多少来判断，五物在人的身体里都有其象征性表达：骨骼对应木，筋腱对应金，气息对应火，肌肉对应土，血液对应水，骨、筋、气、肌、血是木、金、火、土、水五物在人的身体当中的象征性表达。五物在身体里的含量不同，分别呈现出不同的品格。

骨骼挺拔又柔韧的状态，称为弘毅，弘毅就是仁的本质（据杨逢彬《论语新注新解》，弘毅指宽宏大量又果决能断。我有力量，且我有成人达己的心和行为。从经验上讲瘦高个居多）。

气息清朗而舒畅的状态，称为文理（文理即事情的基本原理，纹饰在外，道理在内，综合成待人接物之道），文理是礼的根本（礼简单来讲就是人伦规

---

① 引申为挺立之意。

则和秩序，守礼就是守规则，带有人文气质的彬彬有礼。从经验上讲气息沉稳者居多）。

体貌端正而结实的状态，称为贞固（贞者，正也），贞固是诚信的基础。（不变守正，自然是诚信之基。从经验上讲胸背厚实者居多。）

筋骨坚韧而有力量的状态，称之为勇，勇是义的关键。（阳气充于筋骨，有力才能奋起而勇。从经验上讲肌肉精壮者居多。）

气色平静且自然的人，称为通微（定能生慧，故而能精识通微），通微是智慧的本原。（智者通常认识深刻，了解事情发生发展的一般规律，所以在他人惊慌焦急之时，智者总能神色平静、怡然自若，从经验上讲气质淡雅者居多。）

五物生于天地间，其性是恒常不变的，对应到人的特质上称为五常：仁、义、礼、智、信。五常的合宜状态则被称为五德①。

是故温直②而扰毅，木之德也。**温而不直则懦，扰而不毅则剿。**

温直而扰毅。温和又直率，能屈挠，又坚强，就可以称为木德。

温和直是一对相对概念。温指的是人的个性之温和，温和的人总是好商好量，力不休强，善于体谅别人，没有什么进攻性，他们很好相处，但是也有很多问题，如难以直面人际挑战，又如，会把很多话放在心里不说出口，所以必须加上一个直来正其温，当直抒胸臆时，不避亲疏；当直面挑战时，义正慷慨。用现代的话来讲就是"说不"的能力。如此才不至于流落到懦弱可欺的境地。

扰和毅是一对相对概念。扰是屈的意思，专业名词"扰度"就是用来描述箭杆射出去时的弯曲程度。毅就是强而能决断的意思。过度的扰就是屈就，

---

① 五物为源，生于天地间，人有禀受，体现于骨、筋、气、肌、血这些生理层面，生理层面的东西又有其相应的性，成为五常；五常之完满状态被称为五德。日常讲五常，并不求完满，比如，火—气—礼的对应，火大，气不清，则礼繁复无实。下文将讲到，五德有别于五常的内容。

② 直指的是正直。

就是服从，必须加上毅以正其行。可以暂时屈就，暂时妥协，但是内在坚毅的劲儿不能松懈，否则一味地妥协，随波逐流，结果就是刘昞注文当中说的剉——自我被折损了。

总体来看，木之德的主体是一个人对人对事的接纳和包容，附加条件是在这种接纳和包容中不失去自己的原则性和目标感；联系到木给我们的主观印象，质地上温暖，厚实，不尖锐，会带给人亲近感，同时又蕴含着一定强度的力量，能承受压力。新东方的俞敏洪先生应该是具有木德的人。

在这里我们必须建立一个基本概念，即"德"。"温＋扰"与"直＋毅"可以看作是一个事物的两端，执其一端，可以说有木性，但是不能说有木德，只有执两端，且进止得宜才能说是有木德。至此，我们发现要说一个人有德行还是很难的。本文所说的德行中的德并不是指通俗意义上的道德、利他主义，而是人的质性在看似对立中的平衡。

在企业人才测评的实践经验中，属于木性的人通常老实肯干、兢兢业业，表现得非常顺从。但是很遗憾，他们总是让人感觉少了点灵动地表达对抗的气息，即使他们有很好的想法也常常因为他们与人为善的行为惯性而选择沉默。在管理者眼里，这样的员工通常是老实木讷缺乏管理潜质的，所以在职位晋升的时候，管理者通常会带着强烈的惋惜之情将晋升的名额给到其他人。

这公平吗？不公平，也公平。说不公平，是因为温和柔顺、总是对人表达善意的员工确实是真诚的尽责的少有私心的，而那些擅长表达意见的员工可能只是擅长表演的形式主义者；说公平，是因为单纯的温和扰确实不足以立事。那么调整的方向在哪里呢？是让其变得更直一些，更硬一些吗？逻辑上是成立的，但是实际上操作非常难，这就仿佛让一个人努力地去提升自己的短板，投入再多也是收效甚微的。

那么办法在哪里呢？按照水生木的传统讲法，就是要增强智慧，有了智慧方可成其直，护其毅。怎么讲呢？智慧就是见过，思考过，凝练过。见过，让人不彷徨，更自信，如此可成其直。思考过，凝练过，就是观点已经经历过内在的互搏与锤炼，笃定的气息自然就有了，如此可护其毅。

总结来看，对于木性者要想进一步发展，就要多见常想，在本来的温和柔顺之上，加上睿智与坚定，打造出一个以木德为自我风格的领导者形象。

刚塞①而弘毅，金之德也。**刚而不塞则决，弘而不毅则缺。**

刚塞而弘毅，刚正但是不偏执，志向远大，又能坚持到底，是金德。

刚是坚强、强硬的意思，与强相比，刚蕴含着一些杀气，比如，强在被人辱骂时，会不动声色，看你表演，而刚在被人辱骂的时候，定然会跳起来骂回去或者打回去。塞是充实有物，刚塞是刚正充实的意思，纯刚易折，失于空疏，所以注文当中说：刚而不塞则决。意思就是说纯粹的刚强容易断。这个地方插入一个思考，刚而不塞则决，那么刚而塞的话要塞什么？塞一个理由，这种理由是信仰、是情感、是各种各样的精神性力量，这些精神性力量中和了刚当中的杀气，不会因为外在的环境而做出过于不理智的行为。

弘是志向远大的意思，毅是毅力的意思。有远大的理想固然很好，但是要有坚强的毅力将其实现才完满。所以注文当中说：弘而不毅则缺，意即有远大的理想结果半途而废了，这是一件非常遗憾的事情。

总体来讲，金之德所描述的是一个硬汉角色，为了一个宏大的目标（弘），努力前行（毅），碰到艰难的时候，强硬以对（刚），因为心中有信念充塞其中（塞）。联系到现实生活，军队其实就是在培养一个人金的特性，有家国天下的崇高信仰，有顽强不屈的强大意志。所谓不惧死，死得其所是金德极好的描述。格力电器的董明珠女士应该是金德的代表人物。

在人才工作的实践中，我们常常会碰到刚而不塞、弘而不毅的人，比如，脾气不好，遇到矛盾冲突，脾气会立刻爆发，以决绝的方式来处理问题，如爆粗口、现场离职等，这种反弹做法就是刚，但是从另一个角度来讲，这类人往往都很正直，刚正不阿通常就是他们的另一面。所以他们往往也比较难做到弘而毅，因为坚持的过程，可能需要更多怀柔的东西、变通的东西，这会与其原则相悖，所以他们也比较难坚持下去。所以注文当中将其认为是个

---

① 《礼记·孔子闲居》："志气塞乎天地。"《荀子·富国》："五味芬芳，以塞其口。"

遗憾。

愿^①恭^②而理敬，水之德也。**愿而不恭则悖，理而不敬则乱。**

愿恭而理敬，能够严谨于事，又能恭礼于人，有治烦理乱的能力，又能有敬畏之心，这种就是水德。

愿而恭，愿的意思讲的是人质朴老实的样子，做人做事非常严谨，所以这种人通常会专注于事情，可能忽视对他人的礼节，在外人看来就是不恭的。比如，很多的 IT 工程师可能就是愿而不恭的，他们在回答老板问题的时候，只是简单的"嗯，对，不行"，他们专注于事情本身是否可行，是一个非常严谨的行事态度，值得称赞，但是在回答问题的时候又过于生硬，有不恭之貌。

理而敬，理者，治也，理指有治理能力的，敬指在内心的尊敬，敬畏的意思，因为有能力的人很容易就恃才傲物，看不起别人，甚至对党纪国法也不再有敬畏之心。这是一种很容易犯的错误，比如，有些官员，在早期兢兢业业，有了一定成绩之后，就开始我行我素一言堂，这是他们恃才傲物的开始，更有甚者慢慢地忘记了权力是属于人民的，觉得自己贡献很大，理应得到更多，最终堕入不可挽回的深渊。归根结底就是水德不修，过于看重自己的智商和能力，不知道个人能力在整件事情当中可能只起到极小的作用。

愿恭而理敬，合起来的意思就是有能力，但是又能够保持谦恭的态度和对人民对天理从心底的敬畏，这就是水之德。水在中国传统文化当中通常象征着智慧，真正的智慧是有智而不骄，有能而常自省，即使取得了巨大的成功，也常怀敬畏之心。改革开放以来，一批有智慧的企业家，取得了巨大的成功，但是他们会认为这份成功是这个伟大时代所赋予的，其个人能力的作用微乎其微，并且对市场保持着足够的冷静和谨慎，时刻谨记消费者才是企业生命的根本。这就是水德的现实体现。华为的任正非先生应该就是水德的代表。

---

① 谨慎。《说文》："愿，谨也。"

② 《尔雅》："恭，敬也。"孔颖达疏："谨愿者失于迟钝，貌或不恭，故愿愿而能恭恪，乃为德。"

曾经就有一个测评个案，受测者是一个跟随着公司成长起来的元老，思维能力很好，但是也很尖锐。在公司内部一方面倚仗自己是元老，一方面倚仗自己的聪明，对别人居高临下，让其下属不请示怕挨骂，请示也怕挨骂；公司董事长很看重其才华，也很感念其一起打江山的情谊，曾经让其领导公司的战略研究部门，但是因为这样的个性，他往往不相信下属经过严密分析得出的结论，只相信自己的判断，让公司错失了好几次战略收购的机会，最终董事长不得不选择将其安置在业务拓展部门，带领一个2~3人的小团队，发挥其抓本质、强突破的能力优势。这个个案就是典型的理而不敬，属于水性很强但是水德不足的例子。

宽栗而柔立，土之德也。宽而不栗则慢，柔而不立则散。

宽容又严肃有原则，温柔又能建事立义，这是土德。

宽，宽厚，宽容；栗，庄重，严肃。宽栗表示既有宽容宽厚之心，但又不至于过度放纵。一般情况下性格比较宽和的人，往往容易缺乏原则性和底线，导致没有了威严庄重的一面，慈母多败儿大体上就是形容这种状态。这类人他们通常缺乏底线思维，将孩子的各种行为错误解释成年龄还小，寄希望于随着年龄的增长，孩子最终会走上正途，殊不知这样的行为将导致孩子行为乖张，为所欲为，最终需要社会的"栗"来教育。

柔而立跟宽而栗的意思接近，但是又深入了一层，柔就是个性温和、柔顺，极少与人对抗，但是很多时候要做成一件事情，也就是要立一件事情的时候，会面对很多反对、阻碍的力量，这个时候就不能一味的柔了，而需要有立的力量、决心和勇气。

总体而言，土有宽厚、接纳、柔顺、承载的意味，容易缺乏庄重、严肃、力量原则和这个层面的特性，两方面的特性兼而有之才能称为土德。通俗来讲，就是性格很好同时又有威严感。很多令人尊敬的领袖、企业家其实都具有很明显的土德，他们能够让人发自内心的尊敬，但是不会惧怕，他们能够包容接纳人们基于基本人性的缺点，但是对于违背原则的事情又能有力地拒绝。福耀玻璃的曹德旺先生应该就是具备土德的人。

在测评实践中，土德者很容易被人们所忽视。他们一般不太会主动展示自己，不太会用激烈决绝的语言来表达自己的意见和观点，所以面试官很容易对他的领导力产生怀疑。但是当你去求证于上级领导和绩效数据的时候，你又会发现，领导评价和绩效数据都不错，这个时候你再去访谈他的下属或者合作伙伴，你又会发现这个人给别人的印象是个踏实干活的人，没有明显的好也没有明显的坏。如果将各方评价做一个综合的话，你就会发现，所有人都会说这个人让人觉得靠谱、踏实。

试着揣测一下，土德者，如果是个农民，必然应时而作，年年累积，睦邻友好，终有小康；如果是个工人，必然遵章守制，兢兢业业，不投机不取巧，靠经验和技术善始善终。

简①畅而明砭②，火之德也。**简而不畅则滞，明而不砭则翳③。**

善抓要点且表达流畅，有说服力，内心清明，端方不苟，又善于指出问题，是火德。

简而畅。简在古文中形容人的时候有简大、简傲、狂简之说。其核心的意思在于把握大局中的核心要点，而对于现实性的东西不那么在乎，比如，同时期的《世说新语·简傲》篇所记载的嵇康打铁不顾礼节，先不理钟世季，在对方要走的时候才问了一句的事情。又如，《论语·公冶长》所载"吾党之小子狂简，斐然成章"中的简都很接近道家的境界，格局宏大，然而一般不理会世俗的期待。这种特点导致他们在事情不按照自己的期望发展的时候，容易不畅，即注文所说的简而不畅则滞。

明而砭。明，看得明白，明事之正理；砭，刺，穿破重重迷雾直达痛痒，

---

① 《论语·公冶长》中有"吾党之小子狂简，斐然成章"之说，意思是想事情比较理论化。

② "简而廉"出自《尚书·皋陶谟》，简，性情宽大率略。《说文解字》："砭，以石刺病也。"《素问·异法方宜论》："其病皆为痈疡，其治宜砭石。"

③ 《广雅》："翳，障也。"《说文》："翳，华盖也。"

有的译本将其引申为善于规劝。基本逻辑是明理者善于思辨，但是不一定愿意说，或者不屑于说，这里面是有傲气在的。所以注文当中讲"明而不砭则翳（隐藏，遮蔽）"，意思就是说明白事理但是不去表达、合理规劝，就相当于隐藏。

总体来讲，火德之人是有才华的，而且特别有精神性的追求，对自己的理想世界是有坚持的，只是这种坚持容易脱离实际，当没有一颗豁达的心来接纳现实的种种，就容易陷入抑郁。诸多文人墨客其实都属于这种类型。

附加阅读：两个问题

1. 五德作为一种人格描述的基本框架科学吗？

科学。类比到以科学著称的大五人格[①]，很容易就能看出五德与大五人格是有强烈的内在一致性的。具体如下表所示。

五德与大五人格体系对应表

五德	大五人格维度	职业风险点	共同核心
金	责任心（conscientiousness）	刚、弘难塞、毅	决断与成就
↓	责任心指向于一种能做出成就的自我期待和相应的自律、严谨的行为风格，其动机往往并不取决于权力和财富，而是自我效能感。责任心强者的两个主要特征严谨、胜任感对应于刚、弘的特征，其可能的弊端在于塞和毅，即意义感的高度和坚持到底的毅力。金性从革，主肃杀，核心在于努力进取，获得高成就		
水	开放性（openness）	愿、理难恭、敬	思维与创造
↓	开放性指向于一种接纳、体验、思考、自由主义的倾向；高开放性者通常有丰富的精神世界，富于想象、审美、智力活动等，所以他们通常智商较高，学习能力强，并且富有创造力，这两个特点对应愿、理的特点，其可能的弊端在于，无法接受世界的参差，比较孤傲，外在不恭、内在不敬。水曰润下，主智，核心在于静思与疏离		

---

① 大五人格是近年来西方心理学家们就如何描述人格问题所达成的共识，研究者通过词汇学的方法，发现大约有五种特质可以涵盖人格描述的基本方面，且在跨文化研究中也得到了证实。

续表

五德	大五人格维度	职业风险点	共同核心
木	宜人性（agreeableness）	温、扰难直、毅	坦诚与利他
↓	宜人性指向于一种对他人的信任、依从、理解与支持，而木性主仁，以达人为核心，有温柔利他的特性，但是过多的温柔和利他导致很难做到坚守原则，自然就达不到建事立义所需要的直和毅。宜人者信任与依从对应温和扰，其弊端失去原则和目标对应直和毅。木曰曲直，其核心就是把握迁就与推动的尺度		
火	外倾性（extraversion）反	简、明难畅、砭	活力与革新
↓	外倾性指向于一种对外物保持兴趣，活跃，积极参与现实生活的行为倾向。简、明即代表着清雅高尚的精神追求，与外倾性基本相反，而畅、砭刚好是外倾性的特点，积极情绪及自信活跃与其对应。应该说，火之德是外倾和内倾的中和，应该居中为宜。火曰炎上，核心在于文明有追求		
土	神经质①（neuroticism）反	宽、柔难栗、立	承载与稳定
↓	神经质指向于一种内心的动荡，通常会有焦虑、敌对、抑郁、敏感等负面情绪，其反面并不是积极情绪，而是不动心，即不敏感，像大地一样宽厚，兼容并蓄，少有情绪，也极少攻击他人。宽和柔对应着不动心常接纳，这个特点的弊端是难于展示威严树立边界，土爱（同曰）稼穑，其核心就是承载接纳不动心		

虽然大五人格的内质与五德是基本一致的，但是五德的含义明显更加丰富也更加接近中国文化之现实。

首先，五德有高下之分，大五没有高下之分。这就决定了五德对人的描述更立体更全面，从而更具实用性。比如，大五的尽责性强调对个人的胜任自信、努力上进、谨慎务实的行为风格，任何认知层级的人都可能是高分者，而相对的金德则强调刚、塞、弘、毅四个层面的东西，特别是塞和毅，其所塞之义和所毅之果是有高下之分的。就像一个石匠为一块石头而努力，一位建筑师为一座宫殿而努力，两者在道德情感上是没有贵贱之分的，但是在客观贡献和认知边界上是有高低之分的。依据大五体系，两者可能都是高分，但是依据五德体系，显然前者是小金德，而后者是大金德。

---

① 大五人格量表中，神经质指向的是负面情绪（焦虑、敌意、抑郁、敏感、冲动、脆弱），在此与土性对应，取其反向意思，即没有这些负面情绪，处于平和状态。

其次，五德是直指应用，大五则只是理论描述，这就决定了五德体系在指导人才评价上更具效用。比如，水对应开放性，水要求愿而恭、理而敬，即你除了有思想有能力，你还要有基本的人际上的恭和深层次的敬才是比较完美的状态，而大五人格的开放性，就仅仅是用来中性化地描述个人在思想、情感、价值观、行为等方面的自由倾向。在真正地任用人才的时候，用大五我们可能会因为其开放性的高分而错误地接受一个恃才傲物的人，而用五德体系我们除了能提前判断出此人是否有思想上的才华，还能判断出其在任用时是否会因为傲慢而无法全然发挥出其效用。

2.除了能从科学实用的角度来指导人才品鉴，五德体系还有其他作用吗？

五德逻辑指出了个人改善提升的方向和路径。

首先从方向上说。通常五德的前两个字就是一个人的基本属性，比如，木德"温直而扰毅"当中的"温和扰"，而改进的方向就是后面的"直和毅"，这个很容易理解。但是在操作上很难做到，否则也不会有江山易改本性难移的说法了。

其次，比较五行生克的关系来说，所谓自我提升并不是缺什么补什么，而是依五行生克之规律，充分利用内在资源，修性成德。比如，你有木性，最好的前进方式就是将木性修成木德，然而木德之"宽与栗""柔与立"恰好是两个对立的概念，直接的对立往往是困难的，就像你让一个脾气本来就不好的人，变得脾气好一点一样困难。那么方法在哪里呢？依照水生木之理，窃以为应该是在修水性，水性者博闻多识，善于思考，如果在学识和思考上多下功夫，自然理性的功夫就会上来，那么就不会被宽当中的情所限制，而能当栗则栗，当立能立。这样就能借上位之力量修德行之圆满。

最后，五德出于五行，而五行作为中国传统文化的基石性概念，在诸如天文、历法、医疗等各个领域都有非常丰富的应用。修通了人之五德与五行的关系，某种程度上就相当于修通了人与其他领域的关系，对于了解人、认识人、改善人都是有帮助的。

> 虽体变无穷，犹依乎五质。**人情万化，不可胜极。寻常竟源，常在于五。**故其刚柔明畅贞固之征，著乎形容，见乎声色，发乎情味，各如其象。**自然之理，神动形色，诚发于中，德辉外耀。**

　　虽然人是非常复杂的，但是其本质源头还是金、木、火、水、土这五种特质。（注意，这个地方没有说是五德，五德是在五质的概念上形成的中和性概念，质是天成的，而德是要修炼的。比如，金质可能很刚硬、坚决，但是需要足够的意义感和坚持的能力才能称为德。）所以你也会从一个人的形象、动作、声音等方面发现其对应的刚劲、柔和、简明、畅达、笃实这些特征。

　　附加阅读：一个讨论

　　外在表征与心理特质之间的关系如何？

　　基于笔者与人才测评的同行、企业人才专家所进行的经验交流的情况，人的声音、眼神、面容、仪态举止等确实与人的心理特质之间有着千丝万缕的关系，而近代曾国藩的《冰鉴》和王凤仪的五行性理学说也都对个性与外表的关系进行了比较精要的论述，可以说从经验的角度来讲是确定有关系的。

　　那么在科学领域呢？在现代心理学短暂的历史当中，也确实有人曾尝试对生理表征与心理特点的关系进行研究，且取得了一些成果。然而后来就逐步衰落了。

　　那么为什么会衰落呢？我想可能是研究结果不稳定，无法科学验证。那么我们的直觉和经验为什么仍然觉得外在与内在存在关系呢？笔者认为可能是中国的先贤们在品鉴人物的过程中提出的理念是"形神兼备，以神为重"的理念，而科学研究的对象大多是形而不是神，所以导致研究结果是不稳定的；又因为各种新生的诸如自陈式量表和投射测验等方法，可以相对直观科学地测量人的心理特质，所以在对外在生理特征与内在心理特质的关系的研究中被放弃了。应该说，人类自己制作的科学工具，逼迫自己放弃了本该掌握的精良技艺。就像有了钉子之后，再难找到手艺高超的木匠。另一方面，可能是因为这门手艺的传承确实比较困难，那么难在哪里呢？

（1）传承者必须要有足够良好的抽象思维习惯。即对人的声音、眼神、面容等要具备良好的抽象能力，重在抽象出神韵，而不是拘泥于具体实在的东西。然而这种抽象的能力并不是每个人都有的。

（2）传承者必须具有与传授者同频的感受性。有的测评者可能擅长识别语音信号不擅长识别面部结构信号，那么他学习听音辨人就比较容易，而学习面部知觉判断就比较困难。这也导致了能被传承的可能只是其中一小部分。

（3）必须有一个良好的反馈环境。因为人才识别过程其实是不断地建立假设模型，然后不断进行验证、反馈、修正的过程，最终帮助识别者在脑中形成一个有高度预测效度的模型，这个模型的建立与修正的数据源就是不断反馈，然而事实上，这种偏研究性的条件于大部分人来讲是不具备的，只有一线的人才工作者才有机会去见识足够多的样本，获得足够的数据。

思维能力、性质匹配、环境保障三者缺一不可，如此基本决定了这种识人方式是非常个人化的，很难集众智而有大成，传承就更无从谈起了。然而作为社会生活中的一员，特别是企业管理者，这种功夫其实是非常重要的。

四、内在特质与外表展现的对应关系是什么？

> 故心质亮直，其仪劲固；心质休决，其仪进猛；心质平理，其仪安闲。

所以，一个本质上磊落且有力量感的人，其仪态是坚实有力的；一个本质上决绝果断的人，其仪态是凶狠勇猛的；一个本质上比较平和通理的人，其仪态是安稳闲适的。

附加阅读：形象化理解

心质亮直，说的是一个光明磊落且有力量感的人。这种人一般在个性上比较豪爽、乐于助人，在形象上一般肩宽腰粗、厚实有力，给人一种真诚、敞亮、可信赖的感觉。在我们常见的形象中，比较多见的是古装剧中的将军形象，且是偏有一些热血特征的武将。

19

心质休决，说的是言行干脆利落，话不多但是锐气重的人，用通俗的语言来讲就是有杀气。因为这种类型的人需要将生命能量聚于一点，所以他们在形象上一般比较消瘦，着装上也比较简洁。在我们常见的形象中，比较多见的是武侠剧当中的江湖侠客，了无牵挂、快意恩仇。

心质平理，说的是书生气质，温和通理。这种类型的人自我主张会比较少，或者有自己的主张也不会选择与世界对抗，而倾向选择以迂曲求两全。这种类型既没有劲固的厚实感，又没有进猛的咄咄锐气，所以在仪态上也是比较柔和的、放松的，没有亮直与进猛之人的力量感。

对仪态的描述非常之困难，所以刘劭在此处只是简要描述了三种类型的人与其外表特征，实际上外表与人的内在特质之间的关系是非常多且复杂的，个人可以根据自己的喜好去观察和积累，此处只是刘劭根据自己的经验，做出一个判断，即仪表与心质是有关系的。

另外，仪表通常也包含着装，着装也与人的心质有着千丝万缕的关系。美国纽约大学心理学家彼得·罗福就认为："一个人的衣着，不只表露了他的情感，也可以显示他的智慧，同时从他的衣着习惯，更可以透露出他的人生哲学和人生观。"比如，衣着崇尚简约而有品质的人，通常是比较清越自恋的，在工作上条理性会比较高，但是培养下属的能力就会比较弱；穿衣服点缀较多，甚至有些浮夸的人，通常是个性外向，容易兴奋，但思维的深刻度不足。

总体而言，不论是仪态还是着装都透露着人之心质的某些特征。这种经验作为人才品鉴的辅助手段通常都是非常有效的，但是这种经验需要长期积累才能小有所成。

> 夫仪动成容，各有态度：直容之动，矫矫行行[①]；休容之动，业业跄跄[②]；德容之动，颙颙卬卬[③]。
>
> 夫容之动作，发乎心气，**心气于内，容见于外**。心气之征，则

---

① 矫矫：勇武貌。《论语·先进》："子路行行如也。"郑注："行行，刚强之貌。"

② 业业跄跄：高大健壮又有威严之貌。

③ 颙颙（yóng）卬卬（áng）：温和敬顺，开朗积极之貌。

声变是也。**心不系一，声和乃变**。夫气合成声，声应律吕。**清而亮者律，和而平者吕**。有和平之声，有清畅之声，有回衍之声。**心气不同，故声发亦异也**。

夫声畅于气，则实存貌色。**非气无以成声，声成则貌应**。故诚仁，必有温柔之色。诚勇，必有矜奋之色。诚智，必有明达之色。**声既殊管，故色亦异状**。

夫色见于貌，所谓征神。**貌色徐疾，为神之征验**。征神见貌，则情发于目。**目为心候，故应心而发**。故仁，目之精悫[①]然以端；**心不倾倚，则视不回邪**。勇，胆之精晔然以强[②]。**志不怯懦，则视不衰悴**。

人的行为举止叫作容，在他们的行为举止（容）当中也含有人们各自的心质，具体表现为亮直之人在行为举止上就有勇武刚强之气（对应上段心质亮直）；休动之人在行为举止上就有严肃威严之气（对应上段心质休决）；德容之人在行为举止上则显得温柔和顺（对应上段心质平理）。

人的行为举止与心气是互为表里的，行为举止是表，心气是里，心气不同则行为不同。另外心气的不同也会表现在声音上，就像欣赏音乐一样，有平和的声音（类似于爸爸与孩子讲话的声音，缓慢、温柔、克制），有清朗畅达的声音（类似于某些播音主持的声音，清澈、流畅、稳定），也有让人回味无穷的声音（可能类似于邓丽君的声音）。

声音是因气而成的，是不可见的，是虚相，但是它的实相则会实实在在地表现在人的神色上。所以仁慈的人，面相上必有温柔慈爱之色（类似于老父亲看着自己的儿女的慈爱之感）；勇敢的人，必定有高傲奋进之色（无所畏惧，自然略有傲气，所谓貌视敌人的神色）；有智慧的人，必定有明理通达之色（胸有成竹，洞穿一切的感觉，类似于空城计之城头孔明）。

---

① 悫（què）：诚实。

② 勇敢的人，目光就明朗而坚强。

这些神色表现在一个人的面部表情上，即是我们常说的神之表征。快速地从一个人的面部表情上找到其神之内核，最关键的就在于眼睛。仁者眼神诚实端正，勇者的眼神坚定有光（智者的眼神含光而深邃）。

然皆偏至之材，以胜体为质者也。**未能不厉而威，不怒而严。**

故胜质不精，则其事不遂。**能勇而不能怯，动必悔吝随之。**

是故直而不柔则木，**木强激讦，失其正直。**

劲而不精则力，**负鼎绝膑，失其正劲。**

固而不端则愚，**专己自是，陷于愚赣。**

气而不清则越，**辞不清顺，发越无成。**

畅而不平则荡。**好智无涯，荡然失绝。**

是故中庸之质，异于此类。**勇而能怯，仁而能决，其体两兼，**

故为众材之主。五常既备，包以澹味。**既体咸酸之量，而以无味为御。**

五质内充，五精外章。**五质澹凝，淳耀外丽。**是以目彩五晖之光也。

心清目朗，粲然自耀。

然而以上所说的这些都是偏至之材而已，是以先天禀受较多的内质作为其核心特征的（尚未经过驯化和修炼，不过是顺粗粝的天性肆意表达而已），还不能达到浑然天成、不怒自威的境界。所以这样的人做起事情来往往很难顺遂。比如，有的人就光知道勇敢而不知道害怕，虽然勇敢也很好，但是光勇敢的话，做事往往就会比较冒失，容易犯错。

具体表现如下。

正直强硬但是无法适当妥协变通的人就容易让人觉得固执难通；

有力量但是缺乏分析判断的能力的人就容易将其力量用错地方；

重视信用但是不顾及正义与否的人就容易做出愚蠢坚持的事情；

有活力、好进取但是看不透问题的人就容易让人觉得有僭越之嫌；

脑子灵活但是内在无法平静的人就容易因兴趣太多而一事无成。

但是有中庸之质的人跟这些是不同的。中庸之人具备了全部仁义礼智信五常的属性，呈现出平淡无味的中性气质，其内部充满着金木水火土五质的能量，并将五质之精华彰显于外，所以，他们的眼神中总会闪耀着光芒（用现代的话讲，就是心中有爱，眼里有光）。

附加阅读：详细解释

总体来讲，人是有一些先天禀受的东西的，这些东西会表现在人的生理和心理上，生理上的诸如眼神、声音、仪表等，心理上的诸如木性、金性（直、劲）等，但是这些东西都没有经过打磨，所以不精，是带有偏性的，如果顺其偏性而为，能够得到其直其劲之功，相应的其副作用也会如影随形。这些副作用大体来讲就是如下文所说的五方面。

第一，木质不精，虽然正直刚强但是缺乏温柔的一面。举个例子，比如，小A是一个很有正义感的人，甚至是疾恶如仇，有一次小区内有人吵架影响了大家休息，小A愤而报警，事情至此应该是小A的正直在起作用。但是事情迎来了转折，警察说这种事情请先联系居委会，让居委会先去调解。直而不柔的小A瞬间就愤怒了："口口声声说为人民服务……大晚上的你让我上哪儿找居委会去，让你们从办公室挪个屁股就那么难吗？我要投诉你们……"显然小A在这件事情上就反应过度了，他的逻辑是我这是为公利，所以我是正确的（直），你不配合就是错的，就是坏的（不柔），所以我要对抗。

第二，金质不精，虽然有力量（能力）但是不去思考怎么用才合理。注文当中举的例子就很好，秦武王荡力气大，也喜欢玩儿，为了显示自己的力量，居然去举鼎，结果没多久就死了。现实生活中，众人在一起比谁更敢玩蹦极，比谁更敢高速飙车，在20世纪80年代的农村，甚至去比谁能喝更多的酒吃更多的肉，其结果必然就是自伤，这些都是愚蠢的力行。

第三，土质不精，虽然笃实守信但是没有考虑到大仁大义。比如，某企业的财务人员小李，是一个非常讲诚信的人，跟着现在的老板十多年了，从当年的一个小出纳逐步蜕变成了现在的财务总监，有很强的感恩之心。但是最近的税务稽查发现十多年来老板一直存在严重的偷税漏税行为，且这些都是小李经办的，小李也知道这些做法是违法的，但是面对质询，他表示自己是心甘情愿的，其目的是报恩。这种报恩方式就是典型的固而不端则愚。

第四，火质不精，虽然有积极向上之心但是又不够通透。比如，叛逆期的孩子，生命力蓬勃，这是他们心气上升的象征，诞生了很多的自主意识，但是这些自我意识是建立在自己有限的认知当中的，是为不清，所以在与父母亲相处之时是守不住礼的，在思想和行为上会有很多不尊重父母的表现。那么在日常的工作和生活当中，很多人也对老板或者上司有诸多不满，为此生闷气，甚至在不恰当的场合激烈表达自己的不满，认为这里不对那里不对，只有自己是清醒的，其实老板或者上司并不傻。而相反气而清的人在确认老板或者上司有问题之后，会理性而淡然地选择更加适合自己的工作，而不会为此而愤懑不平。

第五，水质不精，虽然畅达通理，有领悟能力，但是内在并不平静，兴趣点太多，最后会陷入流荡无根的境地。注文当中讲"好智无涯①"说的就是什么都想知道，也都知道一点，最后却是什么都不知道。随着生活水平的提高，人们不再为温饱问题担心，生活中这种类型的人其实越来越多地表现出来了，比如，他们有非常强烈的好奇心，对数学、哲学、宗教、医学等多种类型的知识非常感兴趣，也愿意花时间去研习，但是兴趣点实在太多了，且没有重点，这种类型的人在人际交流的时候，只要有一个触发点，就能不休不止地谈论下去，上下五千年纵横几万里，看似很丰富，实则离题万里，甚至说着说着把要论述的主题忘记了，最后听者也不知道他到底谈了些什么，持什么观点，有什么用。

故曰，物生有形，形有神精。**不问贤愚，皆受气质之禀性阴阳，但智有精粗，形有浅深耳。寻其精色，视其仪象，下至皂隶牧圉，皆可想而得之也。**能知精神，则穷理尽性。**圣人有以见天下之动，而拟诸形容，故能穷理尽性以至于命。**

性之所尽，九质之征也。**阴阳相生，数不过九，故性情之变，**

① 《庄子·养生主》："吾生也有涯，而知也无涯。以有涯随无涯，殆也。"

质亦同之。

然则平陂之质在于神，**神者，质之主也**。故神平则质平，神陂则质陂。

明暗之实在于精，**精者，实之本**。故精惠则实明，精浊则实暗。

勇怯之势在于筋，**筋者，势之用**。故筋劲则势勇，筋弱则势怯。

强弱之植①在于骨，**骨者，植之基**。故骨刚则植强，骨柔则植弱。

躁静之决在于气，**气者，决之地也**。故气盛决于躁，气冲②决于静矣。

惨怿③之情在于色，**色者，情之候也**。故色悴由情惨，色悦由情怿。

衰正之形在于仪，**仪者，形之表也**。故仪衰由形殆，仪正由形肃。

态度④之动在于容，**容者，动之符也**。故邪动则容态，正动则容度。

缓急之状在于言。**言者，心之状也**。故心恕则言缓，心褊⑤则言急。

所以说，人生来有身体形貌，身体形貌又无不展示着内在精神，如此一来，人的内在精神就是可知的了，知道了人的内在精神，那么就能把握其本性，并充分发挥其才能（甚至可以预见其命运）。

（那么怎么去把握其内在性呢？）主要通过以下九种征象：

要判断一个人内在是雅正还是邪佞主要看他的神韵；

要判断一个人内在是聪明还是愚笨主要看他的眼神；

要判断一个人内在是勇敢还是怯懦主要看他的筋骨；

要判断一个人内在是强健还是虚弱主要看他的骨骼；

---

① 本义指作门闩之用的木头，引申为支柱的意思。

② 谦虚、平静之意。

③ 很多译本都认为惨代表忧愁悲伤之意，而怿代表喜悦开心之意，但是从九征整体来看，都是在描述相对稳定的特质，而忧喜是状态性的。又因为惨有狠毒、极端的意思，悴也有极端的意思，所以此处取极端狠辣之意，怿和悦皆取顺服、开心之意。

④ "态"和"度"互为反义词，态原作"態"，佞媚奸邪之义。《说文》："态，意态也。"段注："意态者，有是意，因有是状，故曰意态。从心能，会意。心所能必见于外也。"《荀子·臣道》："百姓不亲，诸侯不信，然而巧敏佞说，善取宠于上，是态臣也。"《虞书》："柔远能迩。"郑注："能，恣也，恣即态也。"度指法制、标准，引申为守规矩守准则的意思。

⑤ 狭隘之意。

要判断一个人内在是躁动还是平静主要看他的气息；

要判断一个人内在是凶狠还是和悦主要看他的面色；

要判断一个人内在是消极还是积极主要看他的仪态；

要判断一个人内在是谄媚还是严正主要看他的表情；

要判断一个人内在气量是大还是小主要看他的言语。

附加阅读：详细解释

这一段是一套通过人的外在形象推论人的内在本质的经验性结论，也是《九征》篇之精华，是对"九征"的点题。详细解释如下。

第一，雅正和邪佞，可以从一个人的神态中体现出来，这个神态应该是对方给你的综合性的气质感受。曾国藩在《冰鉴》中的"脱谷为糠，其髓斯存"，讲的就是神。笔力所限，此处真的很难说清楚。从日常生活经验的角度来讲，人是有分别正邪的本能的，比如，在影视作品中，我们通常在人物刚出场的时候就大概能判断出其是好人还是坏人，这个判断所依据的就是对着装、貌相、场景等要素的综合分析，这种综合形成了一种场，这个场即为人的神韵。这里推荐一个方法，就是不要卷入对方的热情和行为中，而就像看电影一样去看他，去感受，通常是可以感受到的；另外还有一个心理咨询师说过一个很类似的且有意思的方法，就是说当你很难看清一个人的时候，你就把他强行看作一个12岁的孩子，这样就比较容易看清楚了。

第二，聪明和愚钝在于精，精是什么呢？精就是聚焦的能力，是一种注意力高度集中的状态，外在表现于眼睛上。所以我们常用聚精会神来形容人专注投入的状态，常用精明来形容人善于变通处理各种事务的能力，这些都是脑子高速运行的表征，而脑子不动或者动不了的状态往往就表现为眼神涣散、呆滞无神，所以在课堂上，一般眼神直而无光的人要么是心不在焉，要么是学习能力较差。而如果一个人总是眼神处于游离、无法聚焦的状态，基本上可以推断这个人的思维能力较弱，缺乏解决问题的能力。如果留心观察，很多抑郁病人会出现眼神发直，思维迟缓的问题。

第三，勇敢与怯懦在于筋，筋指向一种勇气和爆发力，筋强者不一定强壮，多数可能还比较瘦，但是一定给你一种又柔又韧的感觉，就像有劲道的肉圆一样有弹性。在具体形象上，孙悟空就代表着筋强这类形象，而猪八戒显然就代表着筋弱这类的形象。

第四，强健与虚弱在于骨，骨指向于精力或者耐力，骨相粗大的人往往能耐得住较为繁重的工作任务，所以称之为强，而骨相瘦弱的人往往耐力不足，容易精力耗尽，所以称之为弱。很多有经验的测评师也有这种体验，比如，多年前笔者跟一位资深的测评专家搭档测评一位房地产高管，就发现这位高管工作安排得极其紧凑，甚至在短暂的测评之后还要在车上吃饭赶往另一个城市。本来笔者想给其精力管理打一个相对的低分，专家搭档却建议提高一个档次，理由是这个高管骨架高大，身体壮实，即使精力管理上差一点，也不会影响最后的业绩产出。后来在笔者的测评生涯当中，开始留心观察高管团队的身材样貌，发现骨架粗大身体壮实者在精力管理方面通常没有多大的问题，而瘦弱者确实更多地在精力方面存在力不从心的感觉或者需要特别管理，比如，利用运动与跑步的方式来保持精力。

第五，躁动与平静在于气；观察气主要依据其声音的大小，一般声音洪亮者即是气足者，往往比较躁动，有行动力，将等待视同为坐以待毙，总要做点什么，这样的人一般也敢于直面人际冲突。更有甚者，其声音是大而破的，究其原因是用气过猛，伤了元气；相对的，平静之人的气息就是有所保留的，他们说话的时候很少会出现将气息短促地全然送出的情形。另外静气较多的人，即使在自己不认可的观点上也极少会体现出急于发言争辩的特点，在行为上也体现为比躁动者更有耐心，更能在小事上投入时间和精力。

第六，凶狠与和悦在于面色，但是具体的特征很难被言说，通常情况下人们可以通过直觉进行判断谁是凶狠之人。随着 AI 技术的发展，关于罪犯面部特征的 AI 识别技术取得了长足的发展，比如，上海交通大学和哈里斯堡科技大学的研究人员，就分别声称通过该技术做到了 87% 和 80% 的预测准确度，然而因为伦理上的考虑，其论文最终被 *arXiv*[①] 和 *Nature*（《自然》）拒绝发表。

第七，消极与积极主要在于仪态，这里的消极状态说的是一种无所谓的

[①] arXiv 是一个收集物理学、数学、计算机科学、生物学与数理经济学的论文预印本的网站。

状态，类似于一种随便你们的拒绝状态，所以在仪表上就不那么在意了，比如，穿着很邋遢的参加一个聚会，又如，斜靠在椅背上参加会议；而积极状态说的是有生命力的状态，所以一个人如果还有渴望，在意自己的仪态，且挺拔有力的话就属于积极的状态。

第八，谄媚与严正主要在于表情，很显然，谄媚者在说话的时候必然会有强装的笑颜，且会将目光重点投向于主要领导角色，以观察其反应。而严正者，不论是对于领导还是一般同僚都会是一致的表情，因为他们关注的重点在于事情而不是他人的态度。

第九，气量是大还是小主要在于言语，气量大者不会为小事着急，总是表现得从容不迫，气量小者在言语上总是容易比较急切，急于表达、急于争辩，生怕自己被误解，沉不住气。所以通常情况下，高级别的领导说话通常是慢条斯理、温文儒雅的，而没见过大场面的儒生就容易与人争辩短长。

> 其为人也，若质素平澹，中睿外朗，筋劲植固，声清色怿，仪正容直，则九征皆至，则纯粹之德也。**非至德大人，其孰能与于此。**九征有违，**违为乖戾也。**则偏杂之材也。或声清色怿，而质不平淡；**或筋劲植固，而仪不崇直。**

如果一个人质地朴素且平静，内心睿智通达，外在光明清朗，筋性劲韧，骨性坚固，声音清亮，神色和悦，仪态端正，举止优雅，那么全部九质之征就齐备了，就是有纯粹之德行的人，否则，就只能算是偏杂之材。

附加阅读：品读理解

九征皆至所形容的乃是真正的精神贵族，这是一种什么模样呢？全书所论述的都是士大夫阶层，所以此处我们特别讲一个女性的例子来诠释精神贵族。

民国女子郭婉莹（1909—1998），上海永安百货四小姐。6岁从悉尼回国，因为喜欢作家冰心（原名谢婉莹）遂自己改名郭婉莹。19岁时拒绝家里安排的婚姻，只身前往燕京大学学习自己感兴趣的心理学，并顺利取得学位；25

岁时，选择嫁给自己喜欢的人——清华才子吴毓骧。一切看起来都很美好，然而接下来的一系列打击显示出了命运的无常，丈夫出轨、赌博，然而她没有纠缠不清，她优雅地选择了原谅，并开创了自己的事业以维系家庭；国家动乱，资产全部化为乌有，被迫劳动改造，她没有倒下，选择了接受命运的洗礼。在人生最艰难的时期，她喂过猪、打过石头、扫过厕所，但是即使这样她仍然尽量将自己收拾得干净利索，甚至会采一把路边的野花来装饰自己的房间。然而更难能可贵的是，对于这一切，她在晚年的时候只字未提，自始至终都保持着自己的优雅和体面。

回到九征本身。九征是一个结构非常清晰的人物品鉴结构，从心质，到智慧，到个性，再到具体的形体、声音、仪态、举止，是一个由抽象到具体，由内部而外部的递进结构。

五、人才的一般等级有哪些?

三度不同，其德异称。**偏材荷一至之名，兼材居德仪之目，兼德体中庸之度。**故偏至之材，以材自名。**犹百工众伎，各有其名也。**兼材之人，以德为目。**仁义礼智，得其一目。**兼德之人，更为美号。**道不可以一体说，德不可以一方待，育物而不为仁，齐众形而不为德；凝然平淡，与物无际，谁知其名也。**是故兼德而至，谓之中庸。**居中履常，故谓之中庸。**中庸也者，圣人之目也。**大仁不可亲，大义不可报，无德而称，寄名于圣人也。**具体而微，谓之德行。德行也者，大雅之称也。**施仁以亲物，立义以利仁。**失道而成德，抑亦其次也。一至谓之偏材。偏材，小雅之质也。**徒仁而无义，徒义而无仁，未能兼济，各守一行，是以名不及大雅也。**一征谓之依似。依似，乱德之类也。**纯讦似直而非直，纯宕似通而非通。**一至一违，谓之间杂。间杂，无恒之人也。**善恶参浑，心无定是。**无恒之操，胡可拟议。无恒、依似，皆风人末流。**其心孔艰者，乃有教化之所不受也。**末流之质，不可胜论，是以略而不概也。**蕃徒成群，岂可数哉。**

（既然九至——圣人是最高标准，那么芸芸众生该如何分类呢？）三个等级的标准不一样，相应的命名也不一样。偏材以其材命名，兼材以其德行命名，兼德之人就用更高尚的名称去命名。所以兼有各种德行且每个德行都达到了极高境界的人叫中庸，中庸指的就是与圣人一个等级的；有德行但是要具体微小一些的，依据其相应的德行名称来命名，所谓德行指的是属于大雅这一等级的；有一性但是未完备成德的，叫偏材，偏材是属于小雅这一等级的；仅有一个方面（九征之一）是好的，叫作依似，依似是属于混淆视听以乱德这一等级的；只有个别征象看起来是好的，但是另外一个征象表现又是相反的，那么这种就叫作间杂，间杂是没有恒常性的。无恒（间杂）和依似都是末流的人，末流之人千奇百怪，类型就太多了，没有讨论的必要，所以这里就省略不说了。

附加阅读：两个问题

1. 如何便捷地理解这种结构呢？

总体来讲，作者将这种人才品鉴结构分为五等，其中第一等极为罕见，只能意会无法言传，是留给圣人的位置。最后一等类别太多，不予讨论。具体理解请看下表。

人才等级表

名称	描述	简述
中庸	兼德而至，圣人	圣人
德行	具体而微，大雅之称	比如，刚塞而弘毅，可称为金德
偏材	一至，小雅之质	比如，顾小仁而失大义者，可称仁者
依似	一征，乱德之类	比如，言必称希腊者，其实没读几本著作
间杂	一至一违，无恒	比如，人云亦云、见利忘义者乃为间杂

其中中庸者，兼德而至，金水木土火各德皆至，100分，存而不论。

德行者，就是基本做到了，或者做到了五德当中的某一个。举个例子，如果说一个公司的CEO带领公司锐意进取，取得了很好的业绩，使得股东获得了很好的回报，员工获得了很好的收入，但是因为公司管理的需要，而采取了非常严苛的管理方式，导致员工上班总是战战兢兢，这种人就是金德有成，而木德不足，也可以称之为德行者。

偏材者，就是有一个可取的点，但是并不完备，比如，仁者爱人，对周围的人都很温柔有爱，但是在教育孩子上，会流于溺爱，缺乏管教之严；在对待工作上，会过于服从，缺乏坚持之力；相较于木德之"温直而扰毅"的要求，这种溺爱不严与服从无力的状态就是偏的，达到了木德之温、扰，但是没有做到直、毅，所以称之为偏材。

依似者，就是纯度还不够的偏材。似仁非仁，似智非智。比如，有的仁爱者，对孩子百般呵护宠爱有加，要什么给什么，其本质并不是因为自己对孩子的爱，而是在爱自己，而真正的仁是成就而不放纵的；又如，有的人言辞机敏、左右逢源，看起来是有智慧的人，他自己也以为自己是聪明的，但是真正需要他去处理疑难问题的时候，他既无思路也无执行力，这也是一种依似。

间杂者，一至一违，相较于依似者更加让人迷惑。举个例子，有的人养宠物，给予非常多的食物玩具等，看起来是非常有爱心的，但是在宠物淘气或者生病的时候，就会大打出手甚至将宠物无情丢弃，这种就是间杂之人。一方面曾经对宠物的爱是真的，另一方面当下对待宠物的狠毒也是真的，这就是看起来有仁实际上不仁的间杂表现。

2.《九征》篇的基本逻辑是什么？

从人才识别的理论和方法上讲，《九征》全篇给我们提供了一种关于人的基础理论知识，并且依据这一理论知识将人才的等级进行了划分。具体如下图所示。

人才评价征质图

人的基础理论讲的是人有五种基本的性质，分别借用五物、五常、五德的概念进行阐明，其中五物、五常、五德是具有对应关系的，为了方便理解，我们在图中用性与德进行概括，其中性对应五常（仁义礼智信），德对应五德，性是基础，是每个人都可能会有的，是先天禀赋，而德是升华，是需要个人修养的，比如，一个人可能有土性，天生宽厚笃实，与人为善，但是光如此还不行，还需要能严肃、能立事，避免类似于"慈母多败儿"的状况发生，做到这种程度，才能称为有木德。

以上所说的是从内在的理论分类角度来讲的，那么从外在评价角度来讲如何操作呢？刘劭提出九个路径，即为九征，分别是神、精、筋、骨、气、色、仪、容、言，这九种征象与人的内在特质之间是有某种对应关系的，但是由于这种关系本身存在描述上的困难，所以是需要个体进行观察以积累经验的，后文的诸多章节其实都是对这种经验的传承。注意，不要拘泥于九征的个数，九指的是极多的意思，其基本目的在于肯定从征象推断内质的可能性，以开出人才品鉴的路径。

体别第二

禀气阴阳，性有刚柔，拘抗文质，体越各别

【导读】"体"即基本的意思，"别"即"分类或者差异"的意思，体别指的就是人的基本类型。在前一章我们已经讲了人的5种基本要素"金、木、水、火、土"，那么为什么还要讲人的基本类型呢？5种基本要素是根本，相当于把人进行了完全的拆解得出的类别，而《体别》篇所讲的十二偏材则是从外在性状的角度来解释不同配比的典型个体。

如果从西方心理学角度进行解读的话，5要素类似于大五人格，这是基本要素，大五人格的各种不同配比又构成了12种典型人格类型。比如：《体别》篇所讲的厉直刚毅型，就是金多、水少、木多、火多、土少的类型，按照这种思路进行推演，简单来讲可能有32种类型，但是实际在现实生活中，典型可见的基本上也就12种类型，所以《体别》篇也就只讲了12种类型。

有学者认为，《九征》篇的五行划分方式与《体别》篇的十二偏材划分方式是相互独立的，不是一个有机的整体。其实不然，五行划分方式是对人的属性的横向划分，而十二偏材的划分方式则是对人的属性的纵向划分，就如同西方人格心理学中的特质论和类型论，五行划分方式是特质论的解析思路，而十二偏材的划分方式是类型论的解析思路，特质论有解析精准但是难于还原和传播的特点，而类型论有解析粗略但是利于理解和传播的特点，两者各有优劣。

本章所讲到的十二偏材是人群中相对典型的类型，但是也涵盖了几乎全幅人性地图，通常情况下个体是其中一种或者几种类型的组合体，相应的也比较容易理解跟自己类似的那一种或者几种，所以在阅读本章的时候读者不一定能理解所有类型，建议在阅读过程中，读者可以尽量将每种类型与你熟悉的人相联系，通过拟合身边人的行为表现以获得对不同类型人格的感性认识，从而扩展自己的人性地图，更好地识别和理解他人，也能更有利于自我提升。

一、十二偏材概览

夫中庸之德，其质无名。**泛然不系一貌，人无得而称焉。**故咸而不碱，**谓之咸耶，无碱可容。**公成百卤也与咸同。淡而不醷[①]，**谓之淡耶，味复不醷。**质而不缦，谓之质耶，理不缦素。文而不绩，谓之文耶，采不画馈。能威，能怀，能辩，能讷，**居咸淡之和，处质文之际，是以望之俨然，即之而文，言满天下无辞费。**变化无方，以达为节。**应变适化，期于通物。**是以抗者过之，励然抗奋于进趋之途。而拘者不逮。**屯然[②]无为于拘抗之外。**

中庸之德，因为高深莫测、变幻无穷，所以很难对其本质进行合适的描述。你说它咸，它又没到苦的程度；你说它淡，它又没有淡到没有味道的程度；它很质朴但是绝不粗鄙，它有些纹饰，但是绝不浮夸。它能展威严之怒，也能怀爱人之心，能慷慨陈词亦能缄口默行。它的反应和状态总是充满变化，很难揣摩，但是一动一静之间，所做的每件事都是那么合宜有节。相较而言，抗者往往会用力过猛，而拘者又往往会力有不逮。

夫拘抗违中，故善有所章，而理有所失。**养形至甚，则虎食其外；高门悬薄，则病攻其内。**

是故厉直刚毅，材在矫正，失在激讦。**讦刺生于刚厉。**

柔顺安恕，每在宽容，失在少决。**多疑生于恕懦。**

---

① 音愦，含义不明，按照上下文理解应该是寡淡无味之意。

② 沌然，混沌的样子。

雄悍杰健，任在胆烈，失在多忌^①。**慢法生于桀悍**。

精良畏慎，善在恭谨，失在多疑^②。**疑难生于畏慎**。

强楷坚劲，用在桢干，失在专固。**专己生于坚劲**。

论辨理绎，能在释结，失在流宕。**傲宕生于机辨**。

普博周给，弘在覆裕，失在溷浊。**溷浊生于周普**。

清介廉洁，节在俭固，失在拘局。**拘局生于廉洁**。

休动磊落，业在攀跻，失在疏越。**疏越生于磊落**。

沉静机密，精在玄微，失在迟缓。**迟缓生于沉静**。

朴露径尽，质在中诚，失在不微。**漏露生于径尽**。

多智韬情，权在谲略，失在依违。**隐违生于韬情**。

　　不论是拘（内敛、内省，属阴）还是抗（进攻、抗夺，属阳），其实都违背了中庸之道，虽然有好的一面，但是也有偏离正理的一面。其具体表现如下。

　　严厉直接，结果导向的人，其优点是可以矫正奸邪、建法立制，其不足是脾气暴躁、指摘过度；

　　温柔顺从，安适共情的人，其优点是能够容人之错、宽以待人，其不足是缓心宽断、犹豫不决；

　　雄悍威猛，勇敢无惧的人，其优点是可以冲锋陷阵、胆力过人，其不足是无所顾忌、鲁莽行事；

　　严谨细致，害怕犯错的人，其优点是待人谦恭有礼、行事谨慎，其不足是经常怀疑，猜疑心重；

　　原则性强，坚强有力的人，其优点是堪当中流砥柱、历久弥坚，其不足是固执己见、难以变通；

　　思维灵活，能言善辩的人，其优点是可以释人心结、除人疑惑，其不足

---

① 忌为忌讳，文中取无所忌讳、鲁莽行事。

② 疑乃猜疑之义。

是自我放纵、不拘礼法；

待人热情，交游广泛的人，其优点是内心丰富多彩、见识广博，其不足是涉猎太多、鱼龙混杂；

清静雅致、无欲无求的人，其优点是比较勤俭节约、坚定可靠，其不足是约束太多、狭隘自守；

休决能断、磊落自立的人，其优点是能够积极向上、锐意进取，其不足是思不精深、时有僭越；

沉默安静、心思机密的人，其优点是思想敏感深邃、曲径通幽，其不足是反应迟缓、行动不足；

朴露真诚、简单坦率的人，其优点是其质单纯无邪、忠诚直白，其不足是不知隐藏、无有分别；

心思机敏、善于隐藏的人，其优点是能够审时度势、擅长谋略，其不足是反复无常、阳奉阴违。

二、十二偏材特征详解

及其进德之日，不止①揆②中庸以戒其材之拘抗。**抗者自是以奋励，拘者自是以守局**。而指人之所短以益其失。**拘者愈拘，抗者愈抗。或负石沉躯，或抱木焦死**。犹晋楚带剑，递相诡反也。**自晋视楚，则笑其在左；自楚视晋，则笑其在右。左右虽殊，各以其用；而不达理者，横相诽谤。拘抗相反，皆不异此**。

如果在个人成长的过程中，不能够按照中庸的标准来调适自己身上的"过"和"不及"的东西，反而自以为是，最终只会让自己在偏离正理的道路上越走越远，就像晋国和楚国的人相互嘲笑对方佩剑放错了方向一样荒谬（注：晋国和楚国人佩剑的方向是反的）。

---

① 据伏俊琏《人物志译注》所注："疑为'肯'字之误。"以为是。

② 读作 kuí，《说文》："揆，度也。"《孟子·离娄下》："先圣后圣，其揆一也。"取以……为准则的意思。

是故强毅之人，狠刚不和，不戒其强之搪突，而以顺为挠，厉其抗。**以柔顺为挠弱，抗其搪突之心**。是故可以立法，难与入微。**狠强刚戾，何机微之能入**。

柔顺之人，缓心宽断，不戒其事之不摄，而以抗为刿，安其舒。**以猛抗为刿伤，安其恕忍之心**。是故可与循常，难与权疑。**缓心寡断，何疑事之能权**。

雄悍之人，气奋勇决，不戒其勇之毁跌，而以顺为恇，竭其势。**以顺忍为恇怯，而竭其毁跌之势**。是故可与涉难，难与居约。**奋悍毁跌，何约之能居**。

惧慎之人，畏患多忌，不戒其懦于为义，而以勇为狎，增其疑。**以勇戆为轻侮，而增其疑畏之心**。是故可与保全，难与立节。**畏患多忌，何节义之能立**。

凌楷之人，秉意劲特，不戒其情之固获，而以辨为伪，强其专。**以辨博为浮虚，而强其专一之心**。是故可以持正，难与附众。**执意坚持，何人众之能附**。

辨博之人，论理赡给，不戒其辞之泛滥，而以楷为系，遂其流。**以楷正为系碍，而遂其流宕之心**。是故可与泛序，难与立约。**辨博泛滥，何质约之能立**。

弘[①]普之人，意爱周洽，不戒其交之溷杂，而以介为狷，广其浊。**以拘介为狷戾，而广其溷杂之心**。是故可以抚众，难与厉俗。**周洽溷杂，何风俗之能厉**。

狷介之人，砭清激浊，不戒其道之隘狭，而以普为秽，益其拘。**以弘普为秽杂，而益其拘局之心**。是故可与守节，难以变通。**道狭津隘，何通途之能涉**。

休动之人，志慕超越，不戒其意之大猥，而以静为滞，果其锐。

---

① 据李崇智《人物志校笺》，弘本为崇，意为高，弘普之人意为胸怀博大，结交广泛之人。清时因为避讳而改为弘。

以沉静为滞屈，而增果锐之心。是故可以进趋，难与持后。**志在超越，何谦后之能持**。

沉静之人，道思回复，不戒其静之迟后，而以动为疏，美其懦①。**以躁动为粗疏，而美其懦弱之心**。是故可与深虑，难与捷速。**思虑回复，何机速之能及**。

朴露之人，中疑实硌，不戒其实之野直，而以谲为诞，露其诚。**以权谲为浮诞，而露其诚信之心**。是故可与立信，难与消息。**实硌野直，何轻重之能量**。

韬谲之人，原度取容，不戒其术之离正，而以尽为愚，贵其虚。**以款尽为愚直，而贵其浮虚之心**。是故可与赞善，难与矫违。**韬谲离正，何违邪之能矫**。

因为《体别》篇第一部分简要提出了十二种偏材的类型，第二部分增加了十二种偏材的心理行为模式以及在交往与任用方面的特点描述，属于对同一种类型对称式的描述。又因为十二种偏材与现代心理学概念当中的十二种人格障碍类型是极为相似的，所以此处，为了理解上的方便，我们将临时改变先译再解的行文模式，将译解同步进行。接下来我们就从原文意思与现代心理学的类型描述两个角度尝试分析东西方两种体系下对偏材（人格障碍类型）的理解，二者有异曲同工之妙。

需要特别强调的是，心理学上所说的人格障碍类型是在心理和行为上已经达到了相对严重的适应不良，其诊断通常依据 DSM② 或者 ICD③，参考 PDQ 或者 RPI 量表进行诊断，且需要专业人士进行专业判断。本文所说的诸如"偏

---

① 韩愈《原毁》："强者必怒于言，懦者必怒于色矣。"

② 全称为 *The Diagnostic and Statistical Manual of Mental Disorders* 精神疾病诊断与统计手册，由美国精神医学学会（American Psychiatric Association，简称为 APA）出版，是一本常用的诊断精神疾病的指导手册。

③ 全称为 International Classification of Diseases 国际疾病分类，是世卫组织制定的国际统一的疾病分类方法，它根据疾病的病因、病理、临床表现和解剖位置等特性，将疾病分门别类，使其成为一个有序的组合，并用编码的方法来表示的系统。

执型、依赖型……"指的是具有"偏执倾向、依赖倾向……"等相对轻微的特征，不能作为医学诊断的标准。

十二偏材与十二人格障碍倾向对应表

十二偏材	近似心理学概念	信念模式	关键点
厉直刚毅，材在矫正，失在徵讦	边缘型	他人随时会背叛我	对抗与顺从
强毅之人，狠刚不和，不戒其强之搪突，而以顺为挠，厉其抗；是故，可以立法，难与入微			
柔顺安恕，每在宽容，失在少决	依赖型	他人愿意帮助我	
柔顺之人，缓心宽断，不戒其事之不摄，而以抗为刿，安其舒；是故，可与循常，难与权疑			
雄悍杰健，任在胆烈，失在多忌	反社会型	没有什么可以限制我	冒险与谨慎
雄悍之人，气奋勇决，不戒其勇之毁跌，而以顺为恇，竭其势；是故，可与涉难，难与居约			
精良畏慎，善在恭谨，失在多疑	回避型	尽量小心不要出洋相	
惧慎之人，畏患多忌，不戒其懦于为义，而以勇为狎，增其疑；是故，可与保全，难与立节			
强楷坚劲，用在桢干，失在专固	偏执型	传统正理才是王道	传统与个性
凌楷之人，秉意劲特，不戒其情之固获，而以辨为伪，强其专；是故，可与持正，难与附众			
论辨理绎，能在释结，失在流宕	分裂型	能自圆其说即可	
辨博之人，论理赡给，不戒其辞之泛滥，而以楷为系，遂其流；是故，可与泛序，难与立约			
普博周洽，弘在覆裕，失在溷浊	表演型	开心是最重要的	开放与控制
弘普之人，意爱周洽，不戒其交之溷杂，而以介为狷，广其浊；是故，可以抚众，难与厉俗			
清介廉洁，节在俭固，失在拘局	强迫型	标准是最重要的	
狷介之人，砭清激浊，不戒其道之隘狭，而以普为秽，益其拘；是故，可与守节，难以变通			

续表

十二偏材	近似心理学概念	信念模式	关键点
休动磊落，业在攀跻，失在疏越	自恋型	我想要建功立业	入世与出世
休动之人，志慕超越，不戒其意之大猥，而以静为滞，果其锐；是故，可以进趋，难与持后			
沉静机密，精在玄微，失在迟缓	分裂样型	我想要自得其乐	
沉静之人，道思回复，不戒其静之迟后，而以动为疏，美其儒；是故，可与深虑，难与捷速			
朴露径尽，质在中诚，失在不微	前抑郁型	人们应该以诚相待	笃实与诡谲
朴露之人，中款实硌，不戒其实之野直，而以谲为诞，露其诚；是故，可与立信，难与消息			
多智韬情，权在谲略，失在依违	被动攻击型	傻的人才那么实诚	
韬谲之人，原度取容，不戒其术之离正，而以尽为愚，贵其虚；是故，可与赞善，难与矫违			

　　偏材从字面的意思来理解就是偏于一隅，重在一端，是在某些特征上"过"或"不及"的状态，按照西方心理学的基本逻辑，人的心理和行为特征是呈现一个连续谱系特征的，也就是说正常人群与异常人群在人格特征上是一条线上的不同两点，只是列入异常意味着这个点偏离平均值太大。对于这个基本假设，东西方的认识是一致的。接下来我们将从东西方两个视角来认识和理解十二偏材（十二种人格障碍类型的倾向）。

　　厉直刚毅，材在矫正，失在激讦。**讦刺生于刚厉。**
　　强毅之人，狠刚不和，不戒其强之搪突，而以顺为挠，厉其抗。**以柔顺为挠弱，抗其搪突之心。**是故可以立法，难与入微。**狠强刚戾，何机微之能入。**

　　严厉又直接，刚强不屈，又是结果导向的人，其优点是可以矫正奸邪、建法立制，其不足是容易脾气暴躁、指摘过度。

强毅之人，比较凶狠，强硬，脾气暴躁。不愿意改变自己，时常因为过于强势而显得唐突的问题，反而认为妥协（顺）就是（挠）示弱，而让自己的对抗性更加强烈；所以这种类型的人适合做建法立制的事情，但是难以深入思考和理解他人的情绪情感等细枝末节。

抛开逐个的文辞解释，从意会的角度来讲，强毅之人就是我们日常工作中所说的强势者，敢于发号施令，有很强的推动力，结果导向。在事情的推进不尽如人意的时候，立刻翻脸，不理会任何辩解，严刑峻法，不顾及人情，有时甚至被认为不念旧情、六亲不认。他们通常脾气暴躁、敢于批评。作为领导者的强毅之人更是有过之而无不及，且他们还有一个共同的特征，在开除下属的时候干净利落绝不手软，所以在工作场景中他们通常是令人畏惧的存在。

在生活中强毅之人通常会是一个严厉的父亲，要求孩子要按照某种方式学习和生活，但凡有撒谎、懒惰、狡辩等行为，强毅的父亲就会进行强烈的批评和干预，甚至不吝动粗。他们在与孩子的互动过程中理解少、苛责多，容易让孩子形成畏惧的心理。这种教养方式一方面可以让孩子形成良好的行为习惯，另一方面，则会极大地伤害孩子的自主性和创造性。

从现代心理学的角度来看，这种个性特征非常类似于边缘型人格障碍，他们同属于一个情绪不稳定、对抗性的连续谱系，只是强毅之人比边缘型人格障碍患者的情况更加轻微和健康而已。

一般来讲，边缘型人格障碍者与强毅之人都有以下三大特点。

（1）脾气暴躁。这是他们身上最典型的也是最容易被观察到的特点，在对事情的结果不满意或者对某个人的行为不满意的时候，强毅之人的第一反应通常并不是试图去找到可能的原因，而是发怒，且其发怒的原因常常超出常人的预料，让人惊愕；在工作场景中，喜欢发脾气，批评甚至肆意辱骂下属的领导可能就是这种类型，原文所讲的失在微讦、唐突、难与入微就是这一特点的写照。

（2）人际关系不稳定。除了情绪上的不稳定，强毅之人在人际关系上也是不稳定的，这种不稳定一方面可能是由于其随时可能爆发的情绪让人避而远之，另一方面，也是更为重要的一方面，是其对他人看法的极度正面到极度负面的快速转变。比如，很多的企业领导者与新入职的职业经理人之间通常都会有短暂的蜜月期，在这个蜜月期中，他会下意识地将对方理想化，寄予厚望并给予很多的支持，但是蜜月期过后，迎来的就是各种不满意、失望甚至是恶意贬损。其实面对的人还是那个人，关键是看人的主体一开始过度理想化对方，然后又过度放大对方的缺点，两极相对，常常让人不知所措。

（3）不确定的自我。这种不确定的自我指的是个体在自己是一个什么样的人、要成为一个什么样的人、以什么样的原则行事等问题上缺乏恒常一致的信念，导致容易对事情呈现出缺乏思考的应激式反应，有的心理学家也将这种现象形容为一种PTSD[①]现象，由于这种应激式的反应，所以多数情况下边缘型人格者会对自己的行为感到后悔，甚至沉湎于悔恨当中，边缘型人格者不确定的自我伴随着一个核心信念，就是所有的美好都是不可持续的，背叛与伤害一定会紧随其后，就如同冬天睡在被子里的人脑子里却想的是外面的寒风刺骨，所以他们无法接受享受当下，眼光总是盯着未来可能的风险和挑战。这种后方不稳、战战兢兢的状态，会致使他们在领导角色上如履薄冰，从而更加勤奋地为未来考虑。

简单来讲，跟这样一个人相处就像跟一座活火山谈恋爱。平静的时候雄壮威武，甚至允许你拨弄他的"虎须"，尽管你了解他的本性，谨小慎微，但是你仍然不知道在什么时候就会触碰到他敏感的神经，一旦惹怒他，所遭遇的就是一股摧枯拉朽的破坏性力量。有一天他也会后悔，甚至真诚地祈求你的原谅，但是这丝毫不妨碍下一次不定时的喷发。

用一个通俗的词汇来形容所谓的强毅者（边缘型人格倾向者）应该就是大家所熟悉的"暴君"。暴君要求你唯命是从，所以厉直刚毅；暴君不会管理自己的愤怒，任意妄为，所以就会狠刚不和、不戒其强之唐突；暴君如履薄冰地自我要求他时刻对抗可能的风险，所以就以顺为挠，厉其抗。这种强硬的、具有威慑力的、无法揣测的行为风格，很容易让下属产生畏惧感，所以

---

① PTSD指创伤后应激障碍。指个体在经历、目睹或遭遇到一个或多个涉及自身或他人的实际死亡，或受到死亡的威胁，或严重的受伤，或躯体完整性受到威胁后，所导致的个体延迟出现和持续存在的精神障碍。

文中最后说"可以立法，难与入微"。

这种类型的人在担任领导的前期，可能由于其敢言、敢做、大刀阔斧的特点而被提拔，确实其在小范围的事情上是很有推动力和控制力的，但是随着职权的提升、管理幅度的扩大，这种一刀切的管理风格，不但不会带来管理效率的提升，反而会带来隐性的反弹。

《人物志》主要从政治上讲，那么从商业上讲：作为领导的强毅之人（边缘型人格倾向者），通常（1）脾气暴躁，以极端的方式批评他人，不顾及人际边界伤人自尊；（2）有很强的控制力和推动力；（3）严肃严厉，难以取悦；（4）不能容人，久而久之形成一个服从度高的庸常团队。作为员工的强毅之人（边缘型人格倾向者）：（1）合作性差，容易被激怒，相应地会比较有威慑力；（2）兴趣点容易转移，缺乏恒常性，相应地会比较容易被激励；（3）刚直不和，通常可以作为改革先锋，但是要适度监督；（4）对抗性强，绝不认输，适合市场竞争。

> 柔顺安恕，每在宽容，失在少决。**多疑生于恕懦。**
> 柔顺之人，缓心宽断，不戒其事之不摄①，而以抗为刿②，安其舒。**以猛抗为刿伤，安其恕忍之心。**是故可与循常，难与权疑。**缓心宽断，何疑事之能权。**

温柔顺从，安适同理的人，其优点是能够容人之错、宽以待人，其不足是缺乏主见、犹豫不决。

柔顺之人，通常是缓心宽断的，做决定慢且杀气不足，对事情缺乏统摄把控的能力，认为坚持自己就等同于对抗，一味地宽恕与忍让。所以，可与其按照常规的方式交往或者协作，而不能与其讨论权衡如何解决疑难的事情。

抛开个别的文辞解释，这种人通常以宽容理解的态度对待别人，喜欢比较融洽的人际氛围，在关键的问题上，不愿意坚持自己的观点，缺乏决断力，

---

① 实行，成功的意思。

② 刺伤、划伤的意思。

且通常对事情缺乏统筹的能力，所以这样的人一般只能做一个跟随者，也就是可以做常规的工作，而缺乏自主性和创造性。我们通常意义上的贤妻良母说的就是这种类型，放在男士身上应该就是老好人，他们通常喜欢和和气气相亲相爱的组织环境，而采取宽容理解的态度对待别人，不愿意表达对抗性的观点。另外他们可能没有太多的成就欲望，所以对事情缺乏管控与思考的热情和能力，习惯做"循常"的事情，而对需要权变决断的事情是相对排斥的。在企事业单位中十几年如一日做着基层重复性岗位工作的职工，通常都属于这种类型。

这种个性特征非常类似于现代心理学当中的依赖型人格障碍患者，只是依赖型人格障碍患者比以上描述的情况更加严重而已，站在一个连续谱系上讲，柔顺之人应该是处于依赖型人格障碍相对健康的一端，属于依赖型人格倾向。那为什么这么说呢？

在现代心理学视野下，依赖型人格通常有以下三个特点。

（1）缺乏自主性和独立性。依赖型人格者通常必须依赖于某个强大的对象才能感到安心，心理学家弗里曼和利夫认为依赖型人格的核心就在于放弃自主权，他们的决定需要别人来做或者需要在别人的帮助下来做，所以通常情况下他们的心理状态是很容易受别人影响的。日常，我们见到的譬如与重要的他人（如家长／领导）等过多沟通，寻求指导与帮助的个体可能就属于这个类型。所谓失在少决说的就是这种特点。

（2）为了依赖而妥协。为了不被所依赖的对象抛弃，依赖者通常会对被依赖者非常纵容、妥协，在生活上对家人妥协，在工作上对领导和同事妥协，时刻警觉不要因为自己的突兀而引起别人的不满。其引申出来的行为就是寻求被依赖者的保证，需要被依赖者保证其对他的支持与爱是继续存在与永恒不变的。在外人看来，可能会为依赖者担心，担心依赖者会被别人欺负或者欺骗。所谓"柔顺安恕""以抗为刿"说的就是这种特点。

（3）成就动机不足。因为依赖者总是需要别人的意见来帮助自己做决定，所以就无法因为自己的正确决定而增加自信，更不能形成较高的自我效能感，所以通常情况下，依赖者对自己的未来期望是不太高的，表现在日常生活或者工作上，依赖者通常不会有太高的职业理想和人生抱负，他们觉得过一个寻常人家的生活就满意了。所谓"可与循常，难与权疑""安其舒"说的就是其成就动机不足的特质。

笔者见过的一个个案就是这种类型的典型代表。这是一位年近30岁的女性，形象姣好，出生于农村家庭，家境中上，硕士研究生学历，在城市中有稳定的工作，收入中上等。其一，在日常的生活当中，其几乎每日都必须与父母亲进行视频通话约1小时不等，且习惯于将自己日常生活与工作全部分享给父母亲，其父母亲也将自己的生活和工作分享给她。在工作上反复寻求朋友师长的意见和指导，甚至在日常的吃什么穿什么都需要征求男友的意见。其二，恕忍之心非常强烈，比如，其时常假定他人都是好的，是可信任的，即使在很多人都对某同事持负面评价态度的时候，其依然会为该同事开脱。在深入地探讨下，其说自己不愿意相信别人是缺乏善意的，也不愿意接受和直面这个世界有罪恶的一面。需要特别指出的是，其唯一表示不喜欢的同事，就是过于直接刚厉的新同事，表示对方进攻性太强，自己有些害怕，然而在协作一段时间后，又表示并不讨厌对方，应该说是恕忍之心发挥到了极致。基于这种恕忍之心的强烈特征，其周围的同事会生出强烈的保护欲，时常提醒其不要对别人那么好，要注意保护自己。其三，其个人自述，中学时代的理想就是当个贤妻良母，直至今日仍是如此。有基本的生活保障，且一家人时刻在一起就是她最美好的愿望，至于在职业上，能做到什么样子就做到什么样子，但是也不会放弃上班，因为如果不上班，她会担心自己对于家庭没有任何贡献，从而有被轻视和抛弃的风险。

按照现代心理学的研究，这种类型的人群保守比率可能在0.4%~1.5%，主要形成原因可能是教养风格干扰了其形成独立的人格，并造成了他们在重要的人际关系当中的依赖行为。在依赖者早年中，由于家庭中的重要他人对其过度保护或者以过度规范化的方式教育引导，导致依赖者缺乏自由探索、自主决策的训练，同时，重要他人又鼓励孩子与父母亲形成共生同盟，比如，过于坦诚的沟通，使孩子与家长结成了命运共同体，这种过度紧密的连接会让依赖者在产生自主行为甚至是自主想法的时候，体会到严重的内疚情绪甚至是自罪情绪，从而放弃自主。自主丢失以后，留给依赖者的生活策略就只剩下征求意见或者顺从了，而如果重要他人又乐于见到这样的乖孩子的话，那么一个稳固的循环就诞生了，这个循环将依赖者与重要他人紧紧地绑定在一起。当有一天依赖者需要离开家庭独立生活的时候，才发现为时已晚。

让我们简单揣测一下依赖者的内心世界，在一个温暖又安全的襁褓之中，有一双强有力的手一直支持牵引着自己，那双强有力的手时刻将依赖者护在中间，让他隔绝外部的任何风雨，每当依赖者试图爬出去看看的时候，马上就会被拉回到"正确"的道路上来。久而久之，依赖者所构建的内心世界就是单一的美好的，有某种"正确答案"的，而正确答案的拥有者就是那双手、是重要他人、是单位领导，总之不是自己。所以在调研访谈的时候，我们会发现依赖者通常特别不愿意相信这个世界是不好的，总是把人和事情往好的地方想。在做决定的时候也会显得六神无主，一定要有"一双强有力的手"来纠偏或者确认才能最后安心。

《人物志》所讲的是政治场景中的依赖型人格，那么在工作场景中，作为领导的柔顺之人（依赖型人格倾向者）：（1）首先因为独立自主对他们而言很困难，所以这种类型的人在领导群体中很少见；（2）如果柔顺之人作为领导，他们通常需要若干个亲密的朋友或同事帮助参考或做决定；（3）通常很努力，但是工作成效一般，特别是对于需要开拓性的工作；（4）会充分考虑员工的感受，团队氛围会比较融洽。作为员工的柔顺之人（依赖型人格倾向者）：（1）需要领导给予明确且细致的指导，特别是承担新的工作任务时；（2）对领导的评价比较敏感，不论是正向评价还是负向评价；（3）可能过于顺从，似乎总想取悦身边人，对于欺骗与操控不敏感；（4）表现和善，配合度高，以作为一个跟随者为荣。

雄悍杰健，任在胆烈，失在多忌①。**慢法生于桀悍**。

---

① 关于"忌"字，有的版本解释说忌字可能错了，因为雄悍杰健本身就是莽撞突进、无所顾忌的意思，与忌之类的情感似乎没有关系。实则不然，雄悍之人的"忌"往往是忌恨的"忌"，忌恨敌人，忌恨比自己能力强的人。很多威猛的历史人物，对敌人的愤怒，对论功不公平的愤怒等都是忌的范畴。

雄悍之人，气奋勇决，不戒其勇之毁跌，而以顺为恇，竭其势。**以顺忍为恇怯，而竭其毁跌之势**。是故可与涉难，难与居约。**奋悍毁跌，何约之能居**。

雄悍威猛，勇敢无惧的人，其优点是可以冲锋陷阵、胆气过人，其不足是好勇斗狠、妒贤嫉能。

雄悍之人，气奋勇决，血气方刚，容易冲动，也有雄气，敢于做决定，但是其不被管控的勇可能用力过猛，导致破坏性的或者挫折性的结果。而其又把顺从当作恐惧和害怕，做事做绝，因此，可以一起经历困苦，但是很难受约束。

抛开个别的文辞解释，我们综合还原一下这样的人的内心世界，首先感觉自己是有力量的，是可以通过武力或者实力征服外在世界的，所以是“雄悍杰健，气奋勇决”。但是其内在控制系统有问题，结果出现用力过猛的情况，所谓“不戒其勇之毁跌”，如项羽火烧阿房宫就是一个范例，又如，很多赌徒明知道赌博一定是十赌九输的，但是他们一定要行火中取栗之事，认为自己可以超越这种概率限制，实质上他们勇吗？是勇的，只是一味地勇而已。相应地在认知上以顺为恇，认为顺服就等同于害怕（恇），这个害怕是违背他们的信念的，违背他们关于自己的基本预设，即我如此强大，我是不会也不应该害怕的，害怕是羞耻的，所以他们通常很容易被激将。这种类型的人由于自我强大的预设和以顺为恇的信念，在看到朋友受难时，他们经常会不顾危险，为朋友两肋插刀。为什么？看起来是义，实则不然，其目的是维护他自我强大的预设。在情况稳定了之后，环境不再需要这样的勇，他便会很难受，小说中的李逵便是此类型的典型案例。所以说这种类型的人“可与涉难，难与居约”，难受约束。

现代西方心理学所讲的反社会型人格与这种类型非常相似。只是西方心理学的研究更多地强调了其负面特征，但是在刘劭笔下其还是有“任在胆烈”的优点的，在西方心理学的研究框架下，反社会型人格大体有以下三个特点。

（1）破坏规则。他们通常胆子很大，且以敢破坏规则并能逃脱惩罚为荣。

小到公司的日常行为规范，大到社会公序良俗和法律法规，都是反社会型人格者的破坏对象，因为这些规则在反社会型人格者心中的地位并没有什么不同，低功能型的反社会者往往因为规避法律惩罚的能力较弱，在一段时间的小偷小摸之后被绳之以法，而高功能型的反社会者则比较隐蔽，通常会为逃避法律机关的惩罚而费尽心机，在逃出生天之后，会充分享受到内心的狂喜，甚至挑衅执法机关。

（2）随性冲动。很多人都会有冲动时刻，然而反社会型人格者的冲动是有其显著规律的。他们的冲动主要表现为渴求刺激，不顾后果。有研究显示，这种对刺激的寻求是因为其神经递质调节存在某种异常，导致反社会型人格者对一般的刺激缺乏感受度，进而需要更加强烈的刺激才能有正常当量的感受。所以他们充满兴趣的活动往往是我们一般人认为太过危险的，反过来，只有太过危险的活动才能充分引起他们的兴趣。所以你会发现，反社会者可能会喜欢探险、酗酒、赌博、吸毒等活动，而对思考、阅读、欣赏音乐、垂钓等休闲活动缺乏热情。（注意，这并不是说喜欢或者不喜欢这些活动的人就是有冲动特质的。）

（3）情感匮乏。情感匮乏应该是反社会者的核心特征，这种情感匮乏的根本是对细腻情感的感受力不足，比如，反社会者对于桌子、椅子、小猫、小狗的情感可能是一样的，在他们眼里都是一个物品而已，所以反社会型人格者在小时候大多都会有虐待动物的行为；又如，反社会者可能能够对美好与丑恶这样的简单品质进行分辨，但是很难对虽败犹荣、舍生取义这样的复杂行为进行分辨，所以他们对表面上的义气会非常看重。如果人类有情感考试的话，反社会型人格者可能就是不及格的考生。

在我们的日常生活中所见的诸如暴力啃老者往往就是这种类型。他们通常游手好闲、好吃懒做，喜欢做一些冒险的事情，即使这些事情是违背道德或者法律的，但是他们在这种冒险中感受到的更多的是刺激与兴奋。而在普通的民众看来，他们确实非常勇敢，甚至还有点小羡慕，青春期对古惑仔的认同大抵就是如此，这种认同往往代表着一种自我强大无比的幻想；这也就是他们气奋勇决，任在胆烈的内涵所在。

这样的游手好闲者在周围人的帮助下得到某一份工作，最终的结果大多数都是做不了多久就离开，理由无外乎挣钱少、不喜欢、太辛苦，等等，其实本质原因是受不了这样的约束，或者所谓的压迫，因为上级领导的管理对他们来说就是一种压迫，这伤害了他们自我强大的幻想，所以如果一个反社会者在某个岗位上做了很长时间，通常都是因为在这个岗位上可以获得一些额外利益，这才是他们留下来的真实原因；这就是他们以顺为恽，难与居约的表现。

最后，因为他们自控能力比较弱，规划性不好，导致财务状况堪忧，总是捉襟见肘，这个时候向父母亲伸手或者向能伸手的人伸手就成了必然，按照基本的社会价值观念，成年人向父母亲伸手寻求经济援助是一件羞耻的事情，但是对于反社会者来讲，他们不会有任何不舒服的感觉，他们的内心世界里有一个简单的逻辑链条：我向父母亲要钱，是因为他们有钱。

除了以上我们介绍的三个基本特征，反社会型人格的人还有其他的复杂特征，现将 Cooke 和 Michie 人格异常的三因素模型列举如下（基于验证性因素分析和基于模型的聚类分析得到的结果）。

（1）傲慢的、有欺骗性的人际交往风格，包含夸大的自我价值感、花言巧语、外表迷人、诈骗、操纵和不真诚（这个维度也被称为印象管理）。

（2）行为风格冲动、肆意妄为，包括未经思考行事、缺乏长远目标、寻求刺激、不尽如人意的工作习惯以及寄生虫式的生活方式。

（3）缺乏情感和情绪体验，特点为低自责、低内疚、良心缺乏、无惧无虑、冷酷、麻木不仁、缺乏共情以及不负责任等。①

综合来看，反社会者因为其缺乏相应情绪情感的体验能力，包括恐惧或者共情，所以其行为方式通常是无所限制的，又因为其一贯冲动的行事风格（以顺为恽），所以闯下大祸（毁跌）也就成为必然。一些高功能型的反社会者知道违背社会规则可能会遭遇惩罚，于是他们使用欺诈的方式获得利益。然而万变不离其宗，他们的灵魂就像是野蛮的掠夺者，觉得自己无所不能，

---

① BARTOLCR, BARTOLAM. 犯罪心理学［M］. 李玫瑾，等译.北京：中国轻工业出版社，2017：196.

他人则命如草芥。

可能有人会觉得这种对恐惧不敏感的人适合当军人，从事高危职业等。但是一项针对反社会型人格者从事危险工作的可能性的试验得出了一项令人遗憾的结论，尽管这类人在危险情境中确实表现得比一般人更冷静，能够保持更低的心率起伏，更少的汗液分泌，但是他们的注意力难以集中起来、行为方式过于自由随性，从而无法适应也无法管控。归纳起来也就是原文所说的"难与居约"。

在工商业组织当中，这类人通常从事销售类工作，其中很大一部分甚至会成为领导者，也有研究证明，反社会型人格者的部分特征对于个体成为领导者有较大的助益。

现代心理学对于雄悍之人（反社会型人格倾向者）的研究表明，作为领导的雄悍之人（反社会人格倾向者）：（1）看起来很有领导力，且很有雄心抱负；（2）缺乏同理心，常要求员工放弃休息做很多额外的工作，且认为这没什么；（3）喜欢控制下属，塑造自我形象，或者实施性骚扰等悖德行为；（4）信口开河，缺乏严谨性，不履行承诺。作为员工的雄悍之人（反社会人格倾向者）：（1）在关键时刻帮助你，并希望你无限度地回报他，否则就会怨恨你；（2）敢于在上司面前表态，重申自己的能力和态度，以获取信任；（3）很有开拓性，对于团队管理以及市场开拓很有手段；（4）不甘屈居人下，擅长讨好上司，踩踏同事。

　　　　精良畏慎，善在恭谨，失在多疑①。**疑难生于畏慎**。
　　　　惧慎之人，畏患多忌，不戒其懦于为义，而以勇为狎，增其疑。**以勇赣为轻侮，而增其疑畏之心**。是故可与保全，难与立节。**畏患多忌，何节义之能立**。

严谨细致，害怕犯错的人，其优点是待人谦恭有礼、行事谨慎，其不足

---

① 有译本认为，此处多疑有误，其实不然，此处多疑指的是多有困惑，而不是怀疑。

是多思无决、游移不定。

下一个段落的词汇更加贴切，即惧慎之人，惧慎就是害怕、谨慎的意思。畏患多忌，害怕担心有很多的顾忌，顾忌什么呢？从总体来讲只能有一个理由，就是顾忌自己做的事情别人不满意，遭遇别人的批评和指责。不戒其懦于为义，就是不能做出义（宜）举，而继续懦弱下去，反而认为勇敢地站出来是一种轻慢的行为，从而让自己更加疑虑了；所以可以保全现状，但是难以弘扬气节。

总体来讲，畏慎、惧慎、畏患多忌等词都为我们营造了一个胆子很小容易感到害怕的人物形象。然后恭谨、以勇为狎为我们塑造了一个在别人面前表现回避的人物形象。失在多疑、增其疑又为我们塑造了一个疑惑、困惑的人物形象；以"可与保全、难与立节"作为补充的话，一个标准的听话的学生形象就浮现在眼前了，他们通常做事认真，对上级、师长言听计从，没想好的话通常不会说，给人一种不太自信怯生生的感觉，作为员工的他们通常会努力地完成上级领导交办的工作任务，对人也比较谦卑恭敬，遇到问题总是把责任扛到自己身上，习惯从自身找原因，所以他们会多疑，疑什么呢？疑自己疑领导。疑自己是不是已经做得很好了，疑自己是不是犯错了，疑领导和周围的同事是怎么看自己的。这也符合了精良畏慎的总体描述。

现代心理学所讲的回避型人格跟这种类型非常相似。在心理学的人格侧写中，比较经常地拿来形容回避型人格的词汇是害羞、过度谨慎等。这种类型的人通常表现为以下三大特征。

（1）人际内向。人际内向的原因有多种可能，可能是因为害怕，也可能是因为对人际没兴趣，还可能是因为特定场景下的信心不足。回避型人格人际内向的根本原因是因为害怕，这与原文中讲的畏慎、畏患的意思是一致的。他们的害怕是与生俱来的，害怕被拒绝，害怕被批评，且这种行为特征我们可以在小孩子身上很容易地发现，比如，小时候不在父母亲身边长大的孩子，无法打破两者之间的界限，总是显得拘谨懂事，在父母亲身边放不开；又或者小时候就在父母亲身边，被过多地批评和拒绝，导致其最终形成一个我不可爱、我不被喜欢、我不被接纳的信念，最终导致回避者缺乏自我表达的勇气。

（2）过度谨慎。谨慎也有很多种原因，但是回避者的谨慎通常是因为别人，害怕别人的批评与不满，这种谨慎不仅仅表现在做事上追求精良，还导致其在内心世界中畏患多忌，根据别人的脸色来判断自己的对错，一旦他人施以颜色，回避者自动化的行为就是来检视自己是不是哪里做错了；更极端的是回避者所衍生的牵连性观念，即他们会觉得即使是同事情绪不好，自己也负有某种责任，不得不做点什么让对方开心。

（3）犹豫不决。犹豫不决也可以有很多种原因，回避者的犹豫不决通常是因为害怕犯错误，而自己又无法承担犯错之后潜意识当中的批评与指责，这个指责通常受曾经的重要他人对待曾经弱小的自己的指责的影响。还有一个延伸性的方式是，在回避者犯错之后，会倾向长时间的自责，让自己成为那个批评自己的重要他人。回避者的犹豫不决就是原文中说到的失在多疑、增其疑中的"疑"。

总体而言，回避者的核心特点在于勇气缺乏。缺乏自我表达的勇气，也缺乏自主决策的勇气。在日常工作中就不乏这样的案例。回避者通常对上级领导的指示言听计从，在执行过程中，很少能够自主判断。在会议中，即使觉得不合理也不会提出明确的反对意见，或者反复确认其提出的意见不会冒犯到别人才会谨慎地提出来，被忽视或者被反对后，大概率不会再去争取，而是选择依从。因为这样的特点，其上级领导通常会认可回避者的努力，鼓励回避者可以更加自信一些，然而回避者因为其过于反求诸己的特点，导致其获得自信的方式就是不断学习，所以职场中很多回避者是非常热爱学习的，参与各种各样的学习组织，甚至不吝花费，其目的是填充那个不自信、略显空洞的自我。在工作实践中，他们也希望上级领导能给予更多的成长指导，成长本身代表着一种开放与吸纳信息的心态，但是在回避者这里，往往过于在意成长，而忽视了当下，其实质是将当下应该有的自主与勇气进行推延，本身是一种曲折的逃避行为。因为回避者缺乏勇，即面对复杂与不确定的能力，所以通常情况下，他们很难得到晋升，甚至可能一生都在基础性的工作岗位上。

《人物志》所讲的是政治背景下精良畏慎之人，在现代商业社会中，作为领导的惧慎之人（回避型人格倾向者）：（1）回避者通常缺乏自信和勇气，所以一般不太可能被提拔为领导者；（2）惧慎之人通常有很好的工作投入度，谨小慎微，害怕犯错；（3）惧慎之人的决策力和抗压能力较弱，在快速变化的市场环境中会有较大的压力；（4）惧慎之人一样会猛烈地批评或者指责下属，就如同他曾经被批评一样。作为员工的惧慎之人（回避型人格倾向者）：（1）小心谨慎，尽量避免犯错，所以其意见和想法大概率会被埋没；（2）情感上的包容与工作上的指导将能有效地留任惧慎之人；（3）对批评敏感，且倾向从自己身上寻找错误的原因，容易自我苛责；（4）在行事风格上，过于保守，缺乏灵活性。

> 强楷坚劲 [①]，用在桢干 [②]，失在专固。**专己生于坚劲。**
> 凌 [③] 楷之人，秉意劲特，不戒其情之固获，而以辨为伪，强其专。
> **以辨博为浮虚，而强其专一之心。**是故可以持正，难与附众。**执意坚持，何人众之能附。**

原则性强，坚强有力的人，其优点是堪当中流砥柱、历久弥坚，其不足是固执己见、难以变通。

凌楷之人，凌楷即不断地逼近最高范式，最完美状态。秉意劲特，即非常固执地坚持自己的意志。不改变自己固执己见的毛病，而认为辨博（联系下文的辨博之人，此处应指巧言善辩之意）是虚浮的，进一步强化其专一之心。所以可以持正，也就是可以坚持正义之理，难以让他附和别人。

抛开具体的文辞解释，凌楷之人给人的感觉：（1）以楷正为准绳，当然这个楷正可能是他自己的标准，且非常固执；（2）认为那些口才好、能言善辩

---

① 楷的本意是范式的意思，楷模、楷书等都是正统的范式的意思。综合起来就是强力地按照某种原则和规矩行事。

② 干的本意为支撑建筑物的核心梁柱，引申意为栋梁之材。

③ 凌为逼近之意。

的人是虚伪的，没有价值的；（3）固执地坚持自己是正确的，难以符合大众主流。综合来看，凌楷之人就是一个固执的原则坚守者，不接纳不开放，对所有试图颠覆他的原则的说法或者做法保持戒备，且认为这些说法或者做法都是伪诈不实的。

比如，一位严肃的老师，希望学生全身心地投入学习，在看到有的学生喜欢看课外书或者穿新潮衣服的时候，会产生极大的愤怒，进而收缴课外书或者要求学生穿衣服要有学生样。这样的老师的假设是，学生有一个学生标准化的样子，在这个阶段就应该干这个阶段该干的事情。但是他无法理解，课外书对学生的总体认知能力和思维能力是有很大好处的，新潮的着装很多时候也只是学生朝气和审美的一种表达，这些都是一种自然而然的行为，并不是多么十恶不赦的事情。这个时候如果有人去劝解该老师说时代不同了，多元化了，得到的回应可能是同样的愤怒。但是这样的老师也有好处，就是通常他们都是非常尽职尽责的，对学生是有爱护之心的，并且他们敢于跟不正之风斗争，比如，损害学生利益、从学生家长处谋取私利的事情他们通常是不会干的。

在职业场景中，这种类型的人通常会是一个不错的领导者。一方面相信正理，很固执、很务实；另一方面难以相信别人，讨厌虚浮、讨厌投机。我们很多务实的民营企业家就是这种特征，他们通常会在自己熟悉的领域扎根，不断深耕，对多元化经营思路保持警惕，固执地相信任何行业只要努力做好就一定会成功，任何行业要想做好就必须专心致志、心无旁骛。基于这些基本底色，他们对多元化特性的人也会保持警惕，比如，喜欢搞营销、搞投机、搞人际、专注度不足的人在他们眼里都是值得怀疑的对象。

现代心理学所讲的偏执型人格跟这种类型非常相似。只是西方解释体系倾向从人格障碍的角度来看，将其重心放在多疑及其带来的适应性问题上，这种解释角度在中文背景下，容易让人联想到阴郁的敏感多疑。然而在多方资料的对比下，你会发现，这种多疑并不是阴性的，而是阳性的，甚至是对抗性的。相较而言，东方解释体系中凌楷之人的说法会更加贴合东方文化，也更能代表常见的、健康的偏执型人格倾向者。结合既有研究资料，我们总结出偏执型人格倾向者的以下三大特征。

（1）正义感。偏执型人格者相信自己是正义的、是高尚的，并且愿意为自己所坚守的正义和高尚而斗争。然而这种正义和高尚很多时候是带有明显的个人时代特征的，曾经接受的教育或者所处的时代都会影响他的价值系统，所以这种类型的人在成为家长或者领导之后，会发现跟孩子和下属甚至是时代之间是有代沟的，所以偏执型人格者常常会给人一种愤世嫉俗的感觉，对下一代的发展充满担忧；但是需要看到的是，他们总体上是恪守"普世价值"的，只是在诸如生活细节、审美倾向等细枝末节上会显得格格不入。

（2）固执的。固执应该是偏执型人格倾向者给人的主要感受，固执地坚持自己的想法，按照自己的意志行事，听不进别人的意见和建议，不接受所谓的圆融通透的做法。比如，偏执型的父母相信勤俭的教育理念，就不会随大流给孩子太多的零花钱。又如，偏执型的管理者相信专注的力量，就不会理会市场上挣大钱的机会。所以偏执型个体也会给人一种自命不凡的感觉，因为他们不理会外在扰动，不愿意随大流，而只是相信自己的判断。

（3）多疑的。多疑应该是偏执型个体的核心特征，然而这种多疑是需要加修饰词的，即谨慎性多疑。比如，一个善于拍马屁的下属在偏执型领导者看来就很值得怀疑——你想从我这里得到什么？我需要时刻警惕不要被你绕进去。又如，一个上门推销业务的企业服务提供商在偏执型领导者看来就很值得怀疑——他们为什么做这种业务？如果合作我会有什么风险？我需要搞清楚这些问题再做决定。对于偏执型人格倾向者来讲，多疑的特点帮助他们避免了可能的风险，也带来了封闭和决策缓慢的问题。

按照精神分析大师南希·麦克威廉斯的观点：偏执型人格通常多疑、固执且自命不凡，健康的偏执型人格者可能会热衷于在政治上有所建树，在这种追求过程中，他们与邪恶势力抗争的欲望能够得到淋漓尽致的发挥。从认知心理学的角度来简要梳理偏执型人格的内在逻辑：我是正义且正确的，他人是狡猾的掠夺性的，如果我不注意提防，他们就会趁机伤害我或者损害我的利益。所以我要时刻保持警觉，一旦对方露出马脚就要马上予以坚决还击。

从人格形成的内在机理来讲，偏执型人格者在童年成长的过程中，自我效能感可能遭受过比较严重的创伤，比如，来自家长严苛的痛斥和对自身能力的质疑，导致其要求自己必须把事情做到最好最出色以反击这样的痛斥和质疑，这也就让他们的心理能量只能固执于一点，而不是柔和自然的多样化状态。如果仅此而已的话，就会导致人格上的强迫，然而事实上，痛斥他们的家长大多数根本就做不到其要求子女做到的标准，作为子女而言就有理由将重心从对自己强迫转换到对他人的怀疑和对抗。怀疑他人的名不副实，对抗所有可能的轻视和质疑，比如，在别人的只言片语当中读出嘲弄的意味，当然这是一种比较严重的状态，更为常见的状态应该是如安迪·格鲁夫①这种类型的，他在《只有偏执狂才能生存》一书中讲道："一位企业家只有时刻警惕会不会被竞争对手吞噬，像患上被害妄想症一样，才能有生存的资格。"这里面明显包含着一种对危险的警惕和对这种危险的强烈反抗，是一种具有建设性的多疑特质。

《人物志》所讲的是政治背景下的凌楷之人，在现代商业社会中，作为领导的凌楷之人（偏执型人格倾向者）：（1）谨慎的激进，总是在需求新的发展，但是风格很谨慎；（2）固执，对于自己确定的方向，很难接受他人的劝诫；（3）关注道德感和正义性，即使是合法挣钱的生意也不做；（4）不接受拍马屁、可能不忠诚的下属。作为员工的凌楷之人（偏执型人格倾向者）：（1）对他人的称赞和表扬持谨慎态度；（2）不愿意接受他人的指示；（3）竭尽全力发展自己的核心能力，缺乏安全感和人际热情；（4）排斥可能有违道德的商业手段。

论辩理绎，能在释结，失在流宕②。**傲宕生于机辨。**

---

① 1968年，格鲁夫同集成电路的联合发明者、Fairchild 半导体公司的鲍勃·诺伊斯以及人们常常引用的"摩尔法则"的发明者戈登·摩尔一起，联合创立了英特尔公司。1979年，格鲁夫被任命为英特尔公司总裁，1987年升任首席执行官。

② 宕：放荡，不受约束。

辨博①之人，论理赡给②，不戒其辞之泛滥③，而以楷为系，遂其流。**以楷正为系碍，而遂其流宕之心。**是故可与泛序，难与立约。**辨博泛滥，何质约之能立。**

擅长辨析道理，博闻强识的人，其优点是善于分析解释，其不足是狂傲放纵、不拘礼法。

辨博之人，见识广博，思维敏捷，能够旁征博引，充分论证，但是容易过于发散，陷入空泛无实、滥多成灾的境地。其个人反而认为世俗规范就是一种思想上的禁锢，于是随着自己的想法无限地推演下去。所以跟这种类型的人只能是泛泛而谈，而难以订立规约条框。

抛开个别的文辞解释，辨博之人整体上给人一种见识广博、思路奇特的印象，他们在分析问题、阐述道理的时候，是不以社会基本范式为准绳的，是有一套独特的规则和解释体系的。在他们看来，一般的社会习俗对人而言是一种约束，所以跟他们只是泛泛而谈，取其思想之精华，去其脱离实际的部分。用现代语言来讲，这种类型的人擅长诡辩，他们的学识一般是博而不渊、杂而不纯的，脑子灵活，能够解释很多现代人无法解释的问题，但是他们也有一个缺点，迁移性太强，除了问题解释，还附带许多其他无关的知识，并掺杂诸多自己的所思所想，且在讲述的时候颇为自得。对于这种人一般来讲就只能顺着他的流宕之心，泛泛而谈，而不能约束其论述和思考的范围。

关于这种类型，比较极端的应该就是我们日常生活中所说的"杠精"。首先不得不承认的是该类型的人在辨析道理方面的确是天赋异禀的，但是在很多时候这种辩论天赋用过了用错了，变成了卖弄才学。比如，你面对着一轮皎洁的月亮感叹："今天的月亮好美啊！"他则会说："难道昨天的月亮不美吗？"往往还能够引经据典，发表一番其自己的观点。这种行为可以从两个

---

① 辨博：见识广博之意，"辨"通"辩"。清·王士禛《池北偶谈·谈艺八·名媛诗》："周婴、方叔极称辨博。"

② 给：充足。

③ 泛指浅显、空洞，泛泛而谈之意。滥指过多、溢出之意。泛滥形容事物、思想到处扩散。

层面来分析，一个层面是这类人的情感性动机，一个方面是其独特的认知视角。首先其想说，想表现得跟别人不一样，以此获得内在的优越感或者被关注的感觉；其次这类人能想，能超越一般人的认知壁垒，开出新的解读视角，这种新视角的开出既可以看成一种天赋，也可以看成一种障碍。就如同南希·麦克威廉斯所提到的分裂型人格与精神分裂症其中的一个共同点，即具象化思维，这种思维模式就是只能按照字面的意思去思考，没有办法将这个字类化到其他的情境或将它抽象化，在月亮的这个例子当中，他无法理解对方想要表达的是自己的情感，因此又执着于字面的含义。

换个角度来看，辨博之人往往又是充满创造力的，他们总能从与众不同的视角去看待事物，并做出新的解释，因为解释方式之新、之犀利，又进一步强化了他们"我与他人不一样"的傲宕之心，这很像是一种偏执的智能的骄傲。

从现代心理学的视角来看，辨博之人的特征与分裂型人格者非常相似。只是现代心理学所研究的分裂型人格者表现得更加极端，通常体现为外表上的怪异，思维上的独特和价值体系上的前卫。而辨博之人作为同一谱系之下相对健康的类型，可能没有外表上的怪异，但是一定有思维上的卓尔不群和价值体系上的放浪不羁，总结起来他们有以下三大特征。

（1）擅长思辨。辨博之人通常会有沉溺思考的倾向，有很好的求知欲，这种求知仅以兴趣为标准，而不以有用为标准，所以对很多冷门的东西有所涉猎。比如，一个商贸组织的办公室职员醉心于研究天文、高等数学、昆虫分类等。又如，一个建筑工程师醉心于宗教、占卜、神鬼之事。他们通常会为此投入很多的时间和精力，并且也会有很独到的见解。在他们的内心世界里，世界是同一的，是一定存在某种内在联系的，是一定有某种神秘力量在支配着这个世界的运行。长期的自发式思维训练练就了其一身辩论的功夫和联想的能力，故能在辩论中拔得头筹。

（2）现实感不足。生命能量向思辨和奇幻思维的投注，常常会让辨博之人有脱离现实的特征。这种脱离现实一方面表现为上文所说对"无用"知识的追求，另一方面也表现为与现实社会的格格不入。众所周知，现实世界中是存在很多潜隐规则的，比如，外出办事，可能存在这样或者那样的原因，不太顺利。对于一般人来讲，只要调整自己的态度多做尝试办成即可，但是对于辨博之人而言，他们会认为这是一种来自他人的主观恶意，进而采用投诉或者直接对抗的方式解决。在辨博之人的思辨世界里是有绝对的善与恶的，而在现实世界中其实是存在很多灰色部分的，辨博之人对灰色的不接纳在他人看来就是现实感不足的表现。

（3）富有创造性。富有创造性应该是辨博之人最有实用价值的特征，当然他们的创造有可能是有用的，也有可能是天马行空没有现实价值的，这完全取决于辨博之人的现实融合度，也就是所谓"以楷为系"的程度，当"以楷为系"的程度过高，辨博之人可能会全然沉湎于自己的精神世界，到这个程度他也许可以做一个前卫的思想家或者艺术家；当"以楷为系"的程度相对较低，辨博之人可能会是一个很好的创意工作者。但无一例外的是，辨博之人的内心世界是痛苦与幸福激烈冲撞的，痛苦在于没有人理解，幸福在于又发现了一个独特有趣的知识或者理论。

金庸先生笔下的东邪黄药师可能就是这个类型下比较健康的个体。首先一个邪字就表明了其与一般世俗之人的不同，他有独特朴素的价值观，在那个时代背景下，支持杨过和小龙女这样的师徒恋情，这是其前卫思想的写照；其次，在行为上，放荡不羁，特立独行，偏居桃花岛，过着神龙见首不见尾的生活，这是其傲宕自我的写照；最后，黄药师上通天文，下通地理，五行八卦、奇门遁甲、琴棋书画，甚至农田水利、经济兵略等亦无一不晓，无一不精，这就是其兴趣多样性的写照。

总而言之，辨博之人像一个处在叛逆期的孩子，怀疑一切约定俗成的论断和解释体系，对外在世界充满自主探索和解释的欲望，并且逐步形成了一套自己的认知和解释体系，这一套体系也成为他们自我滋养的精神养料，只是这一体系过于个性化或者客观化，与现实世界无法兼容，极容易导致冲突，而现实世界在面对一个稚嫩又赤诚的个体关于所谓正确性的诘问时，往往既惊愕又充满嘲笑，仿佛在说：小破孩儿，谁会关心这些东西呢，挣钱过日子才是正道。

《人物志》所讲的是政治背景下的辨博之人，在现代商业社会中，作为领导的辨博之人（分裂型人格倾向者）：（1）不喜欢也不擅长进行团队管理工作，习惯独自一人工作；（2）创意想法较多，其中很多可能会偏离现实、缺乏商业价值；（3）思想前卫，能够接受不同的价值观，能够理解年轻人；（4）丰富有趣，能够营造出比较和谐的有创造性的团队氛围。作为员工的辨博之人（分裂型人格倾向者）：（1）个人兴趣爱好较多，很难全身心投入工作中；（2）特立独行，难以说服和管理；（3）在很多问题上有独到见解，时常能够为决策提供新的思路；（4）沟通协调能力不足，不适合从事活动组织或者营销工作。

普博周洽，弘在覆裕，失在溷浊。**溷浊生于周普。**

弘普之人，意爱周洽，不戒其交之溷杂，而以介为狷，广其浊。**以拘介为狷戾，广其溷杂之心。**是故可以抚众，难与厉俗。**周洽溷杂，何风俗之能厉。**

普博周洽，普遍、广博，周到、和谐。就是说待人接物追求周到和谐，让别人感觉非常的热情和周到，通常情况下，我们见过的非常喜欢交朋友的人通常都是这个样子的。弘在覆裕，其好的地方在于内心博大，什么都能接纳。失在溷浊，溷者，乱也，浊者，贪也。不足的地方在于其混乱且贪婪的行为方式。

弘普之人，意爱周洽，不戒其交（友）之溷杂，说的是这种人对人热情，也很友好周到，但是在交友方面没有原则，什么朋友都交。而以介为狷，介是分开的意思，与我们日常所说的"介意""介怀"类似，狷指的是拘谨自守、独善其身之意，在这里引申为孤高自傲、开放性差等。所谓以介为狷，就是认为那些不合群的人清高、看不起人。广其浊，即更加广泛地与不同的人交朋友。可以抚众，难与厉俗，即可以安慰、安抚人民群众，但是很难成为人民群众学习的榜样。

从上文的描述中，我们可以简要提炼一下弘普之人的三个基本特征，其一，个性热情，好交朋友（意爱周洽）；其二，对朋友的品行不在乎（失在溷浊）；其三，认为不融入群体就是心胸狭窄、不合群、孤傲。

在日常生活中其实这类人并不少见，第一次见面你就能感受到对方的热情，端茶递水，不吝与你分享他最好的东西，甚至不怕麻烦，付出很多额外的努力，只为让你尝到当地的美食，他们似乎能够照顾到你的所有感受，给予你宾至如归的感觉，在这个过程中，如果他们有什么礼节上的失误，他们会马上道歉，迅速而诚恳地化解尴尬。注意，这个过程中包含着一种隐藏的细节，就是慌乱，慌乱地寻找他要分享给你的东西，慌乱地收拾不算整洁的沙发等。如果你是第一次到这类人家里，这种表现会更加明显，这种类型的人家中陈列会非常丰富，你甚至能感受到主人曾经在布置每一个器具时的兴奋心情，除此之外，你感觉更多的是脏乱，那些曾经一时兴起买回来的东西不是被搁置失去了曾经的功能，就是被随意丢弃在某个角落，只有在人主要的活动区域才能看到灰尘被蹭掉的痕迹。家很多时候象征着一个人的真实自我，而这种多且乱的居住环境往往暗示着弘普之人即光鲜亮丽又庞杂混乱的自我，带有很高的开放性和很低的尽责性。

如果我们注意观察弘普之人的交际圈，你会发现其什么朋友都有，但是他们都有一个共同的特征就是喜欢享乐，对于各种新鲜刺激的事物感兴趣，他们通常结伴而行，信奉快乐主义。他们通常不是因为某种利益走到一起，而是为了共同的快乐走到一起。所以对于朋友而言，只要你愿意，他们很愿意敞开怀抱拥抱你，但是不久你就会发现你无法继续这样无休止的享乐生活，进而离开这样的群体。

他们同时又是敏感的，敏感于介，介最早的含义是指穿着盔甲的人，这里引申为隔离、保持距离、拒绝的意思，人们通常情况下都有隔离自我，保留内在独立自我的需求，但是对于弘普之人而言，他们追求的是相融，即你我充分敞开，不分彼此的状态，认为介就是狷，即将别人的有所不为的行为解释成拒绝，并将其等同于清高、孤傲，从而激起自己愤怒、不满的情绪。

这种类型的个体与现代心理学上所讲的表演型人格比较类似，只是弘普之人的症状更加轻微，属于相对健康的一端。而其核心特征都是一样的，即与群体相融，只有在群体中才能体会到欢愉。一般来讲，表演型人格有以下三个基本特征。

（1）人际活跃。他们需要舞台，需要灯光，需要关注，他们通常很外向，反应机敏且热情，让你无法抗拒。与我们日常所说的自来熟的特征很相似，任何话题他们都想参与，并且也能参与，一旦参与到相应的活动当中，喜欢说话的他们往往能够快速成为这个小组织中的 C 位，但是究其本质，他可能对这个活动本身没有多大的兴趣或者多深的研究，而是这个活动当中有很多人。而相应地，表演型人格者为了能够参与相应的活动，往往会临时补充相关的知识，以使自己不至于太突兀，这也是他们表演的一个重要部分。

（2）混乱的人际关系。混乱的人际关系是表演型人格者在人际方面的特点，他们交友的动机仍然是基于其内心的无处安住，他们通常具有很好的同理心，对他人的情绪和需求有极好的洞察力，且非常愿意提供帮助，所以他们通常很容易与他人建立较好的关系。按道理讲这是一种得天独厚的优势，但是遗憾的是在这种关系的建立中，表演型人格者通常并不在乎你是谁，而只在乎我是不是你眼中那个重要的人。

（3）夸张的情绪。对情绪的放大是双维的，积极情绪及消极情绪在表演型人格者这里都会被放大，且情绪转换会非常快。所以你会看到一个刚刚还跟大家热情讨论的表演型人格者因为别人的某一句话就生气，并歇斯底里地陈述你是如何惹恼了他；同样，你也会发现，对于诸如小动物的悲惨遭遇，表演型人格者会表现出让你感觉诧异的过度同情与悲伤，这样的悲伤在得到安慰之后，表演型人格者将会寻找到一个独特的理由来自我终止。他们真的悲伤或者愤怒吗？在旁观者看来，通常会有小题大做之嫌，甚至会让人感到虚假。为什么旁人会有这种感觉呢？其一，这些表现超出一般人的情绪反应；其二，超出我们对表演型人格者的一般预期。

除以上三个核心的特点之外，表演型人格还有一些衍生的特点，如他们很擅长甜言蜜语，他们时常会在社交媒体暴露自己的心情和感受。又如，他们可能喜欢炫耀自己新买的衣服或者新交的异性朋友。

那么他们为什么如此地需要关注呢？南希·麦克威廉斯在她的《精神分析诊断：理解人格结构》一书中引用了心理学家罗伯特·特里普（Robert

Trippie）博士和沃尔夫（Wolff）的观点。特里普博士认为表演型人格特质的养成，很大程度上是因为儿时缺乏母亲在情绪上的照料，即情绪回应太少，只有强烈地表达情绪才能得到相应的关注和照料，于是小孩子不得以习得了这种模式。心理学家沃尔夫从另外一个角度进行了类似的解释：儿时情感需求被父母忽视，会让小孩子将生存（survival）与安全感（safety）这两件人生大事与吸引人注意力（attention seeking）等同起来，从而在长大后变得十分爱演。

《人物志》所讲的基本是在政治场景中的行为表现，在现代工商业组织当中，作为领导的弘普之人（表演型人格倾向者）：（1）语言表达能力强，富有激情和感染力，但是可操作性不足；（2）通常有极好的社交能力，在营销及政界都可能有较高的成就；（3）专注力不足，需要一个能够帮助其实施想法的优秀助手；（4）他们通常没有他们看起来那么有能力，面对问题通常并不能找到切实可行的解决方法。作为员工的弘普之人（表演型人格倾向者）：（1）显得周到体贴、聪明上进，很容易脱颖而出，得到领导的赏识；（2）有较好的沟通协调能力，对细节性的东西把握不足，容易粗心大意；（3）自律性和耐力不足；（4）表现不稳定，有时可能极度投入，特别是在赢得赞许的动力支撑下，但是很快其工作效率可能会180度大转折。

清介廉洁，节在俭固，失在拘局①。**拘局生于廉洁。**
狷②介之人，砭清激浊，不戒其道之隘狭，而以普为秽，益其拘。**以弘普为秽杂，而益其拘局之心**。是故可与守节，难以变通。**道狭津隘，何通途之能涉**。

不求曰清，不挠曰介，不受曰廉，不污曰洁，其优点在于生活俭朴，固守原则，其不足的地方在于过于拘泥细节，封闭而缺乏灵活性。

狷介之人，指的是对自己有很高要求和期待的人，这样的人喜欢砭清激

---

① 此处应为"扃"，扃读作jiōng，意指关门的闩、钩等。"扃，上闩，关门，从里把门关上。"出自《吕氏春秋通诠·审分览·君守》

② 狷指有所不为的意思。

浊，有的译本认为此处应该是激浊扬清才对，其实不然，砭清激浊恰恰准确地表达了狷介之士捍卫自己内在标准的苛刻性，对于浊者则激愤不已，对于清者还希望能够更清。显然这种对自我或者他人的苛求是一种狭隘的观念，即原文所讲的"不戒其道之狭隘，而以普为秽"。因此，可以守住自己的气节，但是难以变通。

举个例子，项目经理 A 是一个逻辑严谨、态度认真且极富敬业精神的人，有很高的专业度，在公司内部有专家之称。A 在项目执行之前，通常都会认真核对商务合同、计划书等各类文书，主动找相关经手人了解项目细节，以期对项目的方方面面做到心中有数，这样的责任心再加上其专业能力，领导通常都对 A 负责的项目很放心，很少过问。但是，随着公司业务的发展，公司领导逐渐发现，公司里其他的项目经理通常都是一个人同时负责 2~3 个项目，而 A 却因一个项目而忙得不可开交，并且会在项目结束之后，为客户提供更多超出项目边界的免费服务。A 似乎很想让别人对自己完全满意，不论是专业能力还是服务态度，为此 A 不吝于花费更多的时间和精力处理每一个哪怕没人注意到的细节。

至此，狷介之人的基本形象就比较清楚了，做出很高标准的事情，让所有的人都满意，以此获得自我成就感，并且在这个过程中，不吝花费更多的时间和精力，关注每一个细节，以避免可能被他人找到瑕疵。

这与现代西方心理学所说的强迫型人格非常类似。这种人格的总体特征为"理性的应该"，应该对称，应该内外一致，应该干净整洁，应该与人为善，应该赤胆忠心。而不应该基本合格，不应该马马虎虎，不应该祈求更多，不应该放纵自我。皮埃尔·加内特（Pierre Janet）将他们描述为严苛、刻板、缺乏适应的一类人。他们通常务实、精准、值得信赖。索曼（Salzman）则有一个非常直观的描述：机器人。强迫型人格者通常有三个特点。

（1）严于律己。具有极高的工作投入度。不论是职能性岗位还是生产性岗位，强迫者都倾向于让工作能够做得更好，获得更好的职业成就感。所以这种类型的人在工作上孜孜以求，甚至会过度投入，牺牲个人的休闲时间也在所不惜，他们业余生活较少，害怕自己纵情享乐。按照心理学家贝克的说法，他们有一个核心的指导性信念，即人就应该更努力更出色。按照威廉斯的说法，强迫者自小受原生家庭影响，他们非常担心自己屈服于情欲、贪婪、懒惰、虚荣和嫉妒。所以很多时候他们努力工作的基本动力并不是为了金钱回报，而是为了不断获得自我成就，因此作为老板的你千万不要期待所谓的绩效奖励对这样的人能有多大的作用，这只会让他感觉你实在是太肤浅了，他们所需要的只是你给他更多的时间和工作自由度，告诉他目标在哪里。

（2）严以待人。他们倾向先以批判的眼光看待他人，原文当中所讲的"以普为秒"即为此意。强迫者不仅自己在工作上有很高的投入度，而且同样也要求别人在工作上能够有较高的工作投入度，更努力，更务实，追求更高的标准。所以在他们眼里极少有人是足够好的，大部分人的工作能力是无法胜任的或者是马马虎虎的。所以，如果你的上司是强迫型人格的话，在漂亮地完成了一项任务之后，千万不要期望他会对你的工作大加赞赏，在他那里你可能才刚刚及格。在搞砸一个项目的时候，也千万不要给自己找借口，找借口除了会伤害强迫型领导对你的能力评价，还会伤害其对你的道德评价。

（3）不知变通。他们强调按照既定的计划有序地推进某件事情。从小的方面来讲，表现出来的行为可能是要求物品摆放整齐，电脑里的文件有序存放等；从大的方面来讲，强迫者会强调事情的目标单一，行动计划明确且严谨。那么他们为什么会有这些要求呢？他们这些要求的本质其实是害怕出现错乱和失序的情况。那么为什么害怕呢？弗洛伊德以其天才般的智慧推断其与肛欲期父母亲对孩子的大小便管理有关，这种管理通常是儿童的第一次社会规则训练，这个训练对儿童而言，意味着一次重大的对服从社会规则还是顺应自己天性的二元对立之选择。训练如果过早或者过于严格，儿童就会将其理解为某种必须，一旦感到自己违背了这种必须就会产生不良情绪（如愤怒和羞愧），由此产生赏罚分明的超我，表现出泾渭分明的道德评判。

综合来讲，强迫型个体的核心就在于"控制"，基于这样的控制衍生出了"完美主义倾向"，自恋者也会有完美主义倾向，但是两者的完美主义是不同的。自恋者的完美主义更多的是我要完美，我要有高端的定制服装、名贵的手表、体面的家庭和高级的工作等，这种完美带有一种表演和虚荣的意味。

而强迫者的完美主义更多的是我做的事情必须完美，我打扫的房间要一尘不染，我主持的工作要清晰明了，我的技术水准要经得起考察，我交出的作品要让人啧啧称奇，等等，这种完美带有一种恐惧和自我要求的意味。

所以在职业上，强迫者们通常都会有不错的表现，他们也能因为自己的专业能力而感到自豪，与自恋者时常会过度索求不同，强迫者通常不会奋力地为自己争取利益，这在他们看来是自私的、是有违道德的，但是这并不代表强迫者没有愤怒，当他确实找到公司对他不公平不道德的证据的时候，哪怕这些证据在常人看来有些微不足道甚至是约定俗成的，他也会选择愤然离开，绝不回头。

另外需要强调的一点是，强迫者通常会用比较严苛的标准来评价别人，在他们的基本信念系统当中常常会认为别人是不负责任的、能力不足的（以普为秽），但是在一般场景下他们是不会表达的，并且会努力维持着成年人的体面，但是在私下安全的场景下，你会惊讶于他们卓越的批判能力。

《人物志》所讲的基本是在政治场景中的行为表现，在现代工商业组织当中，作为领导的狷介之人（强迫型人格倾向者）：（1）强调技术能力，务实，人际能力和管理思维相对薄弱；（2）在乎他人的道德评价，以至于不善于争取资源；（3）对下属比较严苛，不能容忍细节错误，极少能够真诚地称赞下属；（4）工作勤奋务实且忠诚。作为员工的狷介之人（强迫型人格倾向者）：（1）有傲气，特别是在技术能力方面；（2）完美主义，对工作细节可能会花费过多的时间；（3）工作投入度高，似乎在工作之外没有其他爱好；（4）原则性强，道德敏感度高。

> 休动磊落①，业在攀跻，失在疏越②。**疏越生于磊落。**
> 休动之人，志慕超越，不戒其意之大猥③，而以静为滞，果其锐。

---

① 磊落本意用来形容葡萄、石榴等果实错落有致、丰硕饱满的样子，有一种充满自信和力量的感觉。刘义庆《世说新语·豪爽》："桓既素有雄情爽气，加尔日音调英发，叙古今成败由人，存亡系才，其状磊落，一坐叹赏。"

② 疏，粗疏。越，僭越，超过。

③ 猥指多杂之意。

以沉静为滞屈，而增果锐之心。是故可以进趋，难与持后①。**志在超越，何谦后之能持**。

休动磊落之人大开大合、举手投足之间充满自信的气息，其好的地方在于不断进取，追求事业上的成功，不足的地方在于其看问题往往过于简单，容易超过自己的能力或者地位。

休动之人，志向非常远大，总想着超越别人，不知道纠正他的志向过于远大和杂乱的毛病，反而认为维持现状就是停滞不前，让自己的冒进之心更盛。因此，可以不断进取，但是不能甘于人后。

综合来讲，休动之人，志向远大，且光明磊落，对自己非常自信，但是可能会有一些不切实际的想法，比如，对自己的未来有不切实际的美好幻想，又如，期望自己在人生的各个领域都全面超越别人，所以他们总是不能停下脚步，似乎停下来就会落后于人，所以这种类型的人通常只能够做冲锋的主导者，而不能做谦后的跟随者。

在企业组织当中，很多的高级管理人员都或多或少有这种特征，他们通常对未来有很多美好的想法，这样的想法有时候甚至能称得上伟大，让很多下属觉得太远太大而不切实际，而管理者认为下属要么是智力不够不能理解，要么是胆子太小缺乏冒险精神，既然无法认同我的说法，那就让事实证明我的正确吧，于是可能在情况不甚明了的情况下进入一个陌生的领域，开疆拓土攻城略地，最终的结果可能成功也可能失败，如果成功，自然是管理者的聪明睿智高瞻远瞩，进一步增强其自我认同感；如果失败，那自然就是因为组织能力不到位、市场环境发生了变化等因素影响，然而实质上，管理者心里是清楚自己在整个过程中应该承担的责任的，但是他们通常对此讳莫如深。

关于这种类型的人还有一个需要强调的特点就是磊落，他们通常是大方慷慨的，不会在意物质上的蝇头小利，因为如果他们不做到大方慷慨，这会影响到他们的自我评价，所以很多时候这种大方慷慨的表现方式又会加上独

---

① 高诱注：持后者，不敢为主而客也。

特的属性，比如，在优秀员工的年终奖励方面，别的公司发米面油，我就发大额购物券，别人奖励小汽车，我就奖励大洋房。其内心的逻辑是，因为我给你的比别人给你的更独特，所以我更独特。

至此，我们简要总结一下休动之人的特点，主要有三点：（1）有活力，有强烈的进取心，就如原文所讲的"休动磊落，业在攀跻"；（2）对未来的期望有点高，可能不切实际，就如原文所讲的"志慕超越，不戒其意之大猥"；（3）希望成为主导者、引领者，而不是跟随者、落后者，就如注文所讲的"志在超越，何谦后之能持"。

基于以上三点，我们发现休动之人与西方心理学所说的自恋型人格非常相似。自恋型人格者通常假定自己是独特的，是了不起的，而别人是不如自己的，是崇拜自己的，他们尽管与表演型人格一样需要从别人的眼中获得自尊，但是他们往往不屑于虚浮的注视与浅薄的赞美，他们要的是他人的心悦诚服。这种类型的人的总体特征包含以下三点。

（1）肯定自我天赋。客观上讲自恋者在某些方面通常是有天赋的，如果没有，自恋者通常也会放大自己在某个领域的能力，所以通常你会听到自恋者说："那些我觉得很简单的事情，为什么别人就是学不会呢？"类似这样的场景很多。一般情况下，这种自我天赋的认同会让自恋者在面对新的情景时会更有自信，也会更加积极地投入，以进一步证实"我有某种天赋"的结论。

（2）过高的自我期待。这种自我期待很像是自我无限成功的幻想，比如，一位有自恋型人格倾向的大学生，想象着毕业之后，在某个挥金如土的 CBD 空中花园，喝着咖啡，跟同样优秀的一群人一起讨论世界经济格局，又或者经过两三年的艰苦奋斗最终成为国际大公司的高级管理者或者受人尊敬的技术专家。尽管了解到了现实的情况和过往的经验数据（比如，学校层次一般，学长学姐群体当中少有这样的成功人士），但是自恋者的内心依然觉得自己是那个独特的幸运儿。而那些更加尊重现实的同学，可能只是想大学毕业之后能找到一个安稳的工作，组建一个和谐的家庭。基于这种自我期待，自恋者通常看起来更自信、进取性更强，而非自恋者就显得实际很多。另外，这种高自我期待也会迁移到生活的各个层面，比如，即使经济上很拮据，自恋者通常也不太愿意在生活质量上苛责自己。又如，自恋者极有可能因为对爱情的美好幻想而最终把自己剩下。

（3）对完美主义的追求。因为自恋者最终的目的是维持自我的自尊，这种自尊既包含着社会他人的认可，也包含着自我认可，为了维持这种认可，自恋者通常会陷入对完美主义的坚持，这一点非常类似于强迫型人格者的完美主义追求，但是自恋者的完美主义是贪婪的，他们不断追求更好的东西、更高的职位，为了验证自己的独特与优越，比如，自恋者在消费上倾向购买自己喜欢的高品质产品，而忽视性价比。而强迫型的完美主义是控制与自我批评性的，强迫者在消费上可能固执地要进行性能的比对，以选择性价比最高的产品，而不愿意浪费任何一分钱。

以上三个特征的基本逻辑关系，即先有个体对自我天赋的肯定进而发展到对未来的无限美好的期待，在这个过程中，自恋者的每一个行为，都充斥着我要做到最好，我配得上最好的隐性假设。

《人物志》所论述的是政治背景中的休动之人，那么在现代工商业组织中，休动之人（自恋型人格倾向者）有怎样的表现呢？

作为领导的休动之人（自恋型人格倾向者）。

（1）很有野心。休动之人的野心可能是挣很多钱、得到很高的职位、赢得他人的羡慕与崇敬、做对更大范围的人有影响的事情，至于是哪一种野心，就取决于其所处的社会环境和本身所处的精神层次了。基于这种更"大"的追求，休动之人通常精力旺盛、积极进取，所以他们很容易在群体中脱颖而出，最终走上比较高的领导岗位。

（2）精英化思维。精英化思维预示着休动之人对能力的强认同，极有可能存在针对普通人群的贬低。很难发现普通人的闪光点，所以有很多的高级管理者一直苦恼于自己有天才般的想法和能力，却只能与蠢材般的队友去实现；同样的，精英化思维过于相信人的能动性对环境的影响力，也会导致休动之人对于那些缺乏竞争意识的个体表示无法理解，甚至流露出鄙夷的态度。

（3）贬低情感价值。对能力的认同，在另一个角度就会产生对情感价值的贬低，他们甚至会认为他人的情绪情感是麻烦的、幼稚的，所以你经常会看到一个自恋型的领导者在听到下属关于工作和生活的困扰的时候，会将注意力放在"你怎么就没有办法克服这些问题""你遇到的这些问题完全是你自己的脆弱和无能造成的"，这无疑是给急需帮助与安慰的下属雪上加霜。

（4）抑郁易感。自恋者的自我肯定和对未来的美好期待，看起来像是跟抑郁绝缘的，然而事实上，自恋者在面对绝对的挫败之后，非常容易陷入抑郁情绪，从而产生急性自杀行为。比如，有心理学专家就曾表示，华尔街的那些金融工作者，因为一直以来的精英设定，大多数都有自恋特征，在面对突如其来的金融海啸时，往往会选择以自杀的方式结束自己的生命，其本质是逃避自己也是个普通人的事实。又如，时常见诸报端的优秀学生，在老师／家长的某次批评之后，很意外地选择自杀，令人扼腕，其基本原理跟华尔街精英如出一辙。用南希·麦克威廉斯的说法即"……他们无法欣赏人类充满缺憾的现实美感。"

作为下属的休动之人（自恋型人格）。

（1）很有工作动力。自恋者为了证明自己的价值，通常会非常努力地工作，为上司创造很多的价值，但是请注意，创造更多价值的过程也是他们的自我更加膨胀的过程，所以作为领导的你，最好时刻保持能力上的优势，否则极有可能被自恋者挤下去或者在心理上被比下去，因为自恋者通常不太会因为你曾经给予他无私的指导与帮助而心存感激。

（2）自成一派。自恋者因为有很高的自主性和优越感，他们不愿意被限制，所以他们可能会因为自己略有几分能力而忽视公司管理的各项规章制度，成为食之无味弃之可惜的下属。基于同样的理由，自恋者倾向按照自己的主张做事，而忽略上级领导的要求，甚至在内心认为上级领导的能力不如自己，而流露出挑衅的意味。

（3）逃避琐碎。很多时候，基础性岗位是有很多琐碎的、机械化的工作任务的，在进入职场的早期，自恋者可能还能保持基本的耐性，但是很快，他们就会对此厌倦，因为这个方向看不到他心中的宏大未来，这个时候他们要么会争取更换工作岗位，要么会选择离开，他们对工作本身的价值和意义并无眷恋，他们只是需要快速获得成功。

（4）因时而变。卡瓦约拉和拉文德在《透视职场 BT 人》一书中引用了"埃迪·哈斯克尔效应"来说明这一现象。即自恋型下属通常可能是高傲的自大的，但是当一名重量级的上级出现的时候，他会迅速转变自己的态度，换上谄媚或者忏悔的面具，其原因可能是自恋者需要借由上级的好感获得自己需要的利益。当自恋者面对的是一位精明老练、难以影响的上司的时候，他们可能会毫不犹豫地选择离开，因为他很清楚地明白事情不能按照他的意愿进行，即鸠占鹊巢的计划失败，迅速地选择另一个目标对象将会是最优选择。

　　沉静机密，精在玄微，失在迟缓。**迟缓生于沉静。**
　　沉静之人，道思回复，不戒其静之迟后，而以动为疏，美其懦。
以躁动为粗疏，而美其懦弱之心。是故可与深虑，难与捷速。**思虑
回复，何机速之能及。**

　　心思幽深、喜欢思考的人，其优点在于思虑精深细密，其不足的地方在于行动迟缓。

　　沉静之人，道思回复，反复地思考规律性问题，以求把握住其中的本质，不改其因为太执着于思考而在行动上落后于他人的缺点，反而将未经深思的行为看做是粗疏莽撞的，从而更加以自己退缩谨慎的行为方式为美。所以这种类型的人可以深入地思虑问题，但是难以迅速达成目标。

　　简言之，沉静机密之人就是思考太多而行动力不足的人。给人的印象很像一个隐士，喜欢安静下来，站在一个相对独立的视角来观察整个世界，而不为外物所扰动。他们的主要兴趣在于用脑，找到规律，而不是对外在世界的各种实在的东西感兴趣。所以他们通常能够通玄见微，发现别人所不能发现的东西。相应地，他们对他人因为欲望、情绪所产生的冲动性行为通常会持否定态度，认为他们都是粗疏莽撞的。如果用一组词汇来描述这种类型应该是内向、沉静、思维精深、严密、谨慎。

　　一般来讲，很多的思想家、艺术家、理论科学家都是这种类型的人。其生性沉静内敛，有一种将自己与世界隔绝开来的倾向，他们极少像普通人一

样对交友、新鲜事物感兴趣，又极多地需要独处、思考，在外人看来，他们是在享受孤独，其实他们并不孤独，在外表的形单影只下，他们的内心对艺术、思想充满赤诚之爱。

这种类型的特征与现代心理学所研究的分裂样型人格障碍非常类似。所谓分裂即是分开、割裂之意，对于分裂样型人格而言，与现实世界割裂，比如，不爱交友、没有建立家庭的热情，等等，但是需要注意的是，这种割裂也没有那么恐怖，其思考的对象仍然是现实的，比如，经济问题、技术问题，又如，情感的本质问题等。

结合现代心理学的研究，沉静之人（分裂样人格倾向者）通常有三个共同的特点。

（1）人际疏离。人际疏离通常表现为分裂样者总是需要独处，且在独处的时候感觉更舒适。比如，他们可能不愿意走亲访友，不愿意在人际交往上浪费过多的时间，并且在勉强应付人际活动之后表现出比较强烈的疲惫感。很多外向性人格极难理解这种对独处的渴求，其实这是一种对孤独的享受。如果将这种孤独状态放在更宽广的视野下来看，你会发现分裂样者的孤独里并没有寂寞的成分，相反他们的孤独当中有丰富的内容，比如，哲学、宗教、心理学等思想性的东西，所以一般来讲，他们对建立亲密关系缺乏一般人的热情，即使结婚了，往往也不像一般人一样享受温暖的家庭生活。关于人际上的独处需要，疑似分裂样人格者的爱因斯坦就曾经有过这样一段描述。

> 我一方面追求社会正义和社会责任，另一方面又明显缺乏接触他人和与人交流的热情，这两者之间总是形成古怪的对照。我确实是一个"独行侠"，从未将自己的心归属于我的国家、家庭、朋友，甚至我最亲密的家人；面对他们，我会一直保持距离，也一直需要独处……①

（2）冷漠。冷漠指的是你很难让一个沉静之人为了什么事情而动情，即

---

① 南希·麦克威廉斯.精神分析诊断：理解人格结构［M］.鲁小华，郑诚，等译.北京：中国轻工业出版社，2018：204.

使这件事情看起来是正义的和正确的，比如，为一个街边流浪者提供帮助，劝解邻里纠纷。即使是沉静的程度不是很高的个体，其提供帮助的程度也是点到即止的，比如，给几块零钱或者象征性地劝解几句，绝对不会像热心大姐一样，动情至深，为流浪者牵肠挂肚或者在纠纷中卷入过深。这是沉静之人最容易被他人所诟病的特征，认为他们冷血无情。其实不然，沉静之人想的是，流浪者之所以成为流浪者，其根本原因在他自己，有纠纷的家庭之所以有纠纷，其根本原因在于他们自己的个性和相处模式，我的帮助或者干预本身是没有什么用的，这就是沉静之人不采取行动的理由，也是人们认为他们冷酷无情的理由。究其根本，是因为他们的理性与客观时刻在线，倾向用脑子来解释和应对外部世界，而不是心灵。

（3）重视智力活动。沉静之人在与外部世界割裂之后，抛开情感诉求、人际诉求和俗世的功名诉求之后，其心理能量就开始集中于智力活动领域了。所谓"沉静之人，精于玄微"讲的就是他们在智力活动上的能力偏向，在中国的传统文化当中也有"静能生慧"的说法。所以很多的沉静之人通常会在某个专业领域有很深的造诣，他们将自己全部的生命热情都投入思考和研究之中，并且乐在其中。总而言之，他们通常是喜欢思考的，所以原文讲"可与深虑，难与捷速"。

关于分裂样者其实在中国文化背景下是比较容易理解的，那些大隐隐于市的学术大家，通常是在他们退隐之后潜心学术而大有所成的。类似的很多天才级别的工程师或者科学家也属于这个类型，他们往往在人际交往方面表现得非常笨拙，即使在周围环境要求的驱使下，有意识地提高人际交往的能力，也总是显得笨拙而呆板。在通俗文化领域，金庸先生笔下的小龙女就极有可能是分裂样者，首先，她内心平静、出尘脱俗，可以长期地生活在与世隔绝的古墓之中，且对外部世界的人际交往感到焦虑和恐惧；其次，喜欢独来独往，不愿意卷入任何江湖纷争，即使有些纷争有时候是正义的；最后，蕙质兰心、冰雪聪明，对武学有很高的领悟力。

在现实生活中，诸如心理咨询师、IT技术工程师等职业都对分裂样人格者有很大的吸引力。在这样的工作环境中，他们与人接触不多，并且将更多的注意力投入自己可以全然掌握的领域。南希·麦克威廉斯就曾经引用了一个心理咨询师案例。

阿伦·惠利斯（Allen Wheelis，1956）很有可能有分裂样的体验，他撰写了一篇极富说服力的文章，谈及精神分析这一职业的诱惑和风险，指出有亲密和疏远冲突的个体如何容易被精神分析理论所吸引。作为分析师，可以对来访者的内心世界了如指掌，但自己的自我暴露又仅限于专业范畴。

《人物志》所论述的是政治背景中的沉静之人，那么在工商业组织当中，沉静之人（分裂样型人格倾向者）有怎样的表现呢？

作为领导的沉静之人（分裂样型人格倾向者）。

（1）把握机会能力不足。通常情况下，沉静之人看起来并不像是一个传统意义上的领导，他们之所以能够成为领导，多数情况下是因为其在某个专业领域的突出能力和贡献。基于这种精深思考和沉静严谨的特点，他们对于市场上的新动向通常会保持审慎的态度，这种审慎很容易就会造成机会的流失。但是反过来，沉静之人是不会被外在变化牵着鼻子走的，这也规避了企业做无用功的风险。一般来讲，沉静之人一旦确认某个机会是需要把握的，那么这个机会就是有真正长远价值的。

（2）才华出众。尽管分裂样者有这样或者那样的人际上的问题，但是反过来看，其在思想上的深度通常是超过一般人的，因为其将全部的热情和精力都投入智力活动中，所以他们通常在某个专业技术领域所花费的时间和精力远远超过别人，但是不要期望他们会有耐心教你，并不是他们吝啬，只是因为他们走的心路历程太深太远，有玄微的特性，实在极难言说。

（3）难以取悦。沉静之人通常把所有的事情都放在心里，不论是正向的还是负向的判断，他们都很少直接表达出来。相应地，作为领导的沉静之人也极少会表现出对下属的赞许，这个特点在下属看来就是严肃冷酷的，特别是依赖型和表演型等非常需要支持和鼓励的下属，对此更是无法容忍的。另外，在工作场景中，沉静之人通常也会有完美主义倾向，这也在一定程度上让他们更加地难以取悦。

（4）人际疏离。领导者通常需要构建好内部的沟通平台，让团队成员与自己有良好的沟通机制，增加团队的凝聚力。沉静型领导者在这些事情上要么缺乏意识，要么特别不擅长。他们仿佛觉得大家跟他一样都知道自己该干什么，且会全情投入，所以千万不要期望沉静型领导会主动关心你的私人生活，如果他们有一天需要跟你谈点什么，那也是基于工作上的需要，绝不是对你的个人生活感兴趣。

作为员工的沉静之人（分裂样型人格倾向者）。

（1）独立工作。由于分裂样者在人际上的疏离特性，他们通常更擅长与事情打交道，所以他们总是会独自工作，而缺乏沟通交流的意愿，在不得不与他人进行沟通的时候，也更倾向选择即时通信等不用见面的方式。

（2）难以激励。作为员工的分裂样者跟一般员工一样，对较高的工作报酬是持欢迎态度的，但是他们的愿望似乎没有别的员工那么强烈。对于上司给予的诸多绩效激励（包括休假激励），他们其实是缺乏热情的，他们并不会因为有绩效激励而改变自己的做事方式和节奏；在物质激励无效的情况下，很多管理者可能会想到情感激励，诸如夸赞、肢体接触等，然而情感激励也是无效的，这些方式运用过多甚至会产生反作用，让分裂样者感受到被侵扰，因为他们本质上是喜欢隔绝于环境之外的。激励的无效并不代表着他们是不可控的，相反你根本无需担心他们会偷奸耍滑，他们在不需要人监督的情况下也能很好地完成工作，所以对于他们而言没有管理就是最好的管理。

（3）自由散漫。他们对于一切可能有损其自由的东西都持不关注的态度，比如，来自公司的上下班制度、绩效激励制度等，对于办公室政治更是避而远之。他们的基本原则是不要理我、不要烦我，能丢弃的东西都尽量丢弃，任何人任何事都不要妨碍我在独立世界中遨游。

（4）谨慎务实。借由以上三点可能形成了一个自给自足的、不遵守制度的、无法激励的、自由散漫的员工形象，这个时候你可能会担心无法控制分裂样者，是的，事实上你确实无法控制分裂样者，但是不用担心，他们还有一个极好的特性，那就是谨慎务实，这也是他们区别于近似的分裂者的根本性特征，分裂者可能会虚无缥缈，但是分裂样者是追求实效的，其所做的事情通常不会太冒险，即使你看起来可能会比较冒险，但是他们通常有一套经过反复推演验证的逻辑。

朴露径尽，质在中诚，失在不微①。**漏露生于径尽。**

朴露之人，中疑②实碻③，不戒其实之野直，而以谲为诞，露其诚。**以权谲为浮诞，而露其诚信之心。**是故可与立信，难与消息④。**实碻野直，何轻重之能量。**

质朴直白，心思尽显无所私藏。其本质是非常中正、诚恳的，但是其不足之处在于不会隐藏自己的真实想法。

朴露之人，内心忠诚，没有什么要弄心机的想法，倾向于直露心迹，但是这样的行为方式很多时候是过于粗野的，容易让别人不舒服。而且这种类型的人会认为谲（机巧、计谋）本身就是荒谬怪诞的，从而让自己看起来更加实诚。所以这种人可以信赖他，但是很难跟他商量谋划什么事情。

综合来看，朴露之人就是正直的人际幼稚者。首先这样的人没什么坏心思，倾向于真实地表达自己的想法，然而他们并不知道，真诚有时候是会伤人的，所以很多时候会在无意间冒犯到别人（其实之野直）。这种类型的人还有一个关键的信念，认为玩弄技巧权术都是不对的，对诸如使用人际技巧进行的引诱、利用、控制等行为都是反感的。所以这种人通常是可以信赖的，但是难以一起谋划什么事情。

在单位中，他们通常都是那种勤奋老实的类型，时常会被安排做一些枯燥的重复性工作，而他们即使不耐烦也会勤勤恳恳地执行，不太会寻找更加便捷的方法或者向领导要求更换工作内容。在必要的人际接触方面，他们通常是客气、坦诚的，时常会给人一种情商不足的感觉，然而这些偏笃实回避的风格并不代表着他们是畏惧类型的或者是柔顺类型的，相反他们内心是有

---

① 微有隐藏之意。

② 据李崇智《人物志校笺》考证，该字疑为款字所误。

③ 碻这个字意义不详，有的译本将其解释成心窍未开的意思，据上下文，以为是也。

④ 权衡斟酌之意。

比较强烈的攻击性的，比如，他们可能会对企业使用狡诈的营销方式感到愤怒，一般来讲，企业惯以相对较小的字体标明活动解释权或者以复杂的合同文本来混淆视听，诚然，多数人是不喜欢的，但是也只是一笑置之并提醒自己保持谨慎，而对于朴露之人而言，因为他们自身诚信的特点，他们一般不会怀疑对方，所以时常会掉入这样的陷阱中，在需要对解释权和合同文本进行明晰的时候，他们往往会惊叹于商家的诡谲之术，用心之鄙，从而体验到强烈的愤怒，由此他们时常会感觉到世界充满诡诈，是艰难和不公的。

至此，我们简要概括一下，朴露之人的三个基本特征：（1）简单真诚的内在自我，真诚直接地表达自己，极少使用人际技巧虚掩自己的弱点或者美化自己的能力，有很高的配合度和服从度，重视信义；（2）是非分明的人际假设，因为自己坚守诚信的原则，而要求他人也必须坚守诚信的原则，对那些涉及技巧性的互动方式持排斥态度（以谲为诞，露其诚）；（3）缺乏社会适应性。缺乏社会适应性应该是前两种特征的必然结果，朴露之人的简单和真诚在现实复杂的混沌世界定然是一股不相容的清流，他们可能无法理解这个世界无处不在的小心试探和曲意逢迎，同样也无法理解很多时候必要的隐忍不发和真假参浑，然而真实世界就是这样的，这无疑是他们社会适应之路的巨大挑战。我们每个人其实都走过这条路，从一种幼稚纯真的状态，自愿或者被迫走入所谓的成熟状态，而朴露之人天性至纯，一直待在这种所谓的成熟门口不愿意或者不能进来。

金庸先生笔下的郭靖就极有可能是这种类型。为人诚恳、勤奋笃实，但是很多时候会显得呆头呆脑、不谙世事。如果抛开小说设定，而将其放在真实世界当中，可以预见的是郭靖极有可能会成为一个社会适应不良者。这种适应不良包含着一种对现实中人心叵测的困惑和愤慨，一种无力感，以及一种对生活前景的暗淡预期。从根本上讲，这就是一种抑郁状态，一种面对现实无法变通、无法自我排解的状态，其生命能量仿佛是被卡住了，卡在现实的复杂与初始设定之间，卡在想改变它与无力改变它之间，又因为本来就有的强烈的自我规则感和责任感，导致其既不能通过抱怨来宣泄，又不能通过退避而放手。

在关于人格障碍的现代心理学体系当中，并没有关于朴露型人格的对应概念，但是从抑郁型人格障碍发生发展的逻辑看来，朴露型所描述的状态应该是抑郁型人格障碍的前置状态，就像著名的心理学家刘贻德先生所说："我从未见一例抑郁型人格者生前表现奸诈、狡猾……"，他甚至感慨"抑郁人格让我崇敬"。一般而言，朴露型人格者在受到良好保护的情况下，会继续保持着其真诚笃实的自我，而在现实剧烈打击的情况下，就极有可能发展成抑郁型人格，所以此处我们将朴露型人格者与前抑郁型人格对应。

《人物志》所论述的是政治背景当中的朴露型人才，那么在工商业组织当中，朴露之人（前抑郁型人格倾向者）有怎样的表现呢？

作为领导的朴露之人（前抑郁型人格倾向者）。

（1）朴露型人格者通常并不适合担任领导者，而更适合做一个个体贡献者。然而事实上，很多朴露之人因为他们的勤奋和忠诚，在工作很多年之后还是会被提拔为领导者，然而他们一般在计划、组织、领导、控制等各个方面都不会有太优异的表现，只能在特定的熟悉的领域才能担任领导角色；

（2）朴露型人格者通常不太会推脱责任或者义务，敢于承认自己的不足，并且会有意识地学习和弥补自己的不足，这也是朴露型人格者在领导岗位上最优秀的特质；

（3）朴露型人格者通常是赏罚分明极有公心的，他们极少会考虑自己的利益，所以即使朴露型人格者没有特别的领导技巧，仍会有很多人追随；

（4）朴露型人格者不适合进攻型工作任务，比如，战略布局、市场营销等类型的工作，这些工作需要度人心、找漏洞、设巧局，这些都是与朴露型人格者的价值观和行事风格相背离的。

作为员工的朴露之人（前抑郁型人格倾向者）。

（1）勤奋笃实，有很高的服从度，不会计较甚至不会想到其中的个人得失；

（2）解决问题的能力不足，缺乏创造力和灵活性，极少能够找到快捷变通的方式去解决问题；

（3）学习效率不高，他们通常相信勤奋、练习的作用，而疏于运用类比、联想等方式来提高学习效率，但是这并不意味着他们的学习能力不足，他们学习的意愿和学成之后的扎实程度还是非常高的；

（4）对欺骗和控制敏感。在面对习惯使用人际技巧进行管理的领导者时，朴露型人格者可能会感到非常反感，比如，朴露型下属可能会非常讨厌金庸先生笔下黄蓉式的领导者，而对于他们最好的管理方式就是坦诚相待。

　　　多智韬情，权在谲略，失在依违。**隐违生于韬情。**
　　　韬谲之人，原度取容，不戒其术之离正，而以尽为愚，贵其虚。
以款尽为愚直，而贵其浮虚之心。是故可与赞善，难与矫违。**韬谲
离正，何违邪之能矫。**

多智韬情，说的是喜欢智巧算计之事，且喜欢把自己真实的情绪和态度藏起来，所谓韬，藏也。其优秀可用的地方在于谋略，其不足的地方在于摇摆不定，有成为墙头草的可能。

韬谲之人，善于揣度别人的心思，取悦讨好别人，不注意自己的行事方式正义与否，而认为全部表达自己的想法是愚蠢的行为，觉得虚一点反而是可贵的品质。所以可以赞美他的优点，难以矫正其术之不正的地方。

在这里我们简要总结一下这种类型的人的综合特点。首先他们很精明，很善于揣测别人的内心世界，从来不会把自己真实的内心世界表露给别人，相应地，他们会认为那些坦诚尽心的人是愚蠢的。这种类型的人可以接受赞扬，不能接受批评。

试想一下，当韬谲之人碰见高级别的领导时会怎么样？揣测对方的意图，取悦对方。当韬谲之人看到领导下达的工作制度要求会怎么样？揣测这个工作制度出台的真实含义。当韬谲之人对这个制度有反对意见的时候会怎么样？不会直接说出来，而自以为明智地提前躲避开来。相应地，对那些老实服从／直接表达的员工会有什么样的评价？讨厌、鄙夷，在内心认为对方愚蠢，也就是原文所说的"以尽为愚，贵其虚"。这种类型的人通常会以自己的精明为傲，所以后文说"可与赞善，难与矫违"。

　　在现实生活中，当你与这样的人初次见面的时候，他们通常会笑脸相迎，甚至有点谄媚之色，让你受宠若惊。在交流过程中，他们会对你的诸多想法和观点持附和态度，不会提出一点异议，这是他们天然的热情好客吗？显然不是，他们对你的热情和附和只是在试探你是不是同路人，你所处的位置是可攀附的还是可打压的，抑或是没有关联的。还有一个特别的特征，他们往往会很有幽默感，特别是当你对特权阶级、社会不公平现象发表负面评价的时候，这种幽默感通常会紧随其后，更长久地相处以后，你会发现这种幽默感大多数含有贬损和攻击性的意味，比如，讽刺、贬损公司领导等；再之后，你会发现对方似乎试图影响你，想将你拉入跟他同样消极的态度轨道，以壮大茶水间小团体的声势。对于他们的这种影响，最好的应对方式就是简单附和，不支持也不反对，如此才能相安无事。

　　在你与他们共事一段时间后，你会发现他们会对三类人有三种明显不同的态度倾向。第一类是对公司的管理层，他们通常会认为公司的管理层是笨蛋，吝啬，没有魄力，喜欢指手画脚，能力差等，然而在公司管理层在场的时候，尤其是高级别领导在场的时候，他们又特别乖顺和谨慎，仿佛非常害怕犯错；第二类是对勤奋务实的同事，他们似乎不能理解这类同事努力奋斗以达成业绩目标的行为，反而会认为这类同事是愚蠢的，被一个所谓的绩效奖励哄得团团转，付出了巨大的努力，成果却被老板拿走了；第三类是对那些有背景有资源的同事，他们通常会有过度讨好和曲意逢迎的倾向，如果恰好这个同事也对公司的管理层或者同事的评价不高，他们则更是如此。

　　当然这种类型的人还会有一些其他的共同特点，比如，他们的表情通常是略显忧愁凝重的，即使是非常有趣的事情也很少能真正地开怀大笑。又如，他们通常会对历史当中的权谋之事充满兴趣，最终做出只有道德败坏之人才能胜出的论断，并且带有一种既兴奋又不平的语气。

　　从社会典型现象来看，人们所熟知的键盘侠或者网络喷子通常属于这类人，他们有怨气但是没有勇气，所以通常不会在线下进行正面对抗，而会选择相对安全又能充分宣泄的网络渠道。另外，他们网络讨伐的对象通常集中在两个类别，第一类是所有人都在维护或者称赞的一个正能量的事件，他们往往会反其道而行之，从一个刁钻的角度对这个事件进行消极解读。他们的潜台词仿佛是"权威的伟、光、正背后一定是不堪的，人民群众一定是被愚弄的。"在这样的消极解读被攻击之后，第二类讨伐对象就出现了，攻击攻击者，而且攻击内容总是带着文化人的优雅和毒辣。

从现代心理学的角度来看，这种类型近似于违拗型人格，也叫被动攻击型人格（Passive-Aggressive Personality Disorder，PAPD）。尽管DSM-5已经不再收录PAPD，但是很多临床心理学家仍然认为这种人格类型是一种客观存在，至少截至目前，对于其是否应该收录仍然有很大的讨论空间。

PAPD的形成原因可能来自一个强势控制型的家长对孩子行为的过度苛责。众所周知，孩子总是会有这样或者那样的行为是需要纠偏的，但是在纠偏的过程中，强势控制型家长的行为本身也存在不公允的问题。有时候可能是家长自己的情绪不好，迁怒于孩子，这个时候孩子就会感觉到委屈和愤怒；有时候可能是孩子自己并没有意识到自己的行为有问题，或者问题不那么严重，反而遭受到家长暴风骤雨般的批评；更多的时候可能是家长对孩子有极高的期望，而孩子在努力之后又达不到，强势控制型家长往往看不到孩子的努力，只看到结果，于是严加批判。而作为弱势者的孩子，无法表达自己内心的委屈和愤怒，只能以被动的方式进行表达，比如，故意拖延、故意犯点小错激惹家长等。总而言之，被动攻击型人格者之所以会有被动的攻击性行为，是因为曾经感受到来自重要他人不公平的对待，进而形成了权威是不公平的、他人是侵入性的、真诚表达是无用的信念系统，而自己又无法摆脱这样的困境，所以只能搞点小破坏。所以有心理学家总结：被动攻击型人格者是卡在强烈的依赖性和要求自主性的矛盾中的，他们体验着巨大的痛苦，从未感到满意。

在真正进入职场之后，这种关系模式并没有褪去。来自工业组织的层级架构很快就会唤醒被动攻击型人格者熟悉的模式，他们会将上级领导视作一个权威，一个喜欢发号施令的权威，一个无法理解我的权威，又是一次无处可逃的游戏，只能在上班迟到、忘记交报告等事情上小小地表达一下自己的自主性需要。由此我们不难理解，PAPD人格倾向者在职场中的种种表现，比如，对权威角色的愤怒、对支配的敏感和易激怒、对不被理解的愤怒以及诸多被动攻击行为等。

至此我们总结一下，PAPD 人格倾向者常有的三个特点。

（1）怀才不遇。怀才不遇是 PAPD 人格倾向者在工作场景中常见的心理感受，即其认为自己的才华没有得到足够的重视或者被忽视了，其连带信念包括认为其他人是笨蛋，特别是管理阶层。其本质是要求得到重视，即在计划或者政策制定之初就重点参考其意见，将被动服从变成主动参与，这个时候 PAPD 人格倾向者往往就能获得较好的自我效能感，而从形式上变得愿意服从。然而不幸的是，任何一位企业的管理者不可能有那么多的精力和必要性去迁就一个 PAPD 人格倾向者的自主性要求，所以 PAPD 人格倾向者又会再次产生怀才不遇的感受。

（2）对抗权威。PAPD 人格倾向者在经历过怀才不遇的感受后，开始将自己与管理层对立起来。在面对哪怕是最日常的工作要求时，只要是要求，他们都感觉到自己像是奴隶一样被驱赶着，内心满是隐隐的不快与愤怒，泛化到其他方面，他们对所有跟管理层处于一条阵线的同事，也会表现出敌对情绪，当然他们仍然不会表达出来，最多跟他们的同盟在私底下进行一通极具幽默性的揶揄。

（3）被动攻击。需要注意的是，被动攻击是我们在日常生活中比较常见的宣泄不满的方式，比如，生闷气、故意捣乱、故意发表反对意见等，使用这种方式并不代表着就是 PAPD 型人格。在几乎所有别人提出要求或者下达命令的情形下，都会稳定地做出被动攻击型行为的才能被称为 PAPD。由于 PAPD 人格倾向者不能以主动正面的方式表达自己的愤怒，所以他们常常会用迟到、拖延行动、背后说坏话、给某人取绰号、恶意请假、严格划定职责边界等方式来进行被动的表达。比如 PAPD 人格倾向者不同意某项公司制度，但是他不会跟上级领导去争取调整或者在制度颁布后服从执行，而是以生硬的执行方式来表达自己的不满，当上级发现情况不对时，通常面对的是被动攻击者无辜又略带得意地回应："我完全是按照制度做的啊。"这个时候作为管理者往往会哭笑不得，觉得被针对了，但是又无从反驳。

以上这些行为模式决定了 PAPD 人格倾向者通常很难在一个工作岗位上坚持太长的时间，要么因为自己的愤怒而离职（特别是在他很重要的时候），要么因为长久不达标的绩效而被开除。随着年龄的增长，PAPD 人格倾向者大多会离开大型企业，转而从事自由职业。

《人物志》所论述的是政治背景中的韬谲之人，那么在现代工商业组织当中，韬谲之人（被动攻击型人格倾向者）有怎样的表现呢？

作为领导的韬谲之人（被动攻击型人格倾向者）。

（1）通常情况下，韬谲之人消极且懒散的工作态度，不太会成为组织的领导岗位，且其自身也没有成为领导者的强烈动机；

（2）韬谲型领导者通常会成为他最讨厌的人，即忽视下属的努力和贡献，强硬地对下属发号施令；

（3）对于下属，特别是务实努力型下属的合理诉求他们通常会以故意拖延的方式来表示拒绝，就是常说的不了了之；

（4）他们可能会习惯于给其不喜欢的下属穿小鞋，这种不喜欢可能仅仅由于该下属在某个场合上说了一句不太给他面子的话，尽管绝大部分人可能对这句话并没有多想，但是韬谲之人记住了，挥动权柄就成了最简单的方式，比如，故意安排你完成不可能完成的任务、故意不给足够的资源，等等，看到自己不喜欢的人面临窘境时他们最为快乐。

作为下属的韬谲之人（被动攻击型人格倾向者）。

（1）制造办公室舆论。他们很擅长揣度人心，发现有同样态度倾向的人并不困难，他们又很擅长所谓虚实之术，所以他们通常能够在制造对公司、对领导不怀好意的舆论之后还能独善其身；

（2）活干得不多，但是怪话连篇。如果让他们在安全的情况下（私下）发表对公司的看法或意见的话，他们往往能列出很多，但是说辞通常是带有批判性的，且缺乏系统性和建设性；视线一旦转换到所做的工作业绩上的时候，他们往往会闪烁其词，找各种理由搪塞，比如，制度不合理、市场环境不好等，并且会记恨提问的人；

（3）表面依从，背地里我行我素。作为领导的你如果给被动攻击型下属提出你的工作要求的时候，作为被动攻击型下属，他们除了会点头称是外，还会随声附和你的观点和要求，让你觉得他的服从意识很好，然而他内心已经满腹牢骚了，最终执行的时候总是有这样那样的问题，让结果不尽如人意；

（4）深谙人事之道。被动攻击者虽然在具体的工作岗位上很难适应，但是他们有一个特别的才能，即深谙人事之道，他们对于政治事件、人际动机等方面非常敏感且凭直觉就能判断，尽管有时候略显偏激，但是如果放在激烈的斗争环境下，他们往往是最快看清局势的人。

以上十二种偏材的个性特点共形成一阴一阳的六对，都是一隅之说，从个人修养提升和发展的角度，都需要往"中"靠近，其调和方向如下表所示。

十二偏材显著特点简明表

十二体别	近似心理学概念	主体特征	调和方向
厉直刚毅	边缘型倾向	暴躁	能威能怀
柔顺安恕	依赖型倾向	温柔	
雄悍杰健	反社会型倾向	冒险	当仁不让
精良畏慎	回避型倾向	恐惧	
强楷坚劲	偏执型倾向	守正	守正出奇
论辩理绎	分裂型倾向	创新	
普博周洽	表演型倾向	热情	内外兼修
清介廉洁	强迫型倾向	拘谨	
休动磊落	自恋型倾向	自大	动静相宜
沉静机密	分裂样型倾向	审慎	
朴露径尽	前抑郁型倾向	单纯	知微知彰
多智韬情	被动攻击型倾向	复杂	

三、十二偏材的学习提升之路

夫学所以成材也，**强毅静其抗，柔顺厉其懦**。恕[①]所以推情也。**推己之情，通物之性**。偏材之性，不可移转矣。**固守性分，闻义不徙**。虽教之以学，材成而随之以失。**刚毅之性已成，激讦之心弥笃**。虽训之以恕，推情各从其心。**意之所非，不肯是之于人**。信者逆信，**推己之信，谓人皆信**，而诈者得容为伪也。诈者逆诈，**推己之诈，谓人皆诈**，则信者或受其疑也。故学不入道，恕不周物。**偏材之人，各是己能，何道之能入？何物能周也？**此偏材之益失也。**材不能兼，教之愈失，是以宰物者用人之仁去其贪，用人之智去其诈。然后群材毕御，而道周万物也矣**。

人因为有学习的能力，所以可以通过学习提升自己的修养，成为有用之才，又因为有体悟共情的能力，所以可以通过类比以获知他人的情绪情感。然而偏材之人的本性是极难改变的，虽然将各种知识学问都教给他了，但是随着学习进程的不断推进，与其本性相悖的道理和知识也在逐步失去；虽然不断告诫他要学会站在别人的角度看待问题，但是在推理的时候他仍然会从自己的角度出发，诚信的人往往假设别人也是诚信的，奸诈的人往往假设别人也是奸诈的。所以偏材之人是学不到大道至理的，也无法对周遭的人和事进行准确客观的把握。这就是偏材的特点。

附加阅读：三个问题与讨论

1. 企业人才发展为什么总是收效甚微？

几乎每家有些规模的企业都在试图培养和发展自己的人才，为此组织了各种大同小异的培训班或培养计划，然而大把的时间和资金投入下去，其收效往往不尽如人意，要么只是暂时有效，要么只有部分人有效。为什么呢？

我们先看一个小例子，小 A 大学的专业是财务专业，但是他本性粗疏，

[①] 《墨子经上》："恕，明也。"《声类》："以心度物曰恕。"

厉直刚毅，很不喜欢处理细节问题，所以他大学阶段的学业非常不理想，差点无法毕业。但是在后来的销售工作当中，他就非常积极，很喜欢参加公司的销售培训，也能学以致用，随着业绩和职级的提升，他自己也逐步成为公司内部的销售培训老师。从这个例子很容易看出，小A是适合做销售而不适合做财务的，那么这个适合指的是什么适合呢？是个性适合，小A有厉直刚毅之性，却没有精良畏慎之性，所以对进攻型的知识和技能感兴趣，也更容易学会，而对于严谨型的知识和技能则没有兴趣，学起来难度也更大。小A的这种偏于一面的特点即是《体别》篇所讲的偏性，小A在大学阶段的失败是败在他的偏性上的，工作阶段的成功也是成在他的偏性上的。

那么是不是每个人都是偏性的呢？大概率，西方心理学关于职场偏性（负面个性）的研究也证明了这一点。并且这种偏性还有一个特点，就是极难改变，以至于刘劭都下了定论："偏材之性，不可移转矣。"其实在日常工作和在生活积累的经验中，我们也容易知道人的本性是极难改变的，正所谓"江山易改本性难移"。

反观当下的企业人才发展，通常是从职级或者条线（岗位类别）的角度来进行设计的，更进一步的可能会在培养之前做一下潜质筛选，但是也不是以个性化培养为目的的筛选，充其量也只是对基本素质的入围式筛选。这种粗放式的人才发展方式明显违背了因材施教的基本原则，非常容易导致学员学不进、学进了容易忘、没忘的又想不起来用等问题，以至于有专门从事人才发展工作的老师都发出了"学习本身是逆人性的"感慨。

其实从根本上讲，传统的人才发展理念是一种工业时代的人才发展理念，是一种以标准化工业目标为导向，片面强调应知应会，忽视人的个性的人才发展理念。由此导致"虽教之以学，材成而随之以失；虽训之以恕，推情各从其心"的结果就不足为奇了。

2. 什么样的企业人才发展才是有效的？

由前文我们确认了几个基本结论，即人是有偏性的，且偏性极难改变，而偏性在人才的学习发展过程中又有极大的影响力。那么人才发展该走向何方呢？很自然地我们就会想道：顺偏性而为。既然影响那么大，又不能改变，那么只能利用它。那么应该如何具体操作呢？

第一步，对人的偏性进行分类，将各种人才的长短板进行准确定位。

根据《体别》篇的论述，结合西方心理学的研究成果，主体十二类偏材的性质、特点和长短板如下表所示。

十二偏材特征总结表

性	十二体别	近似心理学概念	主要特征	长短板
阳	厉直刚毅	边缘型倾向	暴躁	可以立法，难与入微
阴 *	柔顺安恕	依赖型倾向	温柔	可与循常，难与权疑
阳	雄悍杰健	反社会型倾向	冒险	可与涉难，难与居约
阴 *	精良畏慎	回避型倾向	恐惧	可与保全，难与立节
阳	强楷坚劲	偏执型倾向	守正	可以持正，难与附众
阴 **	论辨理绎	分裂型倾向	创新	可与泛序，难与立约
阳	普博周洽	表演型倾向	热情	可以抚众，难与厉俗
阴 *	清介廉洁	强迫型倾向	拘谨	可与守节，难以变通
阳	休动磊落	自恋型倾向	自大	可以进趋，难与持后
阴 **	沉静机密	分裂样型倾向	审慎	可与深虑，难与捷速
阳	朴露径尽	前抑郁型倾向	直露	可与立信，难与消息
阴 **	多智韬情	被动攻击型倾向	诡谲	可与赞善，难与矫违

上表中的第一列将各种偏材的性质进行了简要的划分，六阴六阳共十二种类别，一般来讲，性质为阳者，比较适合管理路线；而性质为阴者，比较适合技术路线，其中打"*"号的更适合于做技能类人才，打"**"号的更适合做技术型人才。

第二步，将具体的人与类别进行对应。

将具体的人与类别进行对应主要需要考虑以下三个方面的问题。

第一，个人的客观特点。这决定了人才发展最后的成效。所用到的方法主要是人才测评的方法，包括心理测验、线下测评中心、360度评估，等等。其中心理测验应该是效率和性价比都比较高的测评方式，但是前提最好是根据偏材理论或者职场负面人格理论进行开发的信效度较高的工具。线下评价中心因为其成本较高的原因，一般建议在中高级人才方面进行运用。360度评估方法应该是所有评价方法当中最便宜的一种，但是效果相应较差，尤其是在东方文化背景下，通过他人来评判自己，通常很难得到准确的结论，当然如果360度评估方法命题的专业化程度足够的话，其结果还是可以采信的。

第二，企业的业务诉求。人才发展的最终目的仍然在于满足企业的业务诉求，只是需要兼顾个人的偏性，以达到事半功倍的效果。人才发展最好的局面当然是个人的客观特点与企业的业务诉求相一致，但是很多时候，这两者是有分歧的，比如，一个沉静机密之人早早地走上销售道路，这明显是一种错配，发展难度也很大。一般来讲，只要这种类型的人业绩基本能够达标，还是应该做一定的技能培养的，只是不应该报以太大期望或者投入过多资源。

第三，个人的主观意向。个人的主观意向对学习动机有较大的影响，同时也是最容易发生变化的部分。常见的情况可能是个人的主观意向与个人的客观特征相违背，比如，很多客观上是技术技能型的人才希望被当做管理型人才进行培养，这个时候就需要综合考虑他的过往行为，以确定其真实动机和坚定程度，并解释清楚两大类人才的平等关系和各有利弊的发展前景，做一次深刻的职业发展规划。一般来讲，只要证据确实、论述恰当，个人的主观意向是很容易与个人的客观特点统一起来的。

第三步，匹配合适的人才发展方案。其实在确定了每个人的基本类别，并将其安排在了合适的岗位序列上后，人才发展就已经是事半功倍之事了。所需要重点关注的就只有知识经验和风险提示两个方面的事情了。比如，对于一个强迫型的清介廉洁之人，你不需要再去强调如何注意5S管理，而只要简单提供5S的基本概念和知识经验即可。又如，对于一个厉直刚毅之人你不需要再去强调制度管人的重要性或者试图发展他的同理心，你只要提供一些制度构建的最佳实践，并提示其可能存在的情绪暴躁的风险即可。如此，人才发展工作就变成了一件极其简单的，且收效卓著的工作。

3. 顺偏性而为的人才发展理念会不会导致不良的结果？

求全之路走不通，我们不得不走上了顺偏性而为的人才发展之路，那企业会不会变成群魔乱舞的战场，个人会不会走入万劫不复的魔道？

首先，偏性者的行为本质上是中性的，比如，厉直刚毅者好发脾气，但是好发脾气这种行为倾向并不一定是坏的，相反对于管控纪律不足的团队有奇效，企业需要做的是将发脾气这个行为放置到需要发脾气的地方，以收获其有益的效用。这就如同吃药治病，所有的药都是有毒性的，但是用对了症状，就能带来健康，对于企业这个有机体而言就是如此，尤其是老板和高级管理者，他们就是开药的人。

其次，个人发展其实有两条路，一条是逆流而上，一条是顺偏性而为。逆流而上的方法适合自我发展，需要极高的体悟能力和一位智者作为向导，一般是难走通的，这个我们在前文已有论断。顺偏性而为的方法执行起来就容易得多，如果你沉静机密，那么就应该在一个主题上精进思考，而不应该想着让自己变得活力四射；如果你柔顺安恕，那么就应该在日常的事情上不断精进行动，而不应该想着让自己变得能谋善断。往全面的方向发展的想法，往往会扰乱自己的心神，使自己不能充分利用自己的先天禀性绽放生命光彩。其实不论哪种偏性，都怕精进二字。

所以你会发现，在某一偏材之道上走到极致的人，最后往往能领悟其偏性的反面，获得全然之生命体悟。比如，乔达摩·悉达多最后成为渡救世人释迦牟尼佛，快意恩仇的江湖侠客最后成为慈爱悲悯的隐士高人。一切生命力量走到极致，最后终将归于中道。自然科学的狂人爱因斯坦的经历应该能比较清晰地描述这个过程，爱因斯坦应该是近代对客观物理世界了解至深之人，最后他居然从客观中找到了精神性存在，不得不说，这是一个奇迹，也是一种必然。此处附一小段爱因斯坦写给女儿的信。

在宇宙中存在着一种极其巨大的力量，至今科学还没有找到一个合理的解释。这种力量包容并支配着所有其他的一切，它存在于宇宙中任何现象的背后，然而人类还没有认识到它。这种宇宙的力量就是爱。

　　当科学家们寻找宇宙背后统一的理论时，他们忽视了这个最强大的却看不见的力量。爱是光，照亮了给予和接受它的人。爱是万有引力，它让人们彼此吸引。爱是力量，因为它使我们拥有的最好的东西更加美好，并且使人类不在盲目的自私中被消灭。爱如影随形。因为爱，我们活着或者死去。爱是上帝，上帝就是爱。

　　爱因斯坦的这封信，从对宇宙统一理论的探索开始，最后找到爱。显然这是两个几乎不搭边的东西，甚至是相对的东西，但是二者走到了一起。我们不知道爱因斯坦是否是为了表达对女儿的爱而将两者强行联系到一起，但是基于爱因斯坦可能的分裂样型人格特征和科学家特质，我们有理由相信，爱因斯坦确实是在科学之路上找到了爱。而科学之路就是他的偏性，他从自己的偏性出发找到了看似对立的爱的体悟，其实你我也可以。

流业第三

三材[①]为源，习者为流，流渐失源，其业各异

【导读】三材的说法借用了《尚书·洪范》当中三德的概念：正直、刚克、柔克，在这里指发展事业的三种典型素质或者风格，在行为上对应：中正、强力、智谋，也对应《流业》篇所说的德、法、术三材。联系到现实，会发现德法术三材所指代的就是领导力的三个核心层面，即凝聚人心的德、纪律严明的法、变化无方的术。德能够凝聚团队，集聚有才能的人跟随；法能够激活团队活力，提高团队绩效产出；术则能因时而变，应对市场变化和冲击。从领导力模型构建的角度来讲，三材结构是模型中的模型，可以作为领导力模型构建的指导性结构，其内涵与外延如下图所示。

法材简述：
法制指的是建法立制的能力、激活团队的能力、提高效能的能力。是勇武之精华，可能有用力过猛之嫌，但是往往有振奋之功。

类似的领导力指标
- 决断力
- 敢于挑战/积极进取
- 制度建设/团队激励
- 有效授权
- 影响感召
- 压力应对

术材简述：
术谋指的是预测趋势的能力、揣度人心的能力、灵活应变的能力，是静智之精华，可能有嬗变、懒惰之嫌，但是往往有破局之能。

类似的领导力指标
- 战略思维
- 系统思考/分析思维
- 市场洞察/灵活应变
- 识人用人
- 人际沟通
- 学习能力/创新能力

德材简述：
德行指的是无我无私的境界，是最难的、见效最慢的、短期实用性最差的，但是浑厚而绵长，作用时间最为久远有力。

类似的领导力指标
- 公平公正/正直诚信
- 自律性/严于律己
- 团队凝聚/以身作则
- 团队合作
- 责任感
- 辅导下属

德法术三材特征图

---

① 三材：德（道德）、法（法律）、术（手段）。

德、法、术三材作为领导素质的源头，会有程度上的差异和类型上的不同组合，于是就形成了八种管理型人才，分别对应不同的管理型岗位，也就是本文所讲的八种经世之才。再加上四种专业技能型人才就组成了十二种典型的人才类别。

本章首先描述了十二种类别的人的基本特征和名人范例，然后对他们适宜担任的职位进行了描述，最具操作性和指导性。需要特别注意的是《体别》篇所说的十二偏材与《流业》篇所说的十二流业不具有一一对应的关系，《体别》篇是从基本个性特质的角度来讲，《流业》篇则是从综合的胜任素质角度来讲。尽管个性特征与综合的胜任素质有关系，但是并没有决定性关系，其中还必须有合适的知识经验的积累。举例来讲，个性骁勇的人，按道理当将才是很合适的，但是如果没有系统的军事训练和基础知识教育，大多数情况下就只能当土匪，这种情况就是有将才之质而无将才之材。

一、十二种职业人才的分类

盖人流之业，十有二焉。**性既不同，染习又异，枝流条别，各有志业**。有清节家，**行为物范**。有法家，**立宪垂制**。有术家，**智虑无方**。有国体，**三材纯备**。有器能，**三材而微**。有臧否，**分别是非**。有伎俩，**错意工巧**。有智意，**能炼众疑**。有文章，**属辞比事**。有儒学，**道艺深明**。有口辨，**应对给捷**。有雄杰。**胆略过人**。

将人才依照所适合的职业类型进行分类，共有十二种基本类型，这十二种类型分别是"清节家、法家、术家、国体、器能、臧否、伎俩、智意、文章、儒学、口辩、雄杰。（其中前八种为综合性的管理型人才，后四种为专业性的技术型人才）"

二、十二种职业人才的表现及代表人物

　　若夫德行高妙，容止可法，是谓清节之家，延陵①、晏婴②是也。

　　道德崇高，非常有魅力，所作所为可以成为人们学习的榜样的人，叫作清节家，延陵、晏婴就是这样的人。

　　延陵这里指代的是延陵季子，也就是季扎，季扎是春秋时期吴国贵族、政治家、思想家、外交家、文艺评论家。曾与孔子并称"南季北孔"。其中有两个故事流传比较广泛，第一个是季扎让国的故事，另一个就是季扎挂剑的故事。

　　季扎让国的故事说的是，季扎的父亲，也就是吴王，共有四个儿子，季扎最小。在四个孩子当中，季扎是最有才能的，所以吴王想传位给季扎，哥哥们也觉得应该传给季扎，但是季扎没有领受，于是吴王临终嘱托，众兄弟依次传给弟弟，最终总能传到季扎，在老大去世想传位于季扎时，季扎没有领受，老三去世要传位给季扎，季扎仍然没领受，并最后选择退隐山林，躬耕田园。

　　季扎挂剑的故事说的是，季扎有一次外出途经徐国，徐国的国君非常喜欢他的佩剑，虽然徐君嘴上没说，但是季扎已经看出来了，只因自己还要出访，不便相赠，就没有马上送给徐君。待出使归来，季扎准备将剑赠予徐君的时候，徐君已死，季扎慨然解下佩剑，挂在徐君墓旁的松树上。侍从不解。季扎说："我内心早已答应把宝剑送给徐君，难道能

---

① 延陵：春秋时期吴国的贤人王季扎，因他被封于延陵（今江苏常州），所以时人称他为延陵季子。除却季扎让、挂剑的故事，季扎还精通音律，且在促进地区和平等外交事业上颇有建树。
② 晏婴：春秋时期齐国的大夫，历任齐灵公、齐庄公和齐景公三朝，并任齐景公的宰相达四十年。晏婴足智多谋，勤政爱民，对上忠心耿耿，对下以身作则，由于晏婴的存在，齐国强盛一时。

因徐君死了就违背这个承诺吗？"①

关于晏婴我们也节选两则故事以说明晏婴的才华与德行。

第一则讲的是折冲樽俎的故事，当时中原的强国晋国想要攻打齐国。于是便派范昭出使齐国，以探明虚实。在招待宴席上，范昭借着酒劲儿向齐景公说："请您给我一杯酒喝吧！"景公于是命侍臣："把我的杯子满上给客人送过去。"范昭接过侍臣递过来的酒，一饮而尽。此时，作为齐国上大夫的晏婴厉声命令侍臣道："快扔掉这个酒杯，为主公再换一个。"因为依照当时的礼节，君臣有别，范昭用景公的酒杯喝酒是一种不敬的行为，晏婴如此反应，显然是表示没有惧怕晋国的意思。

尔后，范昭又借着酒劲儿跳起舞来，并且要求将配乐换成周乐，被晏婴拒绝说："我们不会。"其实按照当时的礼节，周乐是供君主舞蹈之用的，而范昭是人臣，不合规矩，而且晏婴早就看出来范昭并不是不懂礼仪的狂徒，所以猜测到范昭此举在于试探齐国君臣的虚实。

经此一番暗中交锋，范昭回国向晋平公报告说："现在还不是攻打齐国的时候，我多次试探，结果都让晏婴识破了。"范昭认为齐国有这样的贤臣，如若此时去攻打齐国，没有绝对胜利的把握。孔子称赞晏婴的外

---

① 《春秋左传·襄公二十九年》吴无君、无大夫，此何以有君、有大夫？贤季子也。何贤乎季子？让国也。其让国奈何？谒也、余祭也、夷昧也、与季子同母者四，季子弱而才，兄弟皆爱之，同欲立之以为君。谒曰："今若是迮而与季子国，季子犹不受也。请无与子而与弟，弟兄迭为君，而致国乎季子。"皆曰："诺。"故谒也为君者，皆轻死为勇，饮食必祝曰："天苟有吴国，尚速有悔于予身。"故谒也死，余祭也立。余祭也死，夷昧也立。夷昧也死，则国宜之季子者也。季子使而亡焉。僚者，长庶也，即之。季子使而反，至而君之。阖闾曰："先君之所以不与子而与弟者，凡为季子故也。将从先君之命与，则国宜之季子者也；如不从先君之命与，则我宜立者也，僚恶得为君乎？"于是使专诸刺僚，而致国乎季子。季子不受，曰："尔弑吾君，吾受尔国，是吾与尔为篡也。尔杀吾兄，吾又杀尔，是父子兄弟相杀，终身无已也。"去之延陵，终身不入吴国。故君子以其不受为义，以其不杀为仁。
《史记·吴太伯世家》季札之初使，北过徐君。徐君好季札剑，口弗敢言。季札心知之，为使上国，未献。还至徐，徐君已死，于是乃解其宝剑，系之徐君冢树而去。从者曰："徐君已死，尚谁予乎？"季子曰："不然。始吾心已许之，岂以死倍吾心哉！"

交表现说："不出樽俎之间，而折冲千里之外。"这正是晏子机敏的真实写照。①

第二则是景公嫁女的故事。齐景公有个宠爱的女儿，他想把她嫁给晏婴，于是趁着到晏婴家喝酒时说："你老婆又老又丑，我有个女儿又年轻又漂亮，要不嫁给你做妾室吧？"晏子回答道："如今她确实是又老又丑，那是因为她跟我生活了很长时间，曾经她也是又年轻又漂亮的，那时她就将自己托付给了我，包括从壮年到老年，从美丽到丑陋，而我也接受了她的托付。现今国君虽有恩赐公主给我的美意，我难道能背叛原来的承诺吗？"于是，晏子又拜了两拜谢绝了。②

从延陵、晏婴的故事当中我们可以提炼两者的共同点：才智机敏，德行高尚。他们都突破了"小我"的界限，过着一种精神性的生活。在人们所熟悉的人物当中，周恩来总理应该是最为典型的代表，且周总理与延陵、晏婴都是出色的外交家，用"德行高妙，容止可法"来形容他们，确实是名副其实的。

　　　建法立制，强国富人，是谓法家，管仲③、商鞅④是也。

建立法规制度，强国富民者，叫作法家，管仲和商鞅就是这样的人。

---

① 贤阮丽编著.中华典故故事［M］.成都：四川少年儿童出版社，2013：172–173
② 《晏子春秋·第六卷·内篇杂下第六》：景公有爱女，请嫁于晏子，公乃往燕晏子之家，饮酒，酣，公见其妻曰："此子之内子耶？"晏子对曰："然，是也。"公曰："嘻！亦老且恶矣。寡人有女少且姣，请以满夫子之宫。"晏子违席而对曰："乃此则老且恶，婴与之居故矣，故及其少而姣也。且人固以壮托乎老，姣托乎恶，彼尝托，而婴受之矣。君虽有赐，可以使婴倍其托乎？"再拜而辞。
③ 管仲：春秋时期齐桓公的相国，他主张鼓励生产，通货积财，富国强兵，他帮助齐桓公九合诸侯，一匡天下，使齐桓公成为春秋五霸之首。
④ 商鞅：战国时卫人，他在秦国当了十几年的相国，辅佐秦孝公富国强兵，他提出变法的主张，在秦国废井田，开阡陌，奖励耕织，内修战守之备，外连横而斗诸侯，使秦国日益强大。秦孝公死后，被贵族陷害，车裂而死。

我们先简要了解一下管仲。

管仲是春秋时期著名的经济学家、哲学家、政治家、军事家。法家思想代表人物。辅佐齐桓公，对内政、经济、军事等多方面进行改革，为齐国积累了雄厚的物质基础和军事实力，最终助力齐桓公完成霸业。

其中衡山之谋就是管仲经济手段的代表。有一天，齐桓公问计于管仲："我想拿下衡山国，你有什么好办法？"管仲说："衡山国盛产兵器，你可以出高价先去衡山国买兵器，然后燕国、代国肯定跟着买，秦国和赵国知道了之后也会抢着买，这个时候衡山兵器的价格肯定会涨到十倍以上。"齐桓公依计行之，果然，燕、代、秦、赵抢着买。另一面，看到本国兵器如此抢手，衡山国君就将兵器价格又提高了十倍，这个时候衡山国的百姓开始纷纷放弃农业转而打铁挣钱。这个时候齐国开始派人到赵国收购粮食，当时赵国粮价每石十五钱，齐国却以每石五十钱的高价收购，于是各地诸侯国纷纷将粮食运往齐国售卖，如此持续五个月之后，齐国突然撤出衡山使臣、停止收购粮食和衡山国兵器，并对衡山国出兵。而此时，衡山国粮食补给不足，又买不到粮食，兵器也几乎卖完了，只能举国降齐。

在政治改革和国家治理方面，管仲应该是历史上第一个将人民职业作为治理条块划分依据的政治家。他将人民总体分为士、农、工、商四个大类，并且按照相应的大类划定特定的生活集聚区，以促进各个行业专业技能的提升和专业素养的传承，是一种以专业化分工提高生产效率的极高明的做法，帮助齐国取得了巨大的经济成就。另外，需要特别指出的是，管仲非常重视人才的选拔和任用，提出"德义未明于朝者，则不可加以尊位；功力未见于国者，则不可授与重禄；临事不信于民者，则不可使任大官。"简单来讲就是德义与地位相称、绩效与收入相称、领导力（能力）与领导岗位（职位）相称。并在此基础上形成了一整套的官员奖惩的具体办法。

以至于孔子都感叹管仲之功："桓公九合诸侯，不以兵车，管仲之力也。如其仁，如其仁。"[1]

那么商鞅是怎样一个人呢？

商鞅，姬姓，公孙氏，名鞅，战国时期著名的政治家、改革家、思想家、军事家。法家思想代表人物。辅佐秦孝公，经过二十二年的强力变法改革，使秦国一跃成为富裕强大的国家。

商鞅变法主要分为三个方面。

第一，重农抑商。商鞅认为农业是一个国家的根本，并为此颁布了极其严苛的《垦草令》，这部法令的主题就是将全体国民悉数变成了农民，以促进生产。为达成这一目标，商鞅一方面配套制定出二十种激励和支持农业生产办法，比如"废井田""开阡陌"、承认土地私有，极大地激发了劳动者的积极性；另一方面通过控制粮食买卖、对商业课以重税、取缔货币等手段，变相地强迫工商业者回流到土地上。

第二，推行郡县制。商鞅进一步完善并推广了郡县制度，将小的乡和邑合并成县，并成立县署进行管理，县署的行政长官已经不再实行以前的世袭制，而是成为职业经理人式的管理者，管理者必须每年向朝廷汇报政绩，朝廷以此对其进行绩效考核。这种管理制度已经初具现代社会管理体系的雏形。

第三，推行军功爵位制度。军功爵位制度极大地提高了人民群众参

---

[1] 《管子》桓公问于管子曰："吾欲制衡山之术，为之奈何？"管子对曰："公其令人贵买衡山之械器而卖之。燕、代必从公而买之，秦、赵闻之，必与公争。衡山之械器必倍其贾，天下争之，衡山械器必什倍以上。"公曰："诺。"因令人之衡山求买械器，不敢辩其贾宾。齐修械器于衡山十月，燕、代闻之，果令人之衡山求买械器，燕、代修三月，秦国闻之，果令人之衡山求买械器。衡山之君告其相曰，"天下争吾械器，令其买再什倍以上。"衡山之民释其本，修械器之巧。齐即令隰朋漕粟于赵。赵粜十五，隰朋取之石五十。天下闻之，载粟而之齐。齐修械器十七月，修粜五月，即闭关不与衡山通使。燕、代、秦、赵即引其使而归。衡山械器尽，鲁削衡山之南，齐削衡山之北。内自量无械器以应二敌，即奉国而归齐矣。

与战争的热情，其中规定"宗室非有军功论，不得为属籍"，"有军功者，各以率受上爵"，其核心思想就是有军功就有功名利禄，没有军功就什么都没有，是一种极端的以军功论赏的激励模式。①

相较于管仲的圆通和巧妙，商鞅的变法手段更显王霸属性，但是他们都有一个共同点：以锐意进取为基本底色，以政治经济改革为基本手段，一方面尊重人性，另一方面也在利用人性，以政治手段极大地提高了社会生产效率，最终达到富国强兵的目的。这种行为风格当中有勇武之气、有智慧，但是可能缺少怀柔的人情味。在现代企业组织当中，法家通常类似于我们所说的变革型领导者，锐意进取、敢于突破，不会被细枝末节的东西所掣肘，在企业的停滞期往往能够激发企业的活力，推动企业向前快速发展。

　　思通道化，策谋奇妙，是谓术家，范蠡②、张良③是也。

思维通透，深谙事物运行之规律，计策谋略奇特精妙又能进退有度的，叫作术家，范蠡和张良就是这样的人。
范蠡是什么样的人呢？

---

① 《商君书·垦令》：愚心躁欲之民壹意，则农民必静。农静诛愚，乱农之民欲农，则草必垦矣。
《商君书·垦令》：禄厚而税多，食口众者，败农者也。则以其食口之数赋而重使之，则辟淫游惰之民无所于食。
《史记·商君列传》：集小乡邑聚为县，置令、丞，凡三十一县。
《史记·商君列传》：宗室非有军功论，不得为属籍。明尊卑爵秩等级，各以差次名田宅，臣妾衣服以家次。有功者显荣，无功者虽富无所芬华。
② 范蠡：楚国人，他在越国担任大夫，越国被吴国打败后，辅佐越王勾践发愤图强，最终灭了吴国。他深知可与越王勾践共患难，不能共享乐，于是离开越国，在其他国家经商，在十九年中"三致千金"，因曾在陶地自称朱公，后人称他为陶朱公。
③ 张良：汉初大臣，祖与父在韩国五世为相，秦灭韩后曾图谋恢复韩国，在博浪沙（今河南原阳东）行刺秦始皇未果，逃至下邳（今江苏睢宁北），遇黄石公得《太公兵法》。秦末大乱归顺刘邦，成为刘邦运筹帷幄、决胜千里之外的重要谋臣。

故事一：鸟尽弓藏。范蠡辅佐越王勾践，帮助勾践成就了霸业。而范蠡自己也当上了上将军。回国之后，范蠡认为自己大名之下，难以久居，并且断定勾践为人可与同患难，难与共富贵，于是递交了辞呈："臣闻主忧臣劳，主辱臣死。昔者君王辱于会稽，所以不死，为此事也。今既以雪耻，臣请从会稽之诛。"勾践回复说："孤将与子分国而有之。不然，将加诛于子。"范蠡曰："君行令，臣行意。"意思说，你可以执行你的命令，我反正是要走了。于是带了些金银财宝走了，走后也没回来。最后勾践为了表其功劳，将会稽山封为范蠡的奉邑。

范蠡离开越国到了齐国之后，给大夫文种写了一封信："蜚鸟尽，良弓藏；狡兔死，走狗烹。越王为人长颈鸟喙，可与共患难，不可与共乐。子何不去？"文种看了书信，就称病不上朝了。但是仍然没有逃过劫难，有人诬陷文种谋反，越王于是赐剑文种曰："子教寡人伐吴七术，寡人用其三而败吴，其四在子，子为我从先王试之。"文种于是自杀了。

故事二：急流勇退。范蠡辗转来到齐国，改了姓名。父子一起努力劳作，很快就积累了不小的财富。齐国人听闻他贤明能干，于是要拜他为相，他感叹道：治家能致千金，当官当到国相，对于一介布衣来讲，已经到了极点了。久受尊名，恐怕是不祥之兆。于是，他归还相印，并将家财都分给了朋友和邻居，跑到一个叫做陶的地方定居下来。[①]

那么张良呢？汉高祖刘邦对其有过很高的评价："夫运筹策帷帐之中，决胜于千里之外，吾不如子房（张良）。"现摘得两例如下。

[①]《史记·卷四十一：越王勾践世家第十一》：范蠡遂去，自齐遗大夫种书曰："蜚鸟尽，良弓藏；狡兔死，走狗烹。越王为人长颈鸟喙，可与共患难，不可与共乐。子何不去？"种见书，称病不朝。人或谗种且作乱，越王乃赐种剑曰："子教寡人伐吴七术，寡人用其三而败吴，其四在子，子为我从先王试之。"种遂自杀。
《史记·货殖列传》范蠡浮海出齐，变姓名，自谓鸱夷子皮，耕于海畔，父子治产。居无几何，置产数千万。齐人闻其贤，以为相。范蠡喟然叹曰："居家则致千金，居官则至卿相，此布衣之极也。久受尊名，不祥。"乃归相印，尽散其财，以分与知友乡党，间行以去，止于陶，自谓陶朱公。

峣关是通往秦都咸阳的最后一道屏障，有重兵把守。刘邦想要亲率两万余人强攻。张良劝谏道："目前秦国守军还是很强大的，不能强攻。"然而刘邦又怕项羽先入关中，因而心急如焚，这个时候张良就献了一个智取的妙计。他说："据我所知，峣关守将是个屠夫的儿子，这种类型的人，应该是比较容易贿赂的。您这样，先预备五万人的粮饷，并在四周山上多插军旗，给他们造成心理压力，然后再派人去贿赂守将，应该可以成功。"刘邦于是依计行事，果然峣关守将接受了贿赂，愿意投降，并表示愿意和刘邦一起进攻咸阳。刘邦非常高兴，但是这个时候张良却认为不行。他说："现在愿意叛秦的不过是峣关守将，他的部下未必愿意。如果他的部下不愿意，那就很危险啊。不如我们趁秦兵松懈直接消灭他们。"于是，刘邦突然率兵向峣关发起攻击，结果秦军大败，不得不弃关而逃。而刘邦大军则继续西进，抢在项羽之前入主关中。

大汉王朝建立，该论功封赏了。恰巧有一天，刘邦看见诸将三三两两地坐在沙土上窃窃私语，就问张良他们在议论什么。张良说："他们在商议谋反。"刘邦大吃一惊，忙问："天下初定，他们为什么又要谋反？"张良答道："您本来是平民出身，是通过这些人的帮助才争得了天下。现在您做了天子，所封赏的都是你喜欢的人，所诛杀都是跟您曾经有仇怨的人。现在军中正在统计战功，如果所有人都分封，天下的土地估计不够。这些人怕您不封赏他们，又怕您追究他们平常的过失，所以聚在一起商量造反！"刘邦慌了，问："怎么办？"张良道："大家都知道的，您平时最讨厌的人是谁？"刘邦答道："那肯定是雍齿。"张良说："那好，那您先封赏雍齿吧。大家看见雍齿都被封赏了，自然就安心了。"于是，刘邦设宴款待群臣，并当场封雍齿为什邡侯，还催促丞相、御史们赶快定功行封。宴席过后，大家都开心地议论道："像雍齿那样的人都能封侯，我们就更不用担心了。"

天下初定之后，张良就开始刻意远离朝堂，避免无谓纷争，专注黄老之学，修心养性。最后得以善终。①

通过范蠡和张良的简要故事我们提炼出两者的共同点：善于攻心，无有挂碍。首先他们是冷静的、智慧的，深知盛极必衰、否极泰来的道理，能够居安思危，时刻以冷峻的目光、客观的态度看待周围的事物和自己的关系，善于揣测人心也善于操控人心，但是绝不强求，最后悄然而去，不带一丝留恋。

兼有三材，三材皆备，**德与法、术，皆纯备也**。其德足以厉风俗，其法足以正天下，其术足以谋庙胜，是谓国体，伊尹②、吕望③是也。

如果德、法、术三材都有，且都非常完备，其德足以教化民众端正社会风气，其法足以整顿法制富国强兵，其术足以运筹帷幄决胜千里，这种人可以称为国体之材，伊尹、吕望就是这样的人。

附加阅读：一点总结

德材者重视自我修养，是精神上的高人，法材者重视组织治理，是政治上的狠人，术材者重视揣摩人心，是心理上的妙人。三材皆备之国体者是既

---

① 《史记·留侯世家》沛公欲以兵二万人击秦峣下军，良说曰："秦兵尚强，未可轻。臣闻其将屠者子，贾竖易动以利。愿沛公且留壁，使人先行，为五万人具食，益为张旗帜诸山上，为疑兵，令郦食其持重宝啗秦将。"秦将果畔，欲连和俱西袭咸阳，沛公欲听之。良曰："此独其将欲叛耳，恐士卒不从。不从必危，不如因其解击之。"沛公乃引兵击秦军，大破之。
《史记·留侯世家》：上在雒阳南宫，从复道望见诸将往往相与坐沙中语。上曰："此何语？"留侯曰："陛下不知乎？此谋反耳。"上曰："天下属安定，何故反乎？"留侯曰："陛下起布衣，以此属取天下，今陛下为天子，而所封皆萧、曹故人所亲爱，而所诛者皆生平所仇怨。今军吏计功，以天下不足遍封，此属畏陛下不能尽封，恐又见疑平生过失及诛，故即相聚谋反耳。"上乃忧曰："为之奈何？"留侯曰："上平生所憎，群臣所共知，谁最甚者？"上曰："雍齿与我故，数尝窘辱我。我欲杀之，为其功多，故不忍。"留侯曰："今急先封雍齿以示群臣，群臣见雍齿封，则人人自坚矣。"于是上乃置酒，封雍齿为什方侯，而急趣丞相、御史定功行封。群臣罢酒，皆喜曰："雍齿尚为侯，我属无患矣。"
② 伊尹：辅佐成汤建立商朝的功臣。他原是有莘国的奴隶，成汤娶有莘国君女儿为妻，伊尹作为陪嫁奴来到成汤部落。伊尹善烹调，他用做菜的道理比喻治国之道，成汤便把他提拔为自己的助手，任以国政，后来伊尹辅助成汤伐夏取得天下。
③ 吕望：周朝的开国功臣。本姓姜，名尚，字子牙，因其先祖受封于吕地而改姓吕。吕望年轻时穷困潦倒，怀才不遇，年老时在渭水边钓鱼遇见周文王，两人相见恨晚，周文王任命他为军师。周武王即位后，尊他为师尚父，他辅佐武王灭商建立周朝，因功封于齐，为齐国始祖。

能以其德行团结人民，又能以其法制促进生产，还能以智谋制胜千里的人，就是组织领导的不二人选。这个特别像组织当中的董事长角色，在价值取向和日常行事方式上，以身作则，能够让员工真正地认同并效仿，是为德材之功；在公司治理上，既有菩萨心肠又有雷霆手段，尊重人性，严刑峻法，是为法材之效；在公司战略战术和人事管理上动心忍性，未雨绸缪，顺势而为，是为术材之能。应该说德法术三材皆备是一个可以不断逼近但永远无法达到的标准。所以此处我们对远在商周时期的两位榜样（伊尹、吕望）的事迹不做详述。

兼有三材，三材皆微，**不纯备也**。其德足以率一国，其法足以正乡邑，其术足以权事宜，是谓器能，子产①、西门豹②是也。

如果德法术三材皆有，但是都不够精粹，其德行仅可以影响一个国家（此处指诸侯国，春秋战国时期国的概念比较小，可以简单理解为现在的省或者市。），其法制仅可以振兴一个乡郡，其术谋仅可以权衡事宜，这种人可称为器能，子产和西门豹就是这样的人。

子产是春秋时期著名的政治家、思想家。历史典籍以"子产"为通称，亦称"公孙侨""公孙成子"。我们先来看看子产的两个故事。

晋国范宣子执政期间，要求其诸侯国所纳的贡很重，子产知道这件事情后，写信给范宣子，劝他要重德不要重利，范宣子见信之后听从了子产的建议（这是子产德行美好的一面）。子产和申徒嘉都是伯昏无人的弟子，但是申徒嘉受过断足之刑，所以子产就不愿意与他待在同一个房间，宣称自己是大官，不愿意与这样的升斗贱民在一起，为此还辩论了

---

① 子产：春秋时郑国人，历事郑简公、定公、献公、声公四朝。当时诸侯争霸，弱小的郑国处于强国之间，岌岌可危，因子产善于化解矛盾，才使郑国平安无事。

② 西门豹：战国魏人，魏文侯时担任邺县的县令。当时邺县的三老勾结女巫骗取百姓钱财，每年择民女投入漳河，谓之为河伯娶妇。西门豹上任后，把三老与女巫投入河中，为当地除害。并动员民力开辟十二道水渠，引漳水灌溉，发展农业生产，把邺县治理得很好。

一番，最后被申徒嘉说服，接纳了申徒嘉。①

郑国人喜欢到乡校聚会，议论执政者施政措施的得失。郑国大夫然明对子产说："要不我们把乡校拆了算了？"子产说："为什么拆掉？人们干完活回来到这里聚一下，讨论讨论朝政有什么不好呢。他们支持的，我们就推行；他们厌恶的，我们就改正。他们是我们的老师啊。为什么要拆掉呢？我听说过以忠善之举可以减少人们的怨恨，可没听说过靠强力可以真正地减少怨恨。为什么不使用强力呢？这就像防治洪水一样，堵得越狠最后大决口的时候，造成的伤害越大，到那时，我是没有办法挽救的；还不如开个小口导流，我知道之后还能提前改正，做出预防。"②

关于西门豹的介绍大致如下。

西门豹是战国时期魏国人，于魏文侯执政期间任邺（今河北省临漳县一带）令，初到邺城，看到邺城一片萧条，百业待兴，于是立志改善现状。做了几件重要的事情。

第一，了解基本情况，解决棘手问题。上任之后，西门豹立刻召集了地方上的长者了解百姓疾苦。从长者口中得知百姓无不痛恨河伯娶妻的陋习。该陋习不仅害人性命，还成了邺县的三老、廷掾、祝巫一帮人

---

① 《庄子·内篇·德充符》：申徒嘉，兀者也，而与郑子产同师于伯昏无人。子产谓申徒嘉曰："我先出则子止，子先出则我止。"其明日，又与合堂同席而坐。子产谓申徒嘉曰："我先出则子止，子先出则我止。今我将出，子可以止乎？其未邪？且子见执政而不违，子齐执政乎？"……申徒嘉曰："自状其过以不当亡者众；不状其过以不当存者寡。知不可奈何而安之若命，唯有德者能之。游于羿之彀中。中央者，中地也；然而不中者，命也。人以其全足笑吾不全足者众矣，我怫然而怒，而适先生之所，则废然而反。不知先生之洗我以善邪？吾之自寐邪？吾与夫子游十九年，而未尝知吾兀者也。今子与我游于形骸之内，而子索我于形骸之外，不亦过乎！"子产蹴然改容更貌曰："子无乃称！"

② 《左传·子产不毁乡校》：郑人游于乡校，以论执政。然明谓子产曰："毁乡校，何如？"子产曰："何为？夫人朝夕退而游焉，以议执政之善否。其所善者，吾则行之；其所恶者，吾则改之，是吾师也，若之何毁之？我闻忠善以损怨，不闻作威以防怨。岂不遽止？然犹防川。大决所犯，伤人必多，吾不克救；不如小决使道，不如吾闻而药之也。"然明曰："蔑也，今而后知吾子之信可事也。小人实不才。若果行此，其郑国实赖之，岂唯二三臣？"仲尼闻是语也，曰："以是观之，人谓子产不仁，吾不信也。"

敛财的手段。于是在河伯娶妻的当天，西门豹以新娘还不够漂亮为借口，将三老、祝巫等投下河去与河伯"商量"。由此震慑住了地方豪强和迷信的老百姓，谁也不敢再提河伯娶妻的事情。

第二，兴修水利，以利后世。为了促进生产，西门豹发动百姓兴修水利，在早期人们因为修水渠很辛苦，对这个政策并不拥护。但是西门豹认为，这是由于一般的人民群众可能受限于视野的问题，没法看到兴修水利的长远利益，所以坚持贯彻执行。后来，西门豹所主持修建的水利工程果真方便了农业生产，增加了农民收入，人民群众才看出其用心良苦。

第三，锐意劝解，终得善果。西门豹在任期间，克勤克俭，与魏文侯近臣们的关系疏远，逐渐就有人开始在魏文侯面前诋毁他，说他治理邺县一塌糊涂。在年终考核汇报的时候，魏文侯想撤他的职，西门豹恳请其再给他一年时间。新的一年里，西门豹一改往日作风，加紧搜刮百姓，讨好魏文侯的近臣，年底考核汇报的时候，魏文侯都亲自出来迎接他。然而此时西门豹却要辞职。由此魏文侯终于懂了，并请西门豹继续治理邺县。①

---

① 《史记·卷一百二十六·滑稽列传第六十六》至其时，西门豹往会之河上。三老、官属、豪长者、里父老皆会，以人民往观之者三二千人。其巫，老女子也，已年七十。从弟子女十人所，皆衣缯单衣，立大巫后。西门豹曰："呼河伯妇来，视其好丑。"即将女出帷中，来至前。豹视之，顾谓三老、巫祝、父老曰："是女子不好，烦大巫妪为入报河伯，得更求好女，后日送之。"即使吏卒共抱大巫妪投之河中。有顷，曰："巫妪何久也？弟子趣之！"复以弟子一人投河中。有顷，曰："弟子何久也？复使一人趣之！"复投一弟子河中。凡投三弟子。西门豹曰："巫妪弟子是女子也，不能白事，烦三老为入白之。"复投三老河中。西门豹簪笔磬折，乡河立待良久。长老、吏傍观者皆惊恐。西门豹顾曰："巫妪、三老不来还，柰之何？"欲复使廷掾与豪长者一人入趣之。皆叩头，叩头且破，额血流地，色如死灰。西门豹曰："诺，且留待之须臾。"须臾，豹曰："廷掾起矣。状河伯留客之久，若皆罢去归矣。"邺吏民大惊恐，从是以后，不敢复言为河伯娶妇。

司马迁·《史记·卷一百二十六·滑稽列传第六十六》西门豹即发民凿十二渠，引河水灌民田，田皆溉。当其时，民治渠少烦苦，不欲也。豹曰："民可以乐成，不可与虑始。今父老子弟虽患苦我，然百岁后期令父老子孙思我言。"至今皆得水利，民人以给足富。十二渠经绝驰道，到汉之立，而长吏以为十二渠桥绝驰道，相比近，不可。欲合渠水，且至驰道合三渠为一桥。邺民人父老不肯听长吏，以为西门君所为也，贤君之法式不可更也。长吏终听置之。故西门豹为邺令，名闻天下，泽流后世，无绝已时，几可谓非贤大夫哉！

从子产和西门豹的简况我们可以看出，两者都有正心为民之德，有治理一方之法，有劝解他人之术，但是与前文我们所讲的行为物范的德、创宪垂制的法、智虑无方的术相比较，还是稍显不足的。这种人才我们就命名为器能型人才。在现代的组织当中，器能型人才给人的感觉就是中等偏上的领导者，依照管理的基本原则行事，但是没有太多本质性的创见。其德能够以民为先但是未到无我之境，其法可以治理一方但是离任即失，其术能够顾忌人性但是方式生硬庸常。一般来讲，在工作业绩上四平八稳，不会特别突出，但是也绝不会拖后腿。总体来讲，是一个个人贡献者，难以成为他人传颂模仿的对象。

兼有三材之别，各有一流。**三材为源，则习者为流也。**

清节之流，不能弘恕，**以清为理，何能宽恕**。好尚讥诃，分别是非，**己不宽恕，则是非生**。是谓臧否①，子夏②之徒是也。

前面分析三材、三材皆备、三材而微共五种类型，跟他们不一样的，三材还有差一些的叫流，古人将源和流分开解释，源是源头，至正至纯，流是分支，性质上类似于对应的源，但是程度上没有那么纯正。

清节之流，不能宽容宏大，喜欢求全责备，明辨是非，称为臧否之人，类似于子夏之类的人物。为什么呢？德行好的人，难免自认为高级，看不起那些不如自己高级的人。

子夏是"孔门十哲"之一，学识渊博，甚有才气，常因独到见解而得到孔子的赞许，被孔子许为其"文学"科的高才生。除了才气，子夏也非常重视躬行实践，讲究道德修养，以身作则，即使生活清寒，也不愿出世，认为"争利如蚤甲，而丧其掌"，但是孔子认为子夏在仁和礼方

---

① 评论、褒贬之意。

② 子夏：春秋时卫国人，为孔子之弟子，孔子曾对子夏说："汝为君子儒，无为小人儒。"子夏擅长文学，魏文侯拜他为师。孔子死后，子夏在河南西河讲学，对传播孔子学说颇有贡献。

面还是略有不足的，曾经告诫子夏"女为君子儒，无为小人儒"。所谓君子儒即德才兼备者，小人儒即以知识能力自傲的学术精英主义者。

子夏的个性和言语，确实有一些实用主义、傲慢主义的脾性，比如，在交朋友方面子夏认为"可者与之，其不可者拒之"，即贤达者交之，不贤达者就算了，这就违背了"君子尊贤而容众，嘉善而矜不能"的原则，即仁德不足。比如，在学习方面，子夏认为虽然是无足轻重的技艺但也有值得借鉴的地方，但是君子有更重要的事情要做，不该过于关注这些小东西。应该说这种观点是对的，但是如果将这种观点放到一个过高的位置，似乎就带有某种傲慢和自恋的色彩。

除去可能的高傲和实用主义的小瑕疵，子夏在整理和传播古代文献方面是有着非常杰出的贡献的，相传《诗》《春秋》等书，均是由他才传承下来的，而李悝、吴起、魏文侯等名士皆为其弟子。

也许所有勇武不惧、至刚至性的人都有这样的问题，他们的桀骜不驯在生命的早期过多地消耗了他们的生命能量，所以子夏的晚年是孤独的，他因丧子而双目失明，继而过着"离群而索居"的生活。①

从子夏的个性和故事中我们可以简单窥见清节之流的行事风格。臧否之人与清节家的根本区别应该在于仁德，臧否之人有走正道做正事的正人之心，但是他们缺乏和光同尘、博大浩瀚的宽容心怀，也就是我们日常所说的傲气太重，批判性过强，倾向以挑剔的眼光看待别人，如此看得上的人交之，看不上的人弃之。

在现代组织当中，臧否之人通常比较符合一名专家或者苛刻型领导的形象。他们在特定领域有很深的造诣，相应地对别人的要求也很高，所以只要对方的专业能力不符合其期待，或者态度上达不到他的标准，他就可能显露出不耐烦甚至批判蔑视的态度，而少有鼓励的言语和宽容理解的心态。殊不知，真正的大德者，不仅自己以身作则、技艺高超，亦能以勉励、包容的心

① 马银琴.子夏的思想特征及其家学渊源［J］.文学评论，2016，（1）：182-192.
  郑晓华.步如飞，试论子夏的性格特征［J］.管子学刊，2010，（4）：82-86.

态对待别人。

法家之流，不能创思远图，**法制于近，思不及远**。而能受一官之任，错意施巧，**务在功成，故巧意生**。是谓伎俩，张敞①、赵广汉②是也。

法家之流，不能像管仲、商鞅那样以创造性思维为一国之远景而谋划，但是可以担任一个地方的官员，灵活地处理当地政务，这种类型的人称为伎俩之人，如张敞、赵广汉之类。

张敞的故事：

当时长安境内的治安特别不好，偷盗事件层出不穷，负责长安地区治安的京兆尹（类似于首都市长）一职几度换人。汉宣帝于是召见张敞，询问治禁之策，张敞认为没问题，遂走马上任。

张敞到任后，先向长安一些老者打听，了解到盗贼的首领是一伙平时看起来很老实的人，而且是出入都有仆从跟随的，大家都以为他们是好人。然后，张敞不动声色地将几个盗首召到府衙中来，列举了他们所犯各案，并威胁他们如果想要免罪，就必须将其他的盗贼全部供出来。其中一个盗首说："今天我们来了府衙，必定会被其他盗贼怀疑，如能够让我们暂时当个什么官儿，再引他们来才行啊。"张敞当即应允，然后让他们回去了。

盗首回家去后，遍邀同伙以庆自己当官之喜。那些窃贼都赶去赴宴祝贺，一个个喝得酩酊大醉。随后，盗首按照拟定好的计谋，趁他们醉酒之时，将盗贼后背都涂上红色。盗贼们饮宴完毕即被衙役根据记号一一捉拿。一下子就抓住了数百名盗贼。从此，长安城为焕然一新，极

---

① 张敞：汉宣帝时担任太中大夫、京兆尹、冀州刺史等职务，敢直言，明赏罚。

② 赵广汉：汉宣帝时担任颍州太守，后迁京兆尹，诛杀豪强原氏、褚氏等，执法不避权贵，名震一时。

少有偷盗事件。

在京兆尹任上，朝廷每当有大事讨论的时候，张敞总能博引古今，找到符合实际的解决办法，大家都很佩服他，皇帝也多次采纳了他的意见。但是张敞这个人威仪不足，下朝之后路过可以跑马的章台街道，往往会不顾形象，策马奔腾。在家之时，还提笔为他的夫人画眉毛，这些事情被有心人告到上面，认为张敞行为轻浮，有失大臣体统，被问询时，张敞反而不以为意地说："闺房之内夫妻之事，比画眉过分的多得多吧，何必大惊小怪呢。"所以在宣帝死后，元帝选拔人才的时候，前将军萧望之就认为张敞是治烦乱的能吏，可是"材轻非师傅之器"。最终张敞也未得重用。①

赵广汉的故事：

赵广汉，西汉时期的大臣，曾任颍川郡太守、京兆尹。

赵广汉是中国举报箱的发明者。在担任颍川太守期间，地方豪强关系错综复杂，人民惧怕，形成了地方管理的顽疾。于是赵广汉受储钱罐的启发，制作了可进不可出的举报箱"受吏民投书"。据此收集了很多有用的线索，极大地打击了犯罪，维护了治安，遂擢升京兆尹。

赵广汉精力充沛，勤奋敬业，处理政务往往通宵达旦，并且善于思考，讲究办事效率。所以在其治理期间，对京兆地区犯罪团伙的情况了

---

① 《汉书》：是时，颍川太守黄霸以治行第一入守京兆尹。霸视事数月，不称，罢归颍川。于是制诏御史："其以胶东相敞守京兆尹。"自赵广汉诛后，比更守尹，如霸等数人皆不称职。京师渐废，长安市偷盗尤多，百贾苦之。上以问敞，敞以为可禁。敞既视事，求问长安父老，偷盗酋长数人，居皆温厚，出从童骑，闾里以为长者。敞皆召见责问，因贳其罪，把其宿负，令致诸偷以自赎。偷长曰："今一旦召诣府，恐诸偷惊骇，愿一切受署。"敞皆以为吏，遣归休。置酒，小偷悉来贺，且饮醉，偷长以赭污其衣裾。吏坐里间阅出者，污赭辄收缚之，一日捕得数百人。穷治所犯，或一人百余发，尽行法罚。由是枹鼓稀鸣，市无偷盗，天子嘉之。

《汉书》：敞为京兆，朝廷每有大议，引古今，处便宜，公卿皆服，天子数从之。然敞无威仪，时罢朝会，过走马章台街，使御吏驱，自以便面拊马。又为妇画眉，长安中传张京兆眉妩。有司以奏敞。上问之，对曰："臣闻闺房之内，夫妇之私，有过于画眉。"上爱其能，弗备责也。然终不得大位。

然于胸，能做到防治结合。一时间政治清明，官属和百姓无不交口称赞。并且赵广汉还精通"钩距"之术，比如，为了知道马的真实价格，而通过问询狗、羊、牛的价格进行相互参照对比。

京兆尹因在天子脚下，日常处理政务很容易得罪皇亲国戚和当朝显贵，而赵广汉又是一位不畏豪强、刚正不阿的人，最后落了个被腰斩的下场。因其功绩卓著、治理有方，以致其被押赴刑场的时候，京城数万群众和官员自发地为其求情、送行。

从张敞、赵广汉的简介当中，我们可以窥见法家之流的特点。他们通常很擅长处理当下的政务，且不畏强权、下手果决、刚正不阿，也有一定的技巧，但是这些技巧多在于威逼利诱，少有巧劲和圆融通透的一面。总结来讲就是刚猛有余而柔和不足。

在现代商业社会中，所谓法家之流、伎俩之材，通常行事风格仍保留有法家的基本特点，即强势、高效，能快速推进任务，但是很少顾忌细枝末节，甚至会显得莽撞，所以在人才评价当中，他们通常被认为在审辩思维、情绪管理方面表现不足，有习惯性"去沉疴用猛药"的嫌疑。比如，他们可能会使用严格的奖惩制度来约束员工，但是极难从员工的角度制定一套具备激励性的制度来调动员工的积极性。法家之流如果能更加深思熟虑和提高系统化思维的能力将有利于他们迈向真正的法家。

术家之流，不能创制垂则，**以术求功，故不垂则**。而能遭变用权，权智有余，公正不足，**长于权者，必短于正**。是谓智意，陈平[①]、韩安国[②]是也。

[①] 陈平：汉初阳武人（今河南省原阳县），先随项羽，后归刘邦。好读书，精于谋略，用反间计令项羽除去谋士范增，用爵位笼络大将韩信。

[②] 韩安国：汉朝成安人。汉景帝三年（公元前154年），吴楚七国起兵，他率兵击退吴兵于梁国东界，因此事而扬名。汉武帝元光六年（公元前129年），匈奴大举入侵，他担任材官将军，屯军于渔阳，因兵败受谴责，悲愤而死。

术家之流，不能创立对后世有影响的制度或者规则，但是遇事能随机应变，往往智谋有余，但公正不足，这种类型的人可称为智意之人，如陈平、韩安国之类。

陈平的故事：

陈平小时候家里很穷，依靠着哥哥嫂子生活，但是素来不喜欢劳动，而喜欢读书和四处游玩，尤其喜欢黄老学说。到长大成人该娶媳妇的时候，富有的人家都不肯把女儿嫁给他，陈平又看不上穷人家的媳妇。那个时候，附近有一富户姓张，他的孙女嫁了五次人，五次都是死了丈夫，所以没有人再敢娶了，而陈平却想娶她。最终陈平顺利地娶到了张家孙女，日子也越来越富裕。由此可见陈平爱财、务实、没什么原则，所以后来到汉王军中，陈平还因贪污军饷，差点被刘邦杀掉，最终以其三寸不烂之舌才逢凶化吉。

陈平的计谋多以阴谋著称：

一例：解围荥阳。当时在荥阳的刘邦被项羽团团围住，陈平献计诈降项羽，约定明日于城东门受降，所以项羽就将主要兵力部署到了东门。次日，陈平差遣两千名妇女，一批一批地从东门出去。此时南、西、北门的楚兵一听东门外全是美女，便争先恐后地涌向东门。与此同时，陈平让人假扮刘邦慢慢地走出东门以吸引项羽的注意力。而真正的刘邦已经趁着混乱，冲出西门，带着陈平、张良、樊哙等人杀开一条血路，向关中方向逃去了。

二例：智释樊哙。话说汉建国之后，刘邦疑心吕后和樊哙谋反，计划用陈平之计，以传召为名，杀掉樊哙。然而，陈平在去的路上思考，樊哙是皇亲国戚，刘邦如果后悔或者吕后从中周旋，可能最后自己不得善终，于是私自决定对樊哙抓而不杀，运回京师。但是抓到樊哙返回的时候，忽闻刘邦驾崩，为了避免吕后追究责任，于是急急忙忙地跑到宫中，跪倒在汉高祖的灵前，边哭边说："您让我就地斩决樊哙，我不敢轻易处置大臣，现在已经把樊哙押解回来了。"显然这话是故意说给吕后听的，是在表功。而吕后听说樊哙没死自然高兴，陈平于是趁机请求留在长安，吕后也答应了，还拜他为郎中令，辅助新皇。

与陈平相关的计谋很多，比如，离间钟离昧、范增与项羽的关系，计擒韩信、巧解白登之围等，多数都是攻心之术，都有点为达目的不择手段的意味。以至于刘邦评价陈平时说："陈平智有余，然难独任。"①

韩安国的故事：

故事一，梁王刘武是汉景帝的同胞弟弟，他进出的排场，比拟天子，僭越了礼仪规范。景帝心中很不高兴。但是窦太后却很喜欢刘武，在知道景帝有不满之后，就迁怒于梁国派来的使者，拒绝接见他们，以示对梁王的不满。

当时韩安国是梁国使臣，便去拜见窦太后的大女儿馆陶长公主，哭诉道："为什么太后对于梁王作为儿子的孝心、作为臣下的忠心，竟然不能明察呢？之前吴、楚、齐、赵等七国叛乱合兵西进的时候，只有梁王真正为了亲情不顾一切啊。梁王想到太后和皇上在关中，是跪着送我等六人领兵击退吴楚叛军的啊，如此吴楚叛军才不敢西进，这都是梁王的功劳啊。现在太后却为了一些小细节责怪梁王。梁王的父兄都是皇帝，所见到的都是大场面，所以才会出行开路清道，居所强调戒备，况且梁王的车驾等都是皇上所赏赐的，他只是想用这些在偏远地区炫耀一下，以让天下的人都知道太后和皇上对他的喜爱。现在我们作为梁使到来，

① 《史记·卷七·项羽本纪第七》于是汉王夜出女子荥阳东门被甲二千人，楚兵四面击之。纪信乘黄屋车，傅左纛，曰："城中食尽，汉王降。"楚军皆呼万岁。汉王亦与数十骑从城西门出，走成皋。项王见纪信，问："汉王安在？"曰："汉王已出矣。"项王烧杀纪信……陈平乃夜出女子二千人荥阳城东门，楚因击之，陈平乃与汉王从城西门夜出去。遂入关，收散兵复东。
司马迁·《史记·卷五十六·陈丞相世家第二十六》二人既受诏，驰传未至军，行计之曰："樊哙，帝之故人也，功多，且又乃吕后弟吕嬃之夫，有亲且贵，帝以忿怒故，欲斩之，则恐后悔。宁囚而致上，上自诛之。"未至军，为坛，以节召樊哙……平行闻高帝崩，平恐吕太后及吕嬃谗怒，乃驰传先去。逢使者诏平与灌婴屯于荥阳。平受诏，立复驰至宫，哭甚哀，因奏事丧前。吕太后哀之，曰："君劳，出休矣。"平畏谗之就，因固请得宿卫。太后乃以为郎中令，曰："傅教孝惠。"是后吕嬃谗乃不得行。樊哙至，则赦复爵邑。

查问责备我们。梁王知道了深感恐惧，日夜流泪思念，不知如何是好。为什么梁王作为儿子的孝顺，作为臣下的忠心，太后一点都不怜惜呢？"

馆陶长公主把这些话详细地告诉了窦太后，窦太后高兴地说："我要替他把这些话告诉皇帝。"之后，景帝内心的疙瘩才解开。

故事二，一日，窦婴与田蚡在长乐宫因事争辩，二人相互指责，火药味十足。汉武帝于是向在朝的大臣征询意见，韩安国含糊其词，打了个太极。退朝以后，田蚡招呼韩安国同乘一辆车，生气地说："我和你共同对付一个老秃翁，你为什么还模棱两可，首鼠两端？"韩安国过了好一会儿才对丞相田蚡说："您怎么这样不自爱不自重呢？他魏其侯指摘您，您应当立刻摘下官帽，解下印绶，归还给皇上，并且表态因为我是皇帝的心腹，侥幸才得此相位，本来就不太称职，魏其侯的话都是对的。如果这样的话，皇上必然会认为您有谦让的美德，不会罢免您。而魏其侯必定会羞愧难当，恨不得闭门咬舌自尽。现在别人骂您，您也骂人家，这样彼此互骂，就好像商人、女人吵嘴一般，是多么得不识大体啊！"田蚡感觉有道理说："争辩的时候太性急了，没有想到啊。"①

---

① 《史记·韩长孺列传》：梁孝王，景帝母弟，窦太后爱之，令得自请置相、二千石，出入游戏，僭于天子。天子闻之，心弗善也。太后知帝不善，乃怒梁使者，弗见，案责王所为。韩安国为梁使，见大长公主而泣曰："何梁王为人子之孝，为人臣之忠，太后曾弗省也？夫前日吴、楚、齐、赵七国反时，自关以东皆合从西乡，惟梁最为艰难。梁王念太后、帝在中，而诸侯扰乱，一言泣数行下，跪送臣等六人，将兵击却吴楚，吴楚以故兵不敢西，而卒破亡，梁王之力也。今太后以小节苛礼责望梁王。梁王父兄皆帝王，所见者大，故出称跸，入言警，车旗皆帝所赐也，欲以侘鄙县，驱驰国中，以夸诸侯，令天下尽知太后、帝爱之也。今梁使来，辄案责之。梁王恐，日夜涕泣思慕，不知所为。何梁王之为子孝，为臣忠，而太后弗恤也？"大长公主具以告太后，太后喜曰："为言之帝。"言之，帝心乃解，而免冠谢太后曰："兄弟不能相教，乃为太后遗忧。"悉见梁使，厚赐之。其后梁王益亲欢。太后、长公主更赐安国可直千余金。名由此显，结于汉。

《史记·魏其武安侯列传》：于是上问朝臣："两人孰是？"御史大夫韩安国曰："魏其言灌夫父死事，身荷戟驰入不测之吴军，身被数十创，名冠三军，此天下壮士，非有大恶，争杯酒，不足引他过以诛也。魏其言是也。丞相亦言灌夫通奸猾，侵细民，家累巨万，横恣颍川，凌轹宗室，侵犯骨肉，此所谓'枝大于本，胫大于股，不折必披'，丞相言亦是。唯明主裁之。"……武安已罢朝，出止车门，召韩御史大夫载，怒曰："与长孺共一老秃翁，何为首鼠两端？"韩御史良久谓丞相曰："君何不自喜？夫魏其毁君，君当免冠解印绶归，曰'臣以肺腑幸得待罪，固非其任，魏其言皆是'。如此，上必多君有让，不废君。魏其必内愧，杜门龂舌自杀。今人毁君，君亦毁人，譬如，贾竖女子争言，何其无大体也！"武安谢罪曰："争时急，不知出此。"

从陈平和韩安国的简要材料中可以窥见所谓术家之流的行事风格。他们通常非常灵活，善于权变，尤其擅长揣度人心，利用人性的弱点，但是有可能做的一些事情是让正人君子所不齿的。即使抛开严格的道德观，术家之流也很难创建一些稳定的对后世有价值的东西，他们的主要关注点在于以改变他人想法为手段投机性地解决当下的问题。与高一级别的术家之范蠡、张良相比而言，术家之流的陈平和韩安国离大道更远，所谋之事也更加细小。

在现代工商业组织内部，术家之流通常处事灵活，善于见机行事，深得领导喜爱，比如，灵活的招聘专员、业绩良好的销售专员等，他们很擅长揣测目标对象的诉求，善于使用技巧性的语言与策略促成销售目标的达成，但是在他们的言语与策略之中，通常或多或少都会带有避重就轻或者制造焦虑的内容，所以说他们权智有余，而公正不足。

同时也容易发现，在业绩良好得到升职并开始承担管理职能的时候，这种人的弊端就暴露出来了，他们让人感觉不像个领导者，而更像个投机者，这种时候团队成员往往不能真的信服于他。一般来讲，他们作为一个师爷、参谋或者业务人员的存在是最合适的。

> 凡此八业，皆以三材为本。**非德无以正法，非法无以兴术。是以八业之建，常以三材为本**。故虽波流分别，皆为轻①事之材也。**耳目殊管，其用同功。群材虽异，成务一致**。

以上所论的八种职业，皆以德、法、术三材为基础。虽然源流不同，但都算是堪用的人才。

> 能属文著述，是谓文章，司马迁②、班固③是也。

---

① 　编者按：当为经字。

② 　司马迁：西汉史学家、太学家、思想家。字子长，夏阳（今陕西韩城）人，元封年间任太史令，后因李陵案下狱受腐刑，出狱后任中书令，完成《史记》。《史记》是我国第一部纪传体通史。

③ 　班固：东汉史学家。字孟坚，扶风安陵（今陕西咸阳）人，初因修国史被人告发下狱，出狱后任兰台令史，后为典校秘书，奉诏完成其父史书，历二十余年修成《汉书》。

　　能传圣人之业，而不能干事施政，是谓儒学，毛公、贯公①是也。

　　辩不入道，而应对资给，是谓口辩，乐毅②、曹丘生③是也。

　　胆力绝众，材略过人，是谓骁雄，白起、韩信是也。

　　凡此十二材，皆人臣之任也。**各抗其材，不能兼备，保守一官，故为人臣之任也**。

另外还有四种，专业性人才类别。

能够搞学术研究的，叫作文章，司马迁、班固就是这一类型的。在现代类似于某个领域的学者，在考据、编纂方面有所长。

能够传播圣人的思想，但是不能干事施政的，叫作儒学，毛公、贯公就是这一类型。在现代，类似于教师、文化学者、文宣工作者等。

论辩析理未及大道，但是口才很好，能够应对自如的，叫作口辩，乐毅和曹丘生就是这种类型。在现代，类似于口齿伶俐者、善于辩论的人。

胆子大，有计谋和胆略的，叫作枭雄，白起和韩信就是这一类型。在现代，类似于进攻性非常强的销售团队负责人等。

这十二种材质的人都可担当臣子之职。其中蕴含两层意思，一是这十二种材质都没有达到中和之人的水平，都只能担任臣子，行使某一类的职权；二是这十二种材质都算是有用之材，是可以辅佐天子的。

　　主德不预焉。主德者，聪明平淡，总达众材，而不以事自任者也。**目不求视，耳不参听，各司其官，则众材达**。众材既达，则人主垂拱，无为而理。是故主道立，则十二材各得其任也。**上无为，则下当任也**。

担任君主角色的德行不包括在内吗？君主聪明平淡，以充分发挥人臣的

---

① 毛公、贯公：都为经学博士。

② 乐毅：战国后期杰出的军事家、战略家。不仅会打仗而且口才好，被诸葛亮视为偶像。

③ 曹丘生：秦末楚人，著名辩士。

才干为己任，而不能将自己限制在一事一能之中，所以君主应该做好的事情，就是把十二材安排在各自合适的位置上。

三、十二种职业人才的岗位配置

清节之德，师氏之任也。**掌以道德，教道胄子**。

师氏是教导国子的官职，相当于是贵族子弟的老师。清节家德行高妙，容止可法，自然是不二人选。（清节之材是德才，思想境界高，学识也不差，所以能当贵族子弟的老师。）

法家之材，司寇之任也。**掌以刑法，禁制奸暴**。

司寇是掌管刑狱和纠察的官名，大致相当于现代的公检法机构，注文"掌以刑法，禁止奸暴"可证。但是从法家之材的代表人物管仲、商鞅的功绩来讲，法家之材除了有现代公检法的职能之外，还有发展经济，富国强兵的职能。所以可以推测，司寇之任的职权范围除了监督律法执行之外，还能参与立法，即享有立法权和执法权。因此，在享有立法权和执法权的基础上，发展经济、富国强兵就成为可能了。

术家之材，三孤之任也。**掌以庙谟①，佐公论政**。

三孤指的是少师、少傅、少保，是三公②的副手。研究的主题都是有关国家战略的，对智力水平要求非常高。那么术家之材为什么不直接做三公呢？术家重在策略奇妙，而少了一些清节家的仁德和法家的力量感。所以由术家提出若干精妙的想法和建议，由三公权衡，择优实施是比较稳妥的执政方式。

---

① 犹庙谋。

② 辅佐皇帝的最高官职，即太师、太傅、太保。

放在现代组织环境来讲，特别有想法有创意的个体，通常并不适合统领大事。比如，有些商业模式，从术家的角度来讲是一个挣钱的绝妙想法，但是可能有与民争利的嫌疑，而需要从德的角度进行引导甚至禁止。

三材纯备，三公之任也。**位于三槐，坐而论道。**

三公、三槐都指辅佐皇帝的最高官职。三公需要考虑的可能是国家信奉什么主义、走什么道路这类根本性问题。不论是德行、意志、智谋都必须具备，不可偏废，所以德法术三材皆备者，才能为三公之任。放在现代环境来讲，这种类型的人通常适合在公司治理委员会、总裁办等机构，由他们来定义公司的使命、愿景和价值观等根本性问题。

三材而微，冢宰之任也。**天官之卿，总御百官。**

冢宰大体相当于宰相，总领百官，负责国家总体战略的落地执行。如果说三公是大脑，那么冢宰就是信号传递系统，必须有与大脑连接的基本功能，能理解大脑传递的指令，并能传递到正确的地方去，有时候在细节上还要权衡轻重，灵活变通。这就要求其需要具备德法术三材，但是三材不需要像三公那样纯粹。

臧否之材，师氏之佐也。**分别是非，以佐师氏。**

师氏之佐，是上文所说的师氏之任的副手。是德之流，与清节家同属一类，但是稍有差距，他们差在锐气太盛。他们的个性中有清节家正直、自我约束的一面，但是少了温和、包容的一面，通常会有比较高的攻击性和原则性，存在一定程度的社会适应不良。这种人在我们的生活中其实还是比较常见的。比如，严父、严师。崇尚先做人再做事，但是这个先做人的要求有时候过于严苛，甚至显得迂腐，对于孩子的成绩可能还能够包容，但是对于偶尔的撒谎、懒惰则会暴怒，甚至会动用武力。在他们的内心世界，道德规范是最高原则，所以通常对周围的人要求也比较高，眼里容不得沙子。

在企业组织当中，这种类型的人可能是某一方面的专家，信仰技术和专业，通常对商业化意味较浓的做法持批判态度，信仰酒香不怕巷子深；充满斗志，对他人要求苛刻，让人感觉桀骜不驯，不容易相处。所以他们有一定程度的适应不良，特别是对社会灰色领域持否定或者批判性态度，容易感到无奈甚至抑郁。在终于可以安度晚年的时候，他们可能会以自己一生没有做亏心事而感到自豪，仿佛在慨叹："我终于守住了我的名节，没有让自己堕入欲望的深渊。"

智意之材，冢宰之佐也。**师事制宜，以佐天官。**

术家之材辅佐三公，三公是三材皆备的，而术家之流——智意之材辅佐冢宰，冢宰是三材而微的。两个关键岗位都需要术家来辅佐，可见聪明还是很重要的。那么术家之材的大聪明与智意之材的小聪明之间有什么区别呢？

术家用微积分解决圆的面积计算问题，而智意之材用且只会用面积公式来解决圆的面积问题，并因为又快又简单而自鸣得意，殊不知微积分是从根本上解决问题，而面积公式不过是低阶的权宜之法而已。所以智意之材只能辅佐冢宰，在相对具体的事情上做参谋，出主意。

伎俩之材，司空之任也。**错意施巧，故掌冬官。**

司空和冬官指的是执掌水利建设、土木建设一类的官职，大约相当于工部尚书，主管农耕水利、土木工程、交通运输、官办工业等。大禹就曾经担任过司空的官职，属于部落联盟议事会九官之一。所谓伎俩之材，法家之流也，有维护一方治安，发展当地经济，建设美好家园的能力。从行事风格和才性的角度来讲，伎俩之材应该是现代企业所说的目标导向的人，但是这种目标导向往往会有一点威逼利诱、急功近利的嫌疑，容易因为个人的离开而导致所立之规矩悄然失效。

在单位当中常用的绩效考核办法，为了避免平均主义，而选择在绩效考核结果上采用强制分配，这种做法就很有伎俩之材的特点，能保证结果的顺利输出，也能在一定程度上达成绩效考核的目标，但是很显然这种做法并不精妙，甚至会引起不良反应。作为伎俩之材可能会觉得这种方式已经很好了，基本可以解决问题。而如果让术家来解决这个问题，肯定就不是这样了。

儒学之材，安民之任也。**掌以德毅，保安其人。**

儒学通常指宣传、教育系统的职能。所谓安民之任也就是思通教化的任务，比如，思想政治教育、学校教育，企业组织当中的企业文化建设、培训部门等都可隶属于儒学范畴。从国家层面来讲，科教文卫系统基本属于儒学体系。儒学基本上是在专业的学术领域有所建树的人，一般并不直接贡献生产力，对于统一思想、营造氛围有不可取代的积极作用。

文章之材，国史之任也。**宪章纪述，垂之后代。**

文章之材，顾名思义属行文著述之材，像司马迁、班固就是国史之材。国史之材在现在通常是某研究室、某编写组。对于这类文章之材，通常要求其对历史有兴趣，能坐得住冷板凳，并且言之有据。他们不一定有多么高妙的文笔修辞，需要区别于现在所说的作家。

辩给之材，行人①之任也。**掌之应答，送迎道路。**

辩给之材，通常指口才好，善于迎来送往的人，行人是主管宾客迎送的官职，在古代通常是代表国家出使，或者代表国家按照一定的礼制迎接安顿

---

① 官名，有大行人、小行人之分，掌管迎送接待宾客，两汉以后常设，担任出使聘问之事。

外来宾客。在现代企业组织当中，这样的职能通常由行政部或者商务部承担，俗称接待。一般要求五官端正，善于随机应变且言语得体。

骁雄之材，将帅之任也。**掌辖师旅，讨平不顺**。

骁雄之材，可以为将为帅。注意此处的将帅仅仅指领兵打仗的人才，并不是通常所说的智勇双全的将军。因为从核心的特征来讲，骁雄之材是勇武不惧的，很多士兵也有这样的特质，只有加上一些德、法、术的特点才可为名将。比如，加上德材，就有爱兵如子的美誉，加上法材，就有军纪严明的美誉，加上术材，就有智勇双全的美誉。

是谓主道得而臣道序，官不易方而太平用成。**太平之所以成，由官人之不易方。若使足操物，手求行，四体何由宁？理道何由平？**若道不平淡，与一材同用好，**譬大匠善规，惟规之用。**则一材处权，而众材失任矣。**惟规之用，则矩不得立其方，绳不得经其直。虽目运规，矩无由成矣**。

所以君主掌握了识人用人的道理并贯彻执行，那么臣子就能够在合适的岗位上有序任职，从而充分发挥自己的才能。如此一来，臣子都不用改变什么，只需要顺着自己的才性行事就能达到天下太平繁荣的局面了。但是如果君主个人不偏袒、偏好其中的某种人才，那么拥有这种才干的人就容易当权，从而使别人无法在合适的位置上充分发挥自己的才华。

附加阅读：一个总结

1.十二流业

十二流业讲的是不同类型的人适合担任的职位，是一种综合性的人格描述和运用体系，类似于现代所讲的胜任力素质。其类型、特点及与三材等对应关系如下表所示。

十二流业简明表

十二流业	人才特点	三材成分	任用建议	代表人物	类比概念
清节家	德行高妙，容止可法	德	师氏之任	延陵、晏婴	好人
法家	建法立制，强国富人	法	司寇之任	管仲、商鞅	狠人
术家	思通道化，策谋奇妙	术	三孤之任	范蠡、张良	智人
国体	德厉风俗，法正天下，术谋庙胜	三材皆备	三公之任	伊尹、吕望	完人
器能	德率一国，法正乡邑，术权事宜	三材皆微	冢宰之任	子产、西门豹	稳健的人
臧否	不能弘恕，好尚讥诃，分别是非	清节之流	师氏之佐	子夏之徒	尖锐的人
伎俩	不能创思远图，而能受一官之任，错意施巧	法家之流	司空之任	张敞、赵广汉	进取的人
智意	不能创制垂则，而能遭变用权，权智有余，公正不足	术家之流	冢宰之佐	陈平、韩安国	机灵的人
文章	能属文著述	—	国史之任	司马迁、班固	好学者
儒学	能传圣人之业，而不能干事施政	—	保氏之任	毛公、贯公	好老师
口辩	辩不入道，而应对资给	—	行人之任	乐毅、曹丘生	好接待
雄杰	胆略绝众，才略过人	—	将帅之任	白起、韩信	好勇士

其中，前8种为通用型人才，后4种为专业型人才。通用型人才的根基在于德、法、术三材，类似于我们日常所讲的，道德高尚型人才、公司治理型人才、战略思维型人才。道德高尚型人才无私无欲，令人崇敬，所以能凝聚人心。公司治理型人才材略刚正，令人畏惧，所以能治烦理乱。战略思维型人才聪明睿智，策术高超，所以能出奇制胜。由此三者不同程度的组合可成经事之八材，其基本结构如下图所示：

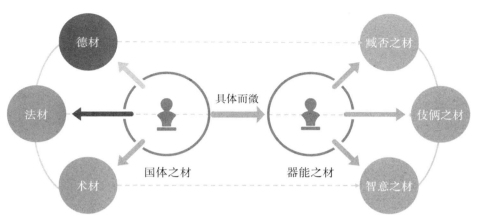

德法术三材关系图

材理第四

材既殊途，理亦异趣，故讲群材，至理乃定

【导读】理是现实世界的理，比如，做事的规则、待人接物的规则，等等。不同的人所能理解和认识的理是不一样的，比如，一个性格刚烈的人就很难理解和认识幽冥玄远的理，而比较能认识和理解事情推动的理，这与其个人的秉性有很大关系。

中国人讲德才兼备，那么才具体是什么？有多少个级别？真正的高级人才是什么样子的？《材理》篇就是从"才"这一角度来品评人才的，重点阐明了三个问题，其一，人为什么会成为不同的"材"？那是因为"明（能力和类型）待质而行，是故质于理合，合而有明，明足见理，理足成家"。也就是说，一个人最后成为什么样的"材"，拥有什么样的智慧，取决于其质性与什么样的理是相匹配的，相匹配的质与理才能使人最后通理而成堪用之材。应该说这是现代通过个性来预测适合的职业之最早的理论基础。其二，什么样的"材"能算作是最高的"材"？在《材理》篇的末尾，刘劭讲到"兼此八者，然后乃能通于天下之理""心平志谕，无适无莫。期于得道而已矣，是可与论经世而理物也"。所谓通材者不偏不倚，能通天下之理（道理、事理、义理、情理），这种人才能论经世而理物。其三，如何来分辨一个人"材"的类型？通过语言表达，《材理》篇全篇都以讨论或者辩论（魏晋清谈）作为行文背景，讨论不同"材"的类型的人在讨论问题时的表现，以判断其属于哪种类型。

一、个性与思维倾向的关系

夫建事立义，莫不须理而定。**言前定则不惑，事前定则不**

踬^①。及其论难，鲜能定之。夫何故哉？**盖理多品而人材异也。事有万端，人情舛驳！谁能定之！**夫理多品则难通，人材异则情诡。情诡难通，则理失而事违也。**情诡理多，何由而得！**夫理有四部，**道义事情，各有部也。**明有四家，**明通四部，各有其家。**情有九偏，**以情犯明，得失有九。**流有七似，**似是而非，其流有七。**说有三失，**辞胜理滞，所失者三。**难有六构，**强良竞气，怨构有六。**通有八能。**聪思明达，能通者八。**

若夫天地气化，盈虚损益，道之理也。**以道化人，与时消息。**法制正事，事之理也。**以法理人，务在宪制。**礼教宜适，义之理也。**以理^②教之，进止得宜。**人情枢机，情之理也。**观物之情，在于言语。**

四理不同，其于才也，须明而章，明待质而行。是故质于理合，合而有明，明足见理，理足成家。**道、义与事、情各有家。**是故质性平淡，思心玄微，**容不躁扰，其心详密。**能通自然，道理之家也。**以道为理，故能通自然也。**质性警彻^③，权略机捷，**容不迟钝，则其心机速。**能理烦速，事理之家也。**以事为理，故审于理烦也。**质性和平，能论礼教，**容不失适，则礼教得中。**辩其得失，义礼之家也。**以义为礼^④，故明于得失也。**质性机解，推情原意，**容不妄动，则原物得意。**能适其变，情理之家也。**以情为理，故能极物之变。**

在做任何事情之前，都需要先达成一个共识，但是当大家坐到一起讨论拟定这个共识的时候，往往很难快速达成一致。为什么？因为基本原则本身的类别很多，而每个人思维的侧重点和倾向性又不一样，所以就导致讨论来讨论去，最终很难达成一致。总结来讲就是，问题本身的复杂性和人的复杂

---

① 踬：读作 zhì，失败，跌倒。

② 此处应为"礼"。

③ 同"彻"，通也。据李崇智《人物志校笺》，警彻乃敏悟通达之意。可解为洞察力强、有决断力的意思。《三国志·武帝纪》："太祖少警彻，有权数。"

④ 以义为礼，当作"以义为理"，上下文"以道为理""以事为理""以情为理"可证。

性交织在一起，让事情变得很难顺利推进。

为什么会出现这种情况呢？有一个基本的逻辑，首先世间大体有四种理（即侧重不一的四种基本原则，也是后文所说的道理、事理、义理和情理），通什么理的人我们就叫什么家，然而并不是人人都能恰当而正确地认识和理解这四种理，在认识和理解理的过程中往往会由于"过或者不及"而存在九种偏误的情况，我们称之为九偏；这还不是最糟糕的情况，最糟糕的是其中还混杂着那些看起来通理实质上并不通的人，这种似通非通的情况有七种，我们称之为七似；另外在辩理的过程中，还存在三种语言表达上的错误和六种因辩论而构生私怨的情况，我们称之为三失和六构；那么从"材"的角度来讲，什么样的人是论理的而不是偏颇的呢？是能通四理、表达合宜且进退有据不生私怨的人，这就是所谓的兼材，兼材之人在讨论问题的时候所具备的素质需要八种，所以我们将兼材也称之为八能。

首先我们来认识一下四理。第一理是道之理。道之理指的是天地运行、盈虚变化的基本规律，属于形而上学的范畴。第二理是事之理。事之理指的是建法立制、社会治理的基本原理，属于政治社会范畴。第三理是义之理。义之理指的是在社会生活中人应该如何为人处世的基本准则，属于礼乐教化范畴。第四理是情之理。情之理指的是人的内在情绪情感变化的基本特点，属于人心人情范畴。这四种理所属的范畴是不同的，但是对于真正的人才而言，应理解明白四理。

要明白一种理，除了需要智慧，还需要人有相应的特质与之配合，在质和理相互匹配的情况下，人才能真正地明白相应的理，明白了相应的理，才能成为对应的家（专家）。一般情况下，你会发现比较平和淡然，逻辑缜密，喜欢思考一些形而上问题的人，往往能够通晓自然变化的道理，最后成为道理之家；比较警觉果断，擅长分析，喜欢快速行动，重视结果的人，往往能够快速控制烦乱的局面，最后成为事理之家；比较温暖平顺，在意言行举止与社会主流价值规范契合度的人，往往能够探讨教育与礼制的问题，最后成为义理之家；比较善解人意，容易理解迎合他人的人，往往能够很好地跟各种类型的人融洽相处，最后成为情理之家。

附加阅读：总结讨论

1. 四理系统与 DISC[①] 系统的异同辨析

首先我们将四理系统用一个图形来总结，图示如下：

质性警彻，权略机捷，能理烦速，
容不迟钝，则其心机速。
以事为理，故审于理烦也

质性机解，推情原意，能适其变，
容不妄动，则原物得意。
以情为理，故能极物之变

质性平淡，思心玄微，能通自然，
容不躁扰，其心许咨。
以道为理，故能通自然也

质性平和，能论礼教，辨其得失，
容不失适，则礼教得中。
以义为礼，故明于得失也

四理系统

按照牟宗三先生的观点，对人的个性的品断是美学欣趣的，对人的"材质"的品断是智悟的[②]。美学的和智悟的分别代表了人成材的两个核心方面，也是现代职场所关心的两个层面，即个性和才能。应该说个性和才能是两个相互独立又有联系的描述系统，个性可以用来预测才能偏好，但是无法预测才能所能达到的程度，所以《材理》篇讲"质于理合，合而有明，明足见理，理足成家"，质是成材的先决条件，但是并不意味着一定能成材，需要有"足够的明"才能成材。这也就是为什么以个性测评为核心的测评产品通常不建议用来直接作为人事决策依据的原因。

熟悉现代人才测评的读者应该在此处会有一种似曾相识的感觉，即这个结构与 DISC 的结构非常类似，但是这个结构又不仅仅是相似这么简单，相较于 DISC 理论来讲，DISC 理论只是说清楚了人是什么类型的问题，该理论是

---

① 一种西方比较流行的，对人的行为风格进行划分的理论，其理论根据来源于威廉·莫尔顿·马斯顿博士（Dr. William Moulton Marston）在1928年出版的著作 *Emotions of Normal People*，市面上的主要厂商有 Everything DISC 和托马斯国际。

② 牟宗三《才性与玄理》：由四理、四明、九偏，吾人可知《人物志》系统、顺才性之品鉴，既可开出人格上的"美学原理"与"艺术境界"，复可开出"心智领域"与"智悟之境界"。

将人放在一个绝对客体的角度进行研究的，他发现了这种分类方式，但是说不清楚自己是从什么角度来区分的，以至于很多 DISC 理论的出版商自己对于 DISC 测量的是个性还是行为风格抑或是思维倾向这个问题摇摆不定。而四理四明的论述则旗帜鲜明地先树立了一个四理的客观存在，然后从人的认识优势的角度说明人需要以相应的质性作为辅助以驱动相应的认知活动，从而达到质与理合的程度，才能明理。并且非常精细化地注意到，即使是达到明理的程度也只是完成了一种准备状态，就像一个小学生身体智力发育到可以学习相应难度的知识了，理足才能成家，通过后天的努力学习才能真正达到成家的高度。至此我们基本可以确认 DISC 理论所要描述和测量的是一种受个性影响的认知倾向分类系统，是才能形成的准备状态。

DISC 理论到有明理之潜质的时候其实就已经结束了，离成材成家还有很远的距离，刘劭为什么能在那么早就做出如此精细有力的描述，笔者认为其根本原因是因为中国传统文化有其独特的结构体系，这个结构体系的各个模块之间是互通互参的，是统合于一个根系的，具体体现在谈论人的"材质"问题的时候能先立出一个四理，这种分析框架是将人看作是系统中的人，而不是孤独地立于系统之外或者系统之上的研究对象。

二、九种思维之偏

四家之明既异,而有九偏①之情。以性犯明,各有得失。**明出于真,情动于性，情胜明则蔽，故虽得而必丧也。**

四个类型的专家（也指四种人物类型）都有各自擅长明白的理，但是在去认识别的理的时候，往往会有九种偏离或者不准的情形。导致这九种偏离的根本原因，是每个人本身的性质将他们思维的视角限制在一个固定的角度，

---

① 在中国的文化体系当中，崇尚中道，"过或者不及"都被称为偏。此处的九偏就是在这一文化体系中衍生出来的，类似于我们现代心理测量学当中的个性指标，一个指标得分奇高或者奇低通常意味着其有极其明显甚至是极端的特点，到了这一极端，就被中国文化认为是偏的。

从而影响了其对四理的全面认识，这种偏性的影响对人而言，既有益处又有害处。

　　　　刚略之人，不能理微。**用意麤**①**粗，意不玄微**。故其论大体，
　　则弘博而高远；**性刚则志远**。历纤理，则宕往而疏越。**志远故疏越**。

　　刚略之人，极少能够顾忌到细微的道理。这种人在陈述一些大事情大原则的时候，往往大气磅礴，在对事情进行详细的条理化分析的时候，就会糊里糊涂、挂一漏万。

　　详细来看，刚指的是刚强，略指的是粗疏、大略，不注意细节。刚略组合到一起就像我们口语说的"大老粗"的意思，他们喜欢关注大事大义，不能关注或者刻意回避小事小情对自己的影响，甚至会贬低人的情绪情感。所以刘昞在注中说"用意麤粗，意不玄微"。在中国家庭当中有很大一部分父亲或者爷爷是这类型的人，他们通常关心国家大事，有家国情怀，在谈论政治、经济大事的时候通常会感到兴奋，他们喜欢的题材通常是武侠、军事等能体现强力意志的题材，在工作顺利的时候，可能会有不切实际的自我期望，比如，可能会盲目地扩大规模，由于他们不能玄微的特点，最后往往会将他们的事业置于风险之中。总体而言，在事业上，他们是成也刚略败也刚略，成在因为刚略而产生的激进与进取行为，败在因为不能玄微而产生的盲目与乐观，而且很遗憾的是，这种类型的人即使是败了也对自己失败的原因不明就里。另外，他们在家庭生活上通常讷于表达情感，或者在这方面比较笨拙；在具体的生活习惯上他们通常会非常粗糙与马虎，比如，不注意穿着的得体整洁、购买不实用的商品、不注意区分使用私人物品等，总之在生活上，他们是一类与精致绝缘的人。

　　那么如何在讨论或者辩论的场景中将这种类型的人识别出来呢？因为思维上的粗线条，所以在表达上通常也是粗线条的，他们的表达通常会给旁

---

① 粗的异体字。

人以"大、粗"的感觉，比如，大目标、大嗓音、粗线条、粗手脚等特征，他们可能会比较多地使用诸如"你们要加强……""我们同心协力肯定能成功""我们明年的目标是翻一番"等具有煽动性的语言，而在他们身边的人则往往会带着内心的怀疑："怎么加强啊？同心协力哪那么容易？这个目标怎么得来的？领导果然是最后一个知道真相的人。"

那么这类人的最大的优点是什么呢？敢想敢干。因为想得不细，所以低估了风险，敢于行动，敢于行动就有成功的可能。另外，很多的领导者其实都是这种类型，讲话的时候，目标定得很高很大也非常有决心去实现，听起来非常振奋人心，但是在被问及如何解决一些现实性问题的时候，往往会避小就大，以大说小，问题最终还是下属想办法来解决的。那么这类人最大的缺点是什么呢？失败概率很高。因为想得不细，很多时候只是凭一腔热血往前冲，如果没有很好的副手支持或者开放合适的外部条件，其实是很容易失败的。

通常来讲，在外部环境不规范的时候，刚略之人比较容易完成从0到1的进化，到1之后就开始仰赖精细化的下属来驱动组织，从而平抑自己不微的缺陷；在外部环境已经非常规范的时候，刚略之人往往很难完成从0到1的进化，因为寻找商业机会对他们来说很困难。这也就是为什么社会一步步发展，粗放型的企业家会越来越少。

抗厉之人，不能回挠。**用意猛奋，志不旋屈**。论法直，则括处而公正；**性厉则理毅**。说变通，则否戾而不入。**理毅则滞碍**。

抗厉之人，极少能够示弱圆通。在谈论原则性问题的时候，往往非常强硬，坚决维护法律法规的公正性，很少能圆融变通（俗称认死理儿）。

如果从更精细的角度来解释的话，"抗"字与"拘"字相对，拘是力量向内收敛的意象，抗是力量向外释放的意象，具有进攻性。厉则是严厉甚至冷酷的意思，所谓严刑峻法、疾恶如仇基本上可以与厉同义。这种类型的人通常是很有公心的，也敢于发表自己的意见，不担心自己会被人打击报复，对怀柔圆融之人不一定讨厌，但是对偷奸耍滑之人一定是愤怒的。所以这类人在工作场景中是很容易成为领导角色的，当然随之而来的也会有很多的伤。严父、严师其实都属于这种类型，他们会非常在意孩子、学生的品行，重视规则感的建立，认为如果不从小建立好的规则感，将来必成祸患，所以他们通情理的部分会非常少，即犯错了就是犯错了，就应该惩罚，而讲理往往意味着更大的错。

那么如何将这种类型的人从日常的会议讨论中区分出来呢？首先他们的声音一般是有力的，语气语调是坚决的；其次，他们是敢于直面人际挑战的，争吵后发脾气在他们的日常生活中是一种常态；最后，在谈论到违规问题的时候，他们的情绪一般会高亢起来，表示非常强烈且真实的愤慨。对于灰色区域，他们通常是不愿意涉足的，即使同行大部分都涉足其中，他们的态度也是保留的，他们讨厌投机取巧，崇尚公平竞争。他们可能会更多使用诸如"绝对击败对手""不给对方任何生存的可能"等具有煽动性和进攻性的语言。

那么这类人最大的优点是什么呢？正义感。在绝大部分场景下，抗厉之人对违法乱纪现象是零容忍的，对托词说情行为也是绝对拒绝的，他们不会因为外部压力而放弃坚守的原则，反而会义正词严地反驳回去，这种作风很容易让他们赢得尊重，也很容易给他人带来压迫感，使下属员工不敢越雷池半步，即使是合作者甚至上级领导也尽量不去招惹。另外一个附加的好处就是这让他们对自己的团队或者组织有很好的控制力，能保证团队或者组织在一个符合正理的道路上前进。同时，他们的缺点也是显而易见的，那就是尽管人们在内心是尊敬这种人的，但是总会不由自主地因其强烈的进攻性而远离，毕竟绝大部分人还是对合作与和谐的需求更多一点，所以抗厉之人通常私人朋友是很少的。如果抗厉之人担任领导角色，其团队的氛围一般是比较紧张的，这种紧张的氛围一方面会影响人的创造力，另一方面也能快速提高团队的专业水准。总体而言，抗厉型的领导一般不太利于培养创造型人才，而对于常规型、技能型人才的能力提升还是帮助很大的。

坚劲之人，好攻其事实。**用意端确，言不虚徐**。指机理，则颖灼而彻尽；**性确则言尽**。涉大道，则径露而单持。**言切则义少**。

坚劲之人，喜欢研究客观事实。在论述事物的详细机理时，往往能够非常彻底且见解过人，但是在讨论为人处世、清静无为这类话题的时候往往想法单一直白，显得呆板而愚笨。

如果从更通俗的角度来理解这种类型，坚劲之人通常指我们日常所说的专才，他们往往有一个自己擅长的专业领域，在谈起专业领域之内的事情时往往能够侃侃而谈，有很深的见解，比如，工程师、专家学者等，身上带有一种务实的感觉。在谈起别的一些形而上或者人情世故的问题时，他们往往就只有一点点粗浅的认知，或者完全不感兴趣。究其根本，他们是一群有着结构渴求和逻辑强迫的人，所以他们更喜欢研究具体的实在的东西，而对于那些涉及体悟与感受性的大道问题（类似于文学气质），就会显得懵懂不明。这里面需要注意先分清楚机理与大道之间的联系与区别。机理通常用来指具体的小范围的事物运作机制，比如，可能是天气变化的规律、可能是机器运作的机理、可能是某种商品质量的评价标准等，这类人通常能说得很清楚很彻底；而大道属于相对形而上学的范畴，诸如唯其不争而天下莫能与之争、盈虚损益、管理潜质五要素等这类相对玄妙虚浮但是更加普遍的道理。机理层次与大道层次的人在具体问题上可能会产生截然相反的判断，如机理层次的人，往往相信能力、努力是决定成败的关键要素，而大道层次的人，往往相信人只是成败当中极小的影响因素；机理层次的人相信我得到的是我争取的，大道层次的人相信看起来是我得到的，其实只是由我暂时保存的。

那么如何将这种人从一般的讨论或者会议中分辨出来呢？其实非常容易，首先，他们一般表达的欲望很少，表情也不够丰富，但是一旦开始发表意见一定是简练而直击要害的。其次，他们所发表的观点所涉及的领域会较为局限，很少能站在战略角度把议题往大了谈，而更多的是从技术角度把议题往小了谈，即关注如何让技术配合战略要求，而不会跟随众人去畅想更广阔的愿景。即使是偶尔的附和之举，也会让自己让他人都有尴尬之感。

那么坚劲之人的显著优点是什么呢？逻辑性强。他们很善于分析专业问题，冷静客观，具有较高的精确性，可靠性强，在相对狭窄的专业技术领域更容易做出卓越的业绩，比如，计算机领域、工程设计领域等需要遵从现实原则和精确原则的领域。相应的缺点也是很明显的，首先，他们的沟通是非常缺乏的，不太愿意跟他人进行沟通和解释，特别是非专业人士，这让他们看起来更加封闭难以接近。另一方面他们相信实际，不容易被鼓动，难以被激励，不会为了什么而热血沸腾，难以领悟到人类情感性和精神性的力量，所以他们一般缺乏舍我其谁的魄力和凝聚他人的能力。

辩给①之人，辞烦而意锐。**用意疾急，志不在退挫**。推人事，则精识而穷理；**性锐则穷理**。即大义，则恢愕而不周。**理细故遗大**。

能言善辩之人，能说会道，个性急躁。往往能够得出精准而独到的论断，但是对于大义之断往往不甚了解、考虑不周（所谓毒舌大抵如此）。

从通俗的角度来看的话，辩给之人的主要工作内容就是跟各种各样的思想和人进行战斗，评论时事正邪，臧否人物高下，毒舌又有劲道。他们与上文所提到的坚劲之人应该同属于一个类型的两个分支，都是执着于某种理，坚劲之人主要是执着于搞清楚感兴趣的具体对象的理，而辩给之人主要执着的是说清楚自己的理。为了说清楚自己的理，辩给之人往往会练就一身驾驭文字、鞭辟入里的功夫，在外人看来，辩给之人眼光毒辣、有趣，对世事人心有独到的见解，但是杀气太重，且很多时候观点偏执，可远观而不可临居矣。

如何从日常会议或者辩论当中把这种类型的人分辨出来呢？其一，他们通常有较好的独立思考的能力，并且有震撼力的词句进行展现，很多时候，这个立论在修辞上还具有某种文学美感，比如，在某次战略会议上，一名辩给型的高管说道："我们战略上最大的错误就是现在还没意识到这是个错误……"显然，这样的表述是深刻的，但是似乎批判性过多，与他的身份和

---

① 出自《韩非子·难言》："捷敏辩给，繁于文采，则见以为史。"一般用来泛指雄辩。

所在场合是不匹配的。其二，好争论。在辩给之人看来，有道理就必须说清楚，所谓有理走遍天下，其实在这个世界上，除了很小的一部分科学问题必须严谨细致之外，更多的与生活息息相关的场景遵循的是"差不多"原则。

那么辩给之人的典型优点是什么呢？回答问题，解人疑惑。辩给之人通常涉猎的知识面很广，有很敏捷的思考能力，也有很好的表达能力，只是因为急于说服对方，所以他们在解人疑惑的时候会用很夸张和绝对的语言，这种夸张和绝对可能会让听众反感，但是也可能会给受众带来震撼人心的力量，进而达到解人疑惑的目的。反过来辩给之人的典型缺点就是偏执和不柔和，辩给之人过多地将自己沉浸在正确与错误、肤浅与深刻的二元判断中，在面对意见、观点、现象时的第一反应就是进行二元判断（小义），而忽视了自己所在的更大的场（大义）。所以他们通常会给身边人尖锐、固执、钻牛角尖的感觉。

浮沉之人，不能沉思。**用意虚廓，志不渊密**。序疏数，则豁达而傲博；**性浮则志微**。立事要，则燋炎而不定。**志傲则理疏**。

浮沉之人，不能沉静地思考问题的本质。对一些粗浅简单的问题发表看法的时候，总是和颜悦色，貌似豁达而博学的样子；实际上在需要确立事情根本的时候，往往又像火焰一样摇摆不定，不能抓住要点（老实人，但是心不静智不深）。

通俗地理解，浮沉之人指的是那些在谈话中，说一些无关痛痒的话的人，这些话当中有个人的态度，但是不多，往往说了跟没说一样。更具体的如生活中常见的机会主义者，在谈论市场趋势的时候，往往会有一个直觉的判断，但是这个判断往往比较宏观，并且这个判断本身往往是已经很明显的事实了，比如，现阶段推断中国的大健康产业是朝阳产业。在他们真的要落实自己的这些想法的时候，也就是到了真的要"立事要"的时候了，往往又难以拿定主意。从根本来讲，就是思不精纯，材不及事。

从另一个角度来讲，他们通常志向很小，只是想挣点小钱，而对挣钱的手段和核心又把握不准，所以总是在找机会选风口，做过很多选择，最终难有所成。在组织内部，这样的人也是不少见的，公司的决策和领导的指示就是他们的风口，他们很少独立思考，内心也没有一个确定性的精神领袖，只是按照决策和指示平庸地执行，出现问题也难以拿出有效的解决方案，到最后你也不能说他哪里错了，但是做的肯定是不够好的。

那么如何把这种人从日常的讨论或者会议当中分辨出来呢？其一，大而不精。在大家讨论一个问题的时候，他们承担的角色往往是一个意见收集呈现者，他们的思维中似乎不存在从离散的现象中抽离出本质逻辑的过程，所以收集到的观点是什么，呈现出来的还是什么，但是看起来，他们统摄了所有人的意见，是整个讨论的重要参与者，这是他们大的部分。不精的部分就是没有进行萃取与转换，他们缺乏进行归类、萃取、创造的能力，所以在这种类型的人手中形成的决议往往散乱而平庸。其二，嬗变。在会议角色不对等的场景中（如有领导参与），不论其与高地位者的观点在开始的时候有多么的不同，在讨论的结尾，他也会成为高地位者观点的绝对拥趸。因为他自己观点的产出本身就是缺乏内涵实质的，并没有什么好捍卫的，现在有了一个强势的确定性指示，自然容易拥护。但是这个时候，如果让其谈论他的理解或者具体措施的话，他的答案往往过于细碎或者过于粗疏，总之是无法把握重点。

那么浮沉之人的典型优点是什么呢？可能是"好管理"。只要你在大体的路径上与浮沉之人达成一致，基本上他不会提出太多的反对意见。但是"好管理"的背面就是浮沉之人的典型缺点了，接了一项重要的指示，满怀雄心壮志去执行，然而思考问题的能力实在太有限，最后往往无法顺利完成任务。

抛开偏情的说法，来完整地描述人之材性，其实应该有十情，浮沉之人的反面应该是圣人，浮沉之人心无定是，圣贤之人心无定式。浮沉之人是看起来定，实际上什么也不定，圣人是看起来怎么都行，实际上背后是定的。圣人的定叫作仁，以万物生生不息为准则，以通化四理为基础。

浅解之人，不能深难。**用意浅牍，思不深熟**。听辩说，则拟锷而愉悦；**性浅则易悦**。审精理，则掉转而无根。**易悦故无根**。

　　浅解之人，经不起质询。他们在听别人发表观点的时候，很容易惊叹于别人的才华而心生愉悦，但是一旦让他们去评判这些精妙的道理时，往往又说不出什么内容。

　　用一个通俗的场景来理解浅解之人通常是这样的：听着台上一个平庸的培训老师在讲课，一位浅解型的观众感到非常享受，深深地觉得台上的人太有才华了，讲得太有道理了，他的脑子里不会产生诸如讲得对不对、道理通不通、有没有用的疑问，而只是觉得对，所以当这个时候你问他，台上的人讲的东西哪里好哪里不好，他往往只会说哪里都好，仿佛是人间至理。简而言之，浅解之人就是看问题浅显，缺乏批判性思维的人。这种类型的人在工作和生活中是很常见的，他们往往特别热衷于形式上的学习，比如，参与培训、读书等，但是学习效率很低很机械，非常容易认同培训老师、书籍上的观点，从不考虑这种观点适用于什么场景，也不考虑这些观点本身的含金量有多高。所以他们在学到一点小技巧的时候就会非常开心，但是实际上进步是非常慢的。

　　在日常的会议或者讨论中，这种类型的人非常容易分辨出来。其一，追求形式正确。在讨论或者会议当中，他们很容易认同形式上合乎逻辑的道理，而无法理解本质性的道理，比如，他们可能会认为产品开发之前做市场调研是必须的，因为书上是这么说的，逻辑上也是成立的，然而事实上，市场调研不过是了解用户需求的众多方式中的一种方式而已。基于这样的理解深度，他们极容易被市场上二流的理论和课程所吸引。其二，逻辑框架生硬。浅解之人往往是知道自己的逻辑能力有欠缺的，所以他们一直在追求逻辑，会学习各种各样的范式，然而在真正运用的时候，由于其浅解的特征，又不能对所学到的范式进行灵活运用，所以他们在做独立陈述的时候，往往看起来很有逻辑，但是逻辑的严谨性和平滑度却是有问题的，给人一种生搬硬套、缺乏思考的感觉，就像小学生刚开始学习写作文，描摹的成分很重，自主思考的成分很轻。如果你加以追问，为何如此的时候，他们往往不能从更高的维度来佐证自己的结构是合理的。

那么浅解之人的典型优点是什么呢？容易认同他人。因为理解上的粗浅特性，所以他们一般不会对事物的原理进行深究，只要你的观点有看起来合理的逻辑，就很容易得到他们的认同。相应的缺点就是灵活运用能力不足，自我成长性不足。思维能力和判断能力是一个人能走多高行多远的重要乘数之一，浅解之人对事理的理解能力和运用能力普遍不足，所以他们构建自己的思维体系的能力也是不足的，通俗地讲就是学习能力不足，尽管学习动机可能很强，但是也很难突破效率低下的问题。所以一般他们的成长性是欠缺的，即使有多年的工作经验，也很难做到独当一面。

　　宽恕之人，不能速捷。**用意徐缓，思不速疾**。论仁义，则弘详
而长雅；**性恕则理雅**。趋时务，则迟缓而不及。**徐雅故迟缓**。

宽恕之人，不能快速地做出决定达成目标。他们在谈论仁义之原则的时候，往往感受颇深，有儒雅之风，但是在面对现实生活这方面，则显得迟缓，行动力不足。

宽恕之人用通俗的话来讲就是个儒生，比起刚略之人的粗大思维和抗厉之人的对抗思维，宽恕之人更在乎行事的稳妥和他人的感受，所以他们一般反应更慢、待人更宽容。比如，他们在别人觉得该着急的时候不着急，在别人觉得该生气的时候却没有发怒的迹象。总体而言，宽恕之人的神经反应系统似乎要迟钝稳定一些，总是一副悠然淡定的模样，天塌下来也不会着急。所以他们在处理现实当中的问题时，往往也会让人感觉慢人半拍，决断力和执行力不足。由于他们个性上的宽恕特征，他们通常对仁义之道的领悟力是比较好的。个人形象上通常会类似于一个老成持重的教师。

那么在实际的讨论或者会议当中，如何辨别他们呢？其一，他们不会有太高明的商业见解，如果说有一些商业想法的话，通常也是基于一些循常理论的运用。比如，要有差异化，产品品质要好等想法。然而对于如何差异化，从哪些角度提高产品品质，他们通常没有可操作的思路。所以如果你在人群

中去感觉他，你会发现他既不是出挑活络的那一个，又不是羞涩躲避的那一个，而是温和、正确、稳健的那一个，像一杯中正的温暾水。其二，在他们有反对意见的时候，他们一般不会像刚略之人和抗厉之人那般直接，而是会先温柔地肯定他人观点的合理性，再以商量委婉的方式表达自己的想法，似乎是想先安抚住对方，让对方在椅子上坐好后，再慢慢谈。所以他们通常不会跟别人起争执，也很难为自己和自己的团队争取资源和利益。

如果要从优缺点的角度来谈论宽恕之人的话，其典型的优势可能就是稳健可靠。你完全可以跟这样的人开诚布公，作为老板的你经营困难，也可以坦白地告诉他们，他们不会因为这个离你而去的，相反，他们可能会尽自己所能帮助你走出困境。但是很遗憾的是，他们除了努力工作，可能不太能产生力挽狂澜的效果，这也是他们的缺陷所在。

温柔之人，力不休强。**用意温润，志不美悦**。味道理，则顺适而和畅；**性和则理顺**。拟疑难，则濡懦而不尽。**理顺故依违**。

温柔之人，不会很强势地坚持自己。在品味别人讲的道理时总是很容易表示认同，但是在面对难题，需要精细化分析并做出决定的时候，往往会犹豫不决、游移不定。

通俗来讲，温柔之人喜欢宽松开放的人际氛围，追求个体与他人的融洽相处。所以他们更倾向站在别人的角度去理解事物，发掘他人的优点，进一步从思想层面与他人进行相融，这不是某种人际上的技巧，而是他们真的认为别人挺好的。从内在机理来讲，可能是由于他们曾经拥有的良好的依恋关系在起作用。但是这种过于追求不对抗的心态，往往让他们失去思维判断的主动性和自主性，在疑难问题上就很难进行有效的分析决策。

一般来讲，工作场景下的温柔之人有两个特点。第一，总是说别人好的一面。当你让他评价一下刚认识的某个人的话，他通常会给他人以正面评价。在组织内部，温柔之人通常会保持真诚热情的状态，对周围的同事基本上也都持正向积极的评价，这种评价远远超出了同事评价的平均水平。第二，总是需要帮助。他们在面对新的工作任务的时候，往往很难厘清头绪，需要同事或者领导帮助梳理流程步骤，但是很多时候，领导或者同事自己也没做过这种类型的工作，这常常会让领导或者同事感觉温柔之人缺乏思考力，甚至其思维是懒惰的。幸运的是，温柔之人的个性很好，人缘不错，很少会招致批评。

那么在日常的会议或者讨论中如何识别他们呢？他们在自由会议上，一般不会第一个发言，只有当大家都沉默的时候，他们反而会第一个发言，这不是他们的勇气，而是他们觉得自己有义务挽救略显尴尬的氛围。在氛围起来的时候，他们通常会以积极倾听的姿态参与其中，并且时常会对他人的意见表示认同并进行记录。当需要他们自己来发表意见的时候，他们通常会先对其他人的观点进行一番称赞，需要明确的是，这并不是一种人际技巧，而是真的觉得好。另外，他们称赞别人的点通常是在带有"逻辑性"和"创造性"方面，因为这正是他们自己所缺乏的。

从优缺点的角度来讲，他们显著的优点就是将人做好的假设，阳光和善，所以几乎任何跟他们打过交道的人都会承认温柔之人是个讨人喜欢的人，但是相应的，稍微看重才华和能力的人，则不会这样评价他们，看重才华和能力人可能在内心也会认同温柔之人是个讨人喜欢的好人，但是仍然会觉得温柔之人在能力上是平庸的，特别是力量感不足，无法独当一面。

好奇之人，横逸而求异。**用意奇特，志不同物**。造权谲，则倜傥而瑰壮；**性奇则尚丽**。案清道，则诡常而恢迂。**奇逸故恢诡**。

好奇之人，个性潇洒飘逸，喜欢标新立异，思维灵活，想出来的主意往往恢宏壮大，充满想象力，但是论说清静无为的道理的时候，则容易显得奇诡难通、不接地气。

按照现代的语义理解，好奇指的是对未知事物的兴趣，而这个地方的好奇指的是让自己不一样，两者有相同的部分也有不同的部分。好奇之人的兴奋点在于使自己跟别人不一样，浅层次的可能是在穿着上跟普通人不太一样，新潮大胆，在日常审美上偏向小众文化，在语言表达上偏向夸张有趣。从深层次上讲，好奇之人往往有着深度的自恋和恐惧，即我与他人如果是一样的，那么我的价值就没有了。所以他们在工作和生活选择上，通常不会跟别人执行一样的路线，因为一样代表着庸常和无趣。

那么我们如何在讨论中把这样的人区别开来呢？首先，从姿态和语言上你会发现，好奇之人是一个活跃且自信的会议参与者，他们喜欢说话，且说话的方式通常是快乐且有趣的，在讨论刚开始的时候，他可能还能注意到自己说的某些东西不切实际，让大家笑笑就好，但是在讨论进入中期的时候，好奇之人通常会进入兴奋状态，开始脱离实际，会将话题越谈越大，畅想越来越美好，仿佛已经进入了自己的梦境。与好奇之人一起讨论问题，最大的弊端就在于往往讨论很热闹，大家很开心，但是最后拿不到切实可行的成果；最大的好处就在于，好奇之人极有可能会提出对周围的人有启发的想法，尽管这些想法并不遵循于某种创新逻辑，属于直觉迸发而来，但是很多时候真的是有用的。

从优缺点的角度来讲，好奇之人的典型优点就是用意奇特，他们往往能够给人以启发，从而打开新世界的大门，正因为这样的独特和有趣，所以他们所说的东西往往是少有人实践过的，甚至是幼稚的，如果按照他们的想法来实践，其风险往往也是巨大的。脱离实际、违背常理可能就是好奇之人的典型劣势。需要特别注意的是，好奇之人的这些特质很可能被误认为是创造力的基础，其实不然，真正的创造力是必须建立在现实基础上的，是对现实的全然把握之后，依现实之性探索出的有理有据的改造现实之路，其中有一条务实的主线贯穿其中。而贯穿好奇之人的是跳跃离散的点，所以好奇之人应该被归属于创意的，而非创造力的。

此所谓性有九偏，各从其心之所可以为理。**心之所可以为理，是非相蔽，终无休已。**

以上就是我们所说的九种偏性①，各种偏性的人都从自己相对狭窄的视角来看待事物，辨明道理，且都坚信自己看到的是对的。

从九偏的角度来讲，每个人都是井底之蛙，只能看到自己所能看到的那片天。这并不是一个对和错的问题，而是一个偏和全的问题。偏是受自己的个性所限制的，这种偏可能会让你自己都无法觉知，所以在人文教育领域留下了许多的谶言和警句，仔细回味，你会发现绝大部分的谶言警句就是在帮助人们纠偏，然而实际情况是纠偏偏不去，要全全不来，就如同那句网络流行语"听过许多的道理仍然过不好这一生"。那么根本问题在哪里呢？在"我"。"我"是什么？"我"是被各种个性化的价值、观念、追求、偏好、厌恶所定义的，这个定义是偏的，是限制的，需要破除，然而没有这个定义，"我"也就没有了，这看起来是一个悖论，但是中国哲学告诉我们，在"偏我"之外是有一个"全我"的，勇敢地破掉这个"偏"，"全"自然就有了，"破偏"的过程就是"成全"，"成全"的能力是人人本来就具有的。

九偏之情看似凌乱，但是稍加总结就会发现其是有逻辑可循的，具体如下表所示。

九偏关系梳理表

九偏	详解	附加解释	擅长的理
刚略之人，不能理微	论大体则弘博而高远，历纤理则宕往而疏越	立意高远，忽视细节	偏向事理
抗厉之人，不能回挠	论法直则括处而公正，说变通则否戾而不入	正义固执，难以变通	
坚劲之人，好攻其事实	指机理则颖灼而彻尽，涉大道则径露而单持	在乎实际，人文不足	偏向道理
辩给之人，辞烦而意锐	推人事则精识而穷理，即大义则恢愕而不周	见解精深，不顾大局	

---

① 很多学者的译本当中认为此处应该是"情有九偏"而不是"性有九偏"，理由是本段的第一句有"九偏之情"的说法，笔者认为"性有九偏"无误，九偏之说讲的就是根本性问题，是依四理进而对照圣人之平淡而说的，故说性是正确的。

九偏	详解	附加解释	擅长的理
浮沉之人，不能沉思	序疏数则豁达而傲博，立事要则熛炎而不定	虚张声势，外强中干	—
浅解之人，不能深难	听辩说则拟锷而愉悦，审精理则掉转而无根	有好学心，无精深智	偏向义理
宽恕之人，不能速捷	论仁义则弘详而长雅，趋时务则迟缓而不及	中规中矩，锐气不足	
温柔之人，力不休强	味道理则顺适而和畅，拟疑难则濡愞而不尽	和顺继承，惰于创造	偏向情理
好奇之人，横逸而求异	造权谲则倜傥而瑰壮，案清道则诡常而恢迂	创意不断，落地堪忧	

从真实的职场角度来讲，显然前4种类型的人是比较具有开拓性的，容易取得事业上的成功；后4种类型是比较温婉的，容易形成良好的人际关系；中间的第5种是刚好夹在中间但是又不够纯粹的。

三、思维能力评估中的七种混淆

若乃性不精畅，则流有七似。

如果其性不够通达纯粹，那么就会有7种似是而非的情况。

什么叫不通达纯粹呢？比如，有的人看起来是个温柔之人，力不休强，但是他的本质不是助人为乐、成人之美，而是利用你对他的认同、信任甚至亏欠感来控制你。又如，有的人用意麄粗，弘博高远，看起来是个刚略之人，应该有进猛之力，然而其本质非常怯懦，在大事面前反而会犹豫不决，濡弱难定。这7种似是而非不纯粹的情况如下所述。

有漫谈陈说，似有流行者。**浮漫流雅，似若可行。**
有理少多端，似若博意者。**辞繁喻博，似若弘广。**

有回说^①合意，似若赞解者。**外佯称善，内实不知。**

有处后持长，从众所安，似能听断者。**实自无知如不言，观察众谈，赞其所安。**

有避难不应，似若有余，而实不知者。**实不能知，忘佯不应，似有所知而不答者。**

有慕通口解，似悦而不怿者。**闻言即说，有似于解者，心中漫漫不能悟。**

有因胜情失，穷而称妙，**辞已穷矣，自以为妙而未尽。**跌则掎蹠，**理已跌矣，而强牵据。**实求两解，似理不可屈者。**辞穷理屈，心乐两解，而言犹不止，听者谓之未屈。**

凡此七似，众人之所惑也。**非明镜焉能鉴之。**

第一种，冗长地陈述观点和想法，看起来道理是通的，其实所说的内容非常浅显且无法落地。很多不务实的管理者其实就是这样，说起道理来一大堆，其实没什么切实的内容，一切为了说而说，更有深谙其中奥妙者，认为在群体中，为了保持曝光度，你必须得多说话，因为你多说了，别人就少说了，你脱颖而出的概率就高。

第二种，说的话当中其实干货不多，但是从很多不同的角度去讲，也就是我们通常所讲的囫囵话，一个意思可以正着讲反着讲，一会儿从大处讲，一会儿从小处讲，看起来是旁征博引，论述全面，实则虚浮无用。比如，有些善用排比句的作者，其所要表达的意思并没有递进关系也没有强化关系，纯粹是堆砌。

第三种，在别人讲话的时候，频频点头，认为对方说得对说得好，看起来像是懂得了对方说话的意思，其实内在根本就不懂。这是一种被动的自我美化。还有一种主动的自我美化方式，就是将一些凸显自我的"高级词汇"放进自己的表达当中，让人看起来以为他已经懂得了相应的知识道理。比如，

---

① 隐晦曲折的话。何景明《蒙正会稿序》："明正通达，不为回说隐语。"

我们时常批判的言必称希腊的行为，将个别的哲学家的名言或者论断放进自己的论述当中，并附上夸张的溢美之词，让人误以为他对哲学有很深的见解，其实可能只是略懂皮毛而已。

第四种，在讨论问题的时候，开始一言不发，听他人谈论，直到最后对大家所形成的一致意见表示认可和赞同，这种人看起来一副不争不抢、兼听则明的行事风范，实则内心空洞，什么都不懂。这一现象在诸如无领导小组讨论这类群体性的测评活动中体现比较明显，有些学习过相关技巧或者接受过相关指导的考生会使用该策略，总是在串场，几乎没有什么实质性的贡献，很多新手考官很容易被蒙蔽，认为其有领导风范，其实这种人的思维能力非常差，在担任真正的领导之后，不过是个职场混子罢了。

第五种，对于别人的质询避而不答，或者说话说半句，或者留下意味深长的笑容，看起来高深莫测，其实质上是无法回答这个问题而故作高深。很多的江湖骗子欺骗控制淳朴的仰慕者常用此招，需要特别谨慎对待。

第六种，表面上不断对别人的述说点头称是，似有羡慕激动之貌，嘴里还不断地说着"你说得太好了，太精彩了，我终于搞明白了"，看起来很开心，实质上没听懂。这种人在公司会议中很常见，特别是领导讲话的时候，这种类型的人总是会附和领导，对领导的讲话精神一副心领神会的样子，实际上根本没有领会到核心，当让他发表意见或者进行解读的时候，很容易就能听出来，其解说内容与领导所要表达的意见根本不在一个层次，甚至是谬以千里的。

第七种，因为自己的偏情，本来就错了，被人揪住了，但是绝不认错，反而强调自己是有理的，是对的，仍然牵强地寻找别的论据，以求自圆其说，实际上是为了从另外一个角度寻求一个合理的解释，以掩盖自己本来的错误。让听的人误以为其内容似乎真的是有其正确性的。比如，小孩子因为贪玩耽误了写作业，被批评了，这是非常明显的错误，老实承认即可，但是有的小朋友会振振有词地说他不是贪玩，他是在锻炼身体，只有拥有好的身体才能好好学习。这种做法按照现代的说法就是：歪理邪说，死鸭子嘴硬。

这七种似是而非情况，常常会误导人们对人才类型的判断。不是绝顶聪明的人是无法体察到的。

如果将七似进行总结，应该是以下七个字：浅、少、虚、假、玄、空、诡。以上基本概括了在一般才能判断场景下，容易引起混淆的情况，具体图示如下。

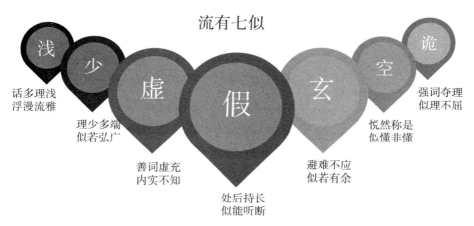

才能识别中的七似情况图

流有七似

浅　话多理浅　浮漫流雅

少　理少多端　似若弘广

虚　善词虚充　内实不知

假　处后持长　似能听断

玄　避难不应　似若有余

空　怳然称是　似懂非懂

诡　强词夺理　似理不屈

四、语言表达之三失

夫辩有理胜，**理至不可动**。有辞胜。**辞巧不可屈**。理胜者，正白黑以广论，释微妙而通之。**说事分明，有如粉黛，朗然区别，辞不溃杂**。辞胜者，破正理以求异，求异则正失矣。**以白马非马，一朝而服千人，及其至关禁锢，直而后过也**。

在辩说论理的时候，有以道理正确而取胜的，也有以措辞精巧而取胜的。在道理上是正确的人，能够有效地分清是非黑白并推而广之，也能够清楚地解释微小奥妙的事情。而以言辞取胜之人，则不管其论点是不是正确的，一心想寻求新的论据和角度以驳倒对方，这就导致了辞胜求异者虽然最后看起来是赢了，但是是不合正理的。（注：辞胜者指的是逻辑的胜利者，理胜者指的是真理的胜利者。)

> 夫九偏之材，有同，有反，有杂。同则相解，**譬水流于水**。反则相非，**犹火灭于水**。杂则相恢。**亦不必同，又不必异，所以恢达**。故善接论者，度所长而论之，**因其所能，则其言易晓**。历之不动，则不说也。**意在杓马，彼俟他日**。傍无听达，则不难也。**凡相难讲，为达者听**。不善接论者，说之以杂反。**彼意在狗，而说以马；彼意大同，而说以小异**。说之以杂反，则不入矣。**以方入圆，理终不可**。

九偏之材，其能识之理有的相同，有的相反，有的不同也不反（杂）。相同的人更容易相互理解认同，相反的人就更容易认为对方是错的，相杂的人之间就同反相杂，说不清楚了。所以，善于沟通的人，往往会先揣度一下对方擅长认识什么样的理（道、事、义、情），然后顺其所识之理去沟通；如果说了很多，人家仍然没有什么特别的反应，则可能是理不同或者有什么其他缘由，这个时候就无需继续说下去了。另外，如果没有高能之士从旁判别裁决，善于沟通者往往就会尽量不去跟别人争论，因为争也争不出个所以然来。而不善沟通的人，总是跟与自己理念不一致的人讲很多东西，试图改变人家的想法，理念不一致，你说得再多别人也是听不进去的。

历史上比较有名的例子就是商鞅向秦孝公推荐自己的治理理论，先后四次分别向秦孝公推荐了帝道、王道、霸道、强国之道，前两个治理方略都不合秦孝公的胃口，第三个也较为勉强，按道理前三个是最好的治理方略，那为什么秦孝公不喜欢呢？方略与秦孝公的性格不合，即所谓的理正性不合，所以没有被采用。而更务实更激进的强国之道刚好符合了秦孝公的性格，所以秦孝公在与商鞅讨论强国之道的时候，有此言论："……不自知膝之前于席也，语数日不厌。"据此，我们也可以反推秦孝公应该是一个坚劲之人。

再举一个浅显的例子，一个人只对刺激的体验性活动感兴趣，另一个人只对深邃的理论性研究感兴趣，前者兴高采烈地讲述自己在游乐场体验到的惊险刺激，在后者看来就是肤浅，后者侃侃而谈自己研究的各种理论的精妙深邃，在前者看来就是无趣。这就是"说之以杂反"最后被拒绝和否定的典型后果。

> 善喻者，以一言明数事。**辞附于理，则言寡而事明**。不善喻者，百言不明一意。**辞远乎理，虽泛滥多言，已不自明，况他人乎！**百言不明一意，则不听也。**自意不明，谁听之**。是说之三失也。

善于使用比喻的人，一句话就能说明白好几件事情；不善于使用比喻的人，说一大堆还不能让人明白一件事情。如果啰啰嗦嗦说不明白要表达的主旨意思，那么人家也就不愿意听了。这就是语言表达的三种错误方式。

这个地方总结一下，说之三失。

第一失应是前文的"辞胜者，破正理以求异，求异则正失矣"。即说话要在理，运用很多机巧看起来说赢了，不过是诡辩而已，注文当中白马非马的例子非常贴切。

第二失应是前文的"不善接论者，说之以杂反"。意思是讲，说话要看对象，看对象的什么？看对象是否同频，比如，你跟老农不应该谈之乎者也，而应该谈他们能听得懂的瓜果蔬菜。

第三失应是此处的"不善喻者，百言不明一意"。即说话的方式要简洁凝练，善于使用比喻等修辞方式让对方明白你所要表达的意思。

总体来讲，对三失的批判非常符合中国人的基本处事原则，即第一要守正，第二要因地制宜，第三要有技巧。说话如此，做事亦如此。

五、沟通中的六种私怨

> 善难者务释事本，**每得理而止住**。不善难者舍本而理末。**逐其言而接之**。舍本而理末，则辞构矣。**不寻其本理，而以烦辞相文**。
> 善攻强者，下其盛锐。**对家强梁，始气必盛，故善攻强者，避其初鼓也**。扶其本指，以渐攻之。**三鼓气胜，衰则攻易**。不善攻强者，

引其误辞，以挫其锐意。**强者意锐，辞或暂误，击误挫锐，理之难也。**
挫其锐意，则气构矣。**非徒群言交错，遂至动其声色。**

　　善蹑失者，指其所跌。**彼有跌失，暂指不逼。**不善蹑失者，因
屈而抵其性。**陵其屈跌而抵挫之。**因屈而抵其性，则怨构矣。**非徒
声色而已，怨恨逆结于心。**

　　或常所思求，久乃得之；仓卒谕人，人不速知，则以为难谕。
己自久思，而不恕人。以为难谕，则忿构矣。**非徒怨恨，遂生忿争。**

　　好的论理者，其关注点在于分析辨明事情本来的道理；而不好的论理者，
往往舍本逐末，为了赢得争论的胜利，抠细节掰歪理，在无关根本的地方用
力过多。这种舍本而理末的做法就是六构之首——"辞构"。

　　善于驳斥来势劲猛之敌的人，往往会先避开或者认同对方的凌厉之语，
从所讨论主题之根本入手，然后逐步地析理以攻之；而不善于驳斥强势对手
的人，往往会抓着对方说话的时候的小错误不放手，想以这种方式来挫其锐
气。这种据小误而挫盛锐的做法往往会导致六构之二——"气构"。

　　善于纠正对方言谈中错误的人，实事求是，会善意地指出对方的失误，
但是不会步步紧逼；不善于纠正对方错误的人，往往死死抓住对方的错误，
并将其上升到对方的品行高度。这种因为对方犯了错而揪住不放，甚至上升
到品行高度的做法往往导致六构之三——"怨构"。

　　有些人喜欢思考问题，用很长时间终于想通了一个绝妙的答案或者创意，
兴高采烈地急着去告诉别人，人家一时很难理解，甚至表示反对，这个时候
想出创意的人则会愤愤不平，认为对方是不可理喻的。这种情况往往会导致
六构之四——"忿构"。

　　夫盛难之时，其误难迫。**气盛辞误，且当避之。**故善难者，征
之使还。**气折意还，自相应接。**不善难者，凌而激之。虽欲顾藉，
其势无由。**弃误顾藉，不听其言。**其势无由，则妄构矣。**妄言非訾，
纵横恣口。**

146

凡人心有所思，则耳且不能听。**思心一至，不闻雷霆**。是故并思俱说，竞相制止，欲人之听己。**止他人之言，欲使听己**。人亦以其方思之故，不了己意，则以为不解。**非不解也，当己出言，由彼方思，故人不解**。人情莫不讳不解，**谓其不解，则性讳怒**。讳不解，则怒构矣。**不顾道理是非，于其凶怒恣肆**。

凡此六构，变之所由兴也。然虽有变构，犹有所得。**造事立义，当须理定**。故虽有变说小故，终于理定功立。若说而不难，各陈所见，则莫知所由矣。**人人竞说，若不难质，则不知何者可用也**。

当沟通交流变成了争论争吵的时候，人很容易陷入执拗之中，而说出过激的话，你是很难迫使他承认自己的错误的。所以善于论理的人，不会跟对方斗气，而是通过摆事实讲道理的方法让对方平静下来，接受自己，承认错误；而不善于论理的人，则会感到受到了冒犯，进而开始口无遮拦，肆意指责对方，这个时候即使对方已经意识到问题了，想回头了，但是骑虎难下，只能继续争下去。这种肆意妄言激化矛盾的做法往往导致六构之五——"妄构"。

当人在专注思考的时候，耳朵是很难接收信息的，所以当人们在讨论问题的时候，如果双方都处于一边思考一边陈述的状态时，就总是会出现想要打断对方，让对方听自己说的情况。另外，在己方陈述的时候，由于自己刚才在思考，对方也会发现你刚才没有听他讲，而人们通常都会比较忌讳别人忽视自己。这种因为思考而忽视了对方的意见的情况往往导致六构之末——"怒构"。

这六种情况，通常会使沟通讨论无法顺利进行下去。虽然沟通讨论可能会导致种种问题，但总的来说还是有所得的；如果每个人都各说各话，不相互争论质询，那么就搞不清楚谁是对的了。

以图示来总结六构，如下图所示。

人际沟通中的六构图

由此论之，谈而定理者眇矣。**理多端，人情异，故发言盈庭，莫肯执其咎。**

由此说来，通过讨论来明确道理、确定原则的机会是非常渺茫的。

也就是说大家一起讨论得到共同结论的希望是渺茫的。点题"及其论难，鲜能定之"，为什么呢？困难很多。理多端人情诡，其中详细讲到了四理、九偏、七似、三失、六构，这些都是把理论清楚的障碍。联系到我们日常开会做决策的场景，通常人越多，争吵就越多，达成统一意见的概率就越小，所以中国人很聪明，涉及多人参与的会议，一般会先开小会达到意见的基本统一，再开大会做最后决策，由此显著提高了会议的效率。

六、思维能力的八个层次

必也聪能听序，**登高能赋**[①]，**求物能名**[②]，如颜回听哭[③]，苍舒

---

① 春秋时期，各诸侯国常常会登高结盟，结盟之时主要使臣必作诗以言志。

② 见物能名，见识广博之意。

③ 据《说苑·辨物》记载，颜回有听音辨情之能。

量象①。思能造端，**子展谋侵晋，乃得诸侯之盟**②。明能见机，**臾骈睹目动，即知秦师退**③。辞能辩意，**伊藉答吴王：一拜一起，未足为劳**④。捷能摄失，**郭淮答魏帝曰：自知必免防风之诛**⑤。守能待攻，**墨子谓楚人：吾弟子已学之于宋**⑥。攻能夺守，**毛遂进曰：今日从，为楚不为赵也。楚王从而谢之**⑦。夺能易予。**以子之矛，易子之盾，则物主辞穷**⑧。兼此八者，然后乃能通于天下之理。通于天下之理，则能通人⑨矣。

（要想高效率地论清楚理）必须：其一，才学涵养要够，要有文化有见识，能听懂会表达；其二，分析能力要够，能把握事物之间复杂的关系，找到解

---

① 苍舒指曹冲，苍舒量象即曹冲称象之典故。

② 李崇智《人物志校笺》："子展，春秋郑国大夫。"按《史记》所记，侵晋之晋疑为宋字之误。编者按：基本意思是子产很擅长推演情势发生变化的进程，在晋国、楚国等强国环伺中，闪展腾挪，以伐宋之谋，引得诸侯与郑国结盟，维护了郑国的安全。

③ 据《左传》，秦晋两国战于河曲，胜负难分。一天晚上，秦国使者告诉晋军统帅说白天还没尽兴，明天再战。晋国大夫臾骈发现秦国使者目光闪烁，语气语调不太对劲，于是判断秦军害怕了，想跑。可惜晋军没有接纳臾骈的建议，第二天发现，秦军果然连夜逃跑了。

④ 据《三国志》，蜀国大夫伊籍出使吴国，被孙权刁难，刚刚行过拜礼，孙权就说："你侍奉着没有道德的国君是不是很辛苦啊？"伊籍答道："我只是一拜一起，算不上辛苦。"

⑤ 据《三国志》，在庆贺曹丕登帝位的宴席上，郭淮因为在赶来的路上生病所以迟到了，曹丕就很生气地责备郭淮说："当年大禹会诸侯于涂山，防风氏迟到了，大禹就杀了他，今天你最后才来，你说说怎么惩罚你吧。"郭淮说："我听说五帝以仁德治理天下，到了夏禹仁德不济才使用刑罚，我今天生活在这盛世之中，应该可以免于防风氏之诛。"

⑥ 学之于宋应为待之于宋。据《墨子·公输篇》，公输盘帮助楚国造攻城云梯，准备攻打宋国，墨子去找公输盘，与他演练对付各种机关器械，最后公输盘的手段用尽也不能胜过墨子，说："我知道到时候怎么对付你了，但是我不说。"墨子说："我知道你到时候会怎么对付我，我也不说。"楚王就问为什么，墨子："公输盘无非是想杀我，以为杀了我就可以顺利攻下宋国，殊不知，我的弟子三百人已经带着我的守城之器在宋国等着了。"最后楚王不得不放弃攻打宋国的打算。

⑦ 毛遂，平原君门下食客。据《史记·平原君列传》，秦军攻打赵国，赵国危矣。平原君携毛遂出使楚国以谋合纵救赵，多日谈判未决，毛遂于是提剑入厅，一方面武力恫吓楚王，一方面又仔细分析政治形势，迫使楚王答应合纵抗秦。

⑧ 据《韩非子·难一》，楚人卖盾和矛，说其盾坚硬无比，没有什么能刺穿，说其矛尖锐异常，没有什么不能刺穿。有人反问，以你的矛刺向你的盾会怎么样呢？楚人词穷矣。

⑨ 博览古今可为人师者谓之通人。

决问题的突破口；其三，要有很好的观察力，要善于察言观色，窥一斑而知全豹；其四，善于使用言辞合理体面地表达自己的立场；其五，要有敏捷的反应能力，能够及时地补救失误；其六，要有很好的抗压能力，能够沉着应对各种进攻；其七，要会文武并用，迫人就范；其八，要有技巧，善用四两拨千斤的技法，以彼之矛攻彼之盾。如果这八项能力都能兼具，然后就能通晓天下的理了，通晓天下的理，那么就能当别人的老师，教导别人知识道理了。

不能兼有八美，适有一能，**所谓偏材之人**。则所达者偏，而所有异目矣。**各以所通，而立其名**。

是故聪能听序，谓之名物[①]之材；

思能造端，谓之构架[②]之材；

明能见机，谓之达识[③]之材；

辞能辩意，谓之赡给[④]之材；

捷能摄失，谓之权捷[⑤]之材；

守能待攻，谓之持论[⑥]之材；

攻能夺守，谓之推彻[⑦]之材；

夺能易予，谓之贸说[⑧]之材。

不能八种能力兼具的，而只有其中一种能力，那么其所知道的道理难免偏狭，命名也只能按照他所精通的某一项来各自命名了。

---

① 名通明。据李崇智《人物志校笺》证，名物为明辨事物之意。

② 构造之意，引申为分析创造之意。

③ 通达事理。

④ 赡，周全；给，足够。赡给为能言善辩之意。

⑤ 应对灵活，反应敏捷之意。

⑥ 立论，指能将自己的观点论述清楚之意。

⑦ 推，推倒，除去；彻，剥离。推彻指推翻他人观点的意思。

⑧ 贸通牟，谋取之意。说乃游说之意。

因此，聪能听序，有足够的认知能力和足够的见识，能够听懂人家说话的内容，也能准确表达自己的意思，叫作名物之材。用现代的说法来讲，基本上接受过高等教育的人，能写文章的人，都可以称为名物之材。

思能造端，其足够的思维能力，能够把握全局，找到解决问题的突破口，让别人能够按照自己的思路去说去想，这是构架之材。现代的说法就是说话的切入点，比较极端的应用就是商业销售话术，比如，商店营业员在你挑选商品的时候不问你要不要，而是问你两个你选哪个，直接跳过要不要的问题，这就是造端，提的问题就将你引入对方的逻辑。

明能见机，有足够的智慧（明）从繁杂的现象中发现情势变化的端倪，从而能够准确地把握住机会，这种就称为达识之材。现代的说法就是有一叶知秋的能力，所谓一叶知秋是建立在长期的经验积累和思考基础之上的，首先得出了叶和秋之间的规律性总结，然后才能在一叶飘零之时准确判断凉秋将至。

辞能辨意，有足够的知识、经验和反应能力，使自己说出来的话准确得体地表达自己的立场和观点，又能保住礼节上的合宜，这种叫作赡给之材。现代人际场合的高手就是这种类型。

捷能摄失，有足够的抗压能力和变通能力，在自己明显不占理或者处于劣势的时候也能灵活应对，做出快速合宜的应对，这种人称为权捷之材。用现代的说法，所谓权捷之材的核心能力应该是快速升维或者降维，一些矛盾的局面在现有的状况下是无法圆满解决的，只能从另一个层次来寻找解决方案。比如，妻子埋怨丈夫不能挣钱，丈夫反而说自己运气好，运气好在没钱还能娶如此贤惠的妻子。这就是捷能摄失的一个代表事例。

守能待攻，考虑完备，所立论之观点能够经受住任何的试探和质询，这种类型的就称为持论之材。这种能力需要对事情有预判的能力和完备的推演能力，进行引申的话，这种能力在制定规章制度的时候非常有用，能堵住所有的口子，制订出完备的方案，所以有持论能力的人通常可以当领导。比如，一个创业公司需要去寻找投资人，会拿一个商业计划书，如果这个商业计划书讲完，投资人没办法提问了，所有的路径都已经被考虑到了，就直接投了，那么这种通常被视为一种持论之材的代表。

攻能夺守，善于使用各种可能的资源和方法，来说服别人，这就是推徹之材。要做到这一步并不那么容易，要做到文有卓识，武有胆略，绝大部分人都是要么知道的不说，要么说得不妥帖。比如，投资界经常使用的手段，一个好项目，资本想介入，但是对方不需要那么多资本，通常的手段是："如果你不要，我就投你的对手。"

夺能易予，即在攻夺的过程中能以彼之矛攻彼之盾，将人家的论点、论据为我所用，这种叫作贸说之材。贸说之材的进攻方式已经不是自己拿新的东西来进攻，而是利用敌人已有的东西来进攻。细细咀嚼，发现这是一种更加高超的看待竞争格局的视野，将物与人、理与人进行了分离，即此物此理可为你所用，亦可为我所用。在实践上，《游击队之歌》当中唱到的"没有枪没有炮，敌人给我们造"就非常生动地体现了这一思想。

如果进行总结性归纳的话，这八材应该是一个逻辑递进的关系，具体如下表所示：

八能体系梳理表

八能	现代概念	能力支撑	简要说明	境界水平
聪能听序	抽象思维	基础智力	偏向智力，听说读写等能力	
思能造端	多元分析	解决问题	偏向分析，找到突破口的能力	入门境界
明能见机	经验迁移	凝练运用	偏向智慧，有经验总结和运用能力	
辞能辩意	快速反应	反应速度	偏向迅捷，有机敏应对，合宜表达的能力	权变境界
捷能摄失	立体思维	升维降维	偏向权变，有冷静通过升、降维以应变的能力	
守能待攻	严密论证	逻辑论证	偏向严密，有捍卫观点，平息质疑的能力	专家境界

续表

八能	现代概念	能力支撑	简要说明	境界水平
攻能夺守	创新创造	嫁接创造	偏向格局，有以包容对方架构力挽狂澜的能力	
夺能易予	系统思考	超越线性	偏向哲理，有以超越攻守关系把控全局的能力	真理境界

智力是基础，要有基本的听说读写的能力，也就是脱离具象化思维，进入抽象思维阶段。在进入抽象思维阶段后，要能处理多元问题，分析多要素的关系，找到解决问题的突破口。当多次经历这种问题并解决之后，将其凝练成经验总结，运用于其他的场景，也就是经验的迁移，经验迁移是对反应质量的衡量，在此基础上还需要对反应速度衡量，需要反应的机敏度。到了捷能摄失的程度就是将反应的质量和速度进行了完美的结合，在完美结合之后，仍然需要能预见到他人的反应，以提前做好相应的准备。以上全部都是在被动应对，接下来就到了攻能夺守的时刻，要想夺取成功，必须将旧有的体系容纳在自己的思维体系中，从而达到攻必克的效果。以上似乎都是基于一个目标，用线性的方式进行谋划，而最后一个系统思考超越了线性，是系统性的、发展性的，充分考虑了事物之间的复杂关系，是真正的阳谋。

通材之人，既兼此八材，行之以道。与通人言，则同解而心喻；**同即相是，是以心相喻**。与众人之言，则察色而顺性。**下有盛色，避其所短**。虽明包众理，不以尚人。**恒怀谦下，故处物上**。聪睿资给，不以先人。**常怀退后，故在物上**。善言出己，理足则止。**通理则止，不务烦辞**。鄙误在人，过而不迫。**见人过跌，辄当历避**。写①人之所怀，扶人之所能。**扶赞人之所能，则人人自任矣**。不以事类犯人之所姻，**胡故反**。与盲人言，不讳眇瞎之类。不以言例及己之所长。**己有武力，不与虓虎②之伦**。说直说变，无所畏恶。**通材平释，信而后谏，**

---

① 段玉裁注：凡倾吐曰写。

② 哮虎之意。

虽触龙鳞，物无害者。采虫声之善音，不以声丑弃其善曲。赞愚人之偶得。不以人愚废其嘉言。夺与有宜，去就不留。

方其盛气，折谢不吝。不避锐跌，不惜屈挠。方其胜难，胜而不矜。理自胜耳，何所矜也。心平志谕，无适^①无莫^②，付是非于道理，不贪胜以求名。期于得道而已矣。是可与论经世而理物也。旷然无怀，委之至当，是以世务自经，万物自理。

通才之人兼有这八种才干，并且能按照天道去行事。与同样是通才的人讨论问题的时候，总能够得到一致的令人心情愉悦的结论，而与一般的人讨论问题，则会察言观色，并尽量顺着对方的心意去表达。通才虽然对一切道理都了然于胸，但是从不因此而盛气凌人；虽然聪明睿智，但是从不因此而好为人师；在该他们讲话的时候，他们往往是点到即止，绝不啰唆；在发现别人有过错的时候，他们也不会紧追不舍，而是宽容理解。他们总是选择让别人畅快地倾诉，真心实意地鼓励称赞别人的长处，而从不去谈论人家所忌讳的东西，更不会在言语间炫耀自己的长处。他们讨论任何问题，你不会感觉到他们特别害怕避讳什么，也不会感觉到他特别嫌恶讨厌什么，淡然潇洒。即使是听到毫不优雅的虫豸之声，他们也能发现其中的美感，看到愚笨之人偶然的正确行为他们也会欣然以赞。进退有度，去者不留。

在自己势头正盛却被打击的时候，他们不怕尊严受损，而勇于接受失败；在自己获胜的时候，也不会居功自傲，而将胜利归功于道理本身的胜利；他们总能保持心气的平和以及志向的清晰，时刻将关注点放在道理本身，所以并不刻意反对打压什么，也不刻意贪恋寻求什么，只是希望能够找到真正的大道至理，这样的人，才是可以与之谈经论道、指点江山的人。

通才者作为才能评估的最高典范，包含两个层面的意思。

第一，通才者对他人是有用的。通才者的人性地图丰富全面。在人性的全幅地图上，通才是了然的，当对话者是人性地图的某一块时，就采用那一

---

① 本字为"適"，顺从，归从，无适指保持独立性的意思。

② 莫指贪慕的意思。

块能够听得懂的"方言"来沟通交流，而不会与夏虫语于冰。需要特别明确的是，这看起来是所谓的情商，然而我们俗语所讲的情商不过是顺应对方的意志和秉性，附和而已，对对方有着怎样的生命之痛是缺乏一种带有温情的理解与同情，而更多的是利益上的博弈。判别一个人是真通才还是伪通才其实并不难，真通才能够在顺应对方语言层次的基础上，以对方能够接受的建设性方式来影响和引导对方，使对方有一种豁然开朗的愉悦感，而伪通才往往只能顺着对方的意思和情志将本来就是由偏性而来的偏情推向高潮，却无法扩展对方的人性地图，延展对方的生命广度。

第二，通才者对自己是无用的。真正的通才追求的是至理，是朝闻道夕死可矣的纯粹，而不是"我"之荣耀。所以他们往往并不会在乎所谓的名誉和道德评价，不刻意排斥什么，也不刻意讨好谁，但是这并不表示他就是个只知追求真理的人，说而无用的直他们不要，迂回有用的曲他们很乐意拥有，一切以有用为前提，这个有用就是有益于事物的发展，带有明确的建设性。

材能第五

材能大小，其准不同。量力而授，所任乃济

【导读】从性情到明理，从明理到成材，从成材到任能，这整套逻辑是环环相扣的，是由里及表的，代表了中国古代人才学的基本理论架构。本章具体描述各种不同的材在执政上的特点，主要回答三个问题，其一，不同的材他们的能力有什么不一样。其二，基于这个不一样的能力，他们适合担任什么样的官职。其三，如果单独做一方诸侯国国君（独立领导一份事业）会有什么样的问题。

或曰：人材有能大而不能小，犹函牛之鼎不可以烹鸡。愚以为此非名也。**夫人材犹器，大小异。或者以大鼎不能烹鸡，喻大材不能治小，失其名也**。夫能之为言已定之称①，**先有定质，而后能名生焉**。岂有能大而不能小乎！凡所谓能大而不能小，其语出于性有宽急。**宽者弘裕，急者急切**。性有宽急，故宜有大小。**宽弘宜治大，急切宜治小**。宽弘之人，宜为郡国，使下得施其功，而总成其事。**急切则烦碎，事不成**。急小之人，宜理百里，使事办于己。**弘裕则网漏，庶事荒矣**。然则郡之与县，异体之大小者也。**明能治大郡，则能治小郡；能治大县，亦能治小县**。以实理宽急论辨之，则当言大小异宜，不当言能大不能小也。**若能大而不能小，仲尼岂不为季氏臣**。若夫鸡之与牛，亦异体之小大也。**鼎能烹牛，亦能烹鸡；铫**

---

① 名家将一个概念的具体所指叫做"所定"或者"已定"，把它的泛指叫做"不定"或者"非定"。所谓已定之能即是具体的能力。比如，初中生的数学能力肯定是大于小学生的数学能力的，又如，能举起50千克定然能举起25千克，这之中是有绝对大小的。

能烹鸡，亦能烹犊。故鼎亦宜有大小，若以烹犊，则岂不能烹鸡乎！
但有宜与不宜，岂有能与不能。故能治大郡，则亦能治小郡矣。推
此论之，人材各有所宜，非独大小之谓也。**文者理百官，武者治军旅**。

有人说，有些人才是能做大事但是做不了小事的，就像用来煮牛的鼎不
能用来煮鸡；我个人认为这种观点是不对的。所谓"能力"是对具体事务具
体行为而言的，怎么会有能做大事反而不能做小事的情况呢？其实，能做大
事而不能做小事这种说法的本意是指人的性格有宽缓和急切之分，所以其适
宜治理的地方有大小之分。比如，性格宽宏的人，更适合管理郡国，让下面
的人充分发挥自己的才干，而自己只要统领就可以了；而性格急切的人，更
适合管理百里之地（喻小地方），自己动手办事。郡和县客观上是有大小之分
的，从治理的对象和性情的宽急来分的话，可以说适合治大不适合治小，或
者说适合治小不适合治大，而不应该说能做大事的人不能做小事。如果仍然
以鸡和牛的例子作对比的话，鸡和牛是有大小差异的，其适合的鼎也分大小；
但是烹制牛用的鼎，难道不能用来煮鸡吗？所以说能治理大地方的人，也应
该能治理小的地方。由此推而论之，人才各有所适宜做的事情，而不是仅仅
以能力大小来论。

附加阅读：总结讨论

能力到底指的是什么？

能力是指在同一维度范围内，用来描述力量和智慧大小的概念，是有高
低之分的。比如，专业技术类工作，高级的财务或研发人员都可以做初级的
财务或者研发工作，但是初级的就做不了高级的工作。又如，能管理好一家
大公司的职业经理人，自然也能管理好一家小公司。但是如果小公司所面对
的管理情境与大公司面对的管理情境非常不同时，就极有可能大老板也管不
好小公司，原因是什么呢？是所需要的能力不同了，大公司可能要的是制度
建设的能力，而小公司要的是灵活应变的能力，这已经是两种不同的能力了，
所以放在一起比较就不太合理了。

我们通常所讲的"适合"需要考虑哪些要素？

我们通常会讲一个人适合某项工作或者不适合某项工作，大体需要考虑两个要素，一个是质性一个是才能。

质性通常指的是个性是否符合，这个条件通常决定着一个人是否能够将其才智发挥出来，是否能在一个职业领域走得更远，比如，一个有强迫性探究倾向的人，去做工程师的工作，即使现在起点不高，但随着经验的积累，其专业能力也会不断提升，从而达到中高级工程师的要求。又如，一个数字处理能力非常好的财务人员，其质性是辨博之人，他可能就会白白浪费掉自己的数字处理能力。

才能通常指的是具体的能力倾向，用来刻画能力级别或者能力发展的上限。这个条件通常决定着一个人能把一件事情做到什么程度，达到什么质量。比如，一个浅解之人，思虑不深，即使其本性仁爱宽容有当老师的气质，也是很难把教育工作做得多么出色，即使不断努力，往往也是事倍功半的。甚至最后让自己陷入焦虑与抑郁之中。

> 夫人材不同，能各有异。有自任之能，**修己洁身，总御百官**。有立法使人从之之能，**法悬人惧，无敢犯也**。有消息辨护[①]之能，**智意辨护，周旋得节**。有德教师人之能，**道术深明，动为物教**。有行事、使人、谴让[②]之能，**云为得理，义和于时**。有司察纠摘之能，**督察是非，无不区别**。有权奇之能，**务以奇计，成事立功**。有威猛之能。**猛毅昭著，振威敌国**。

人的"材质"类型不同，相应的能力类型也不一样。有的有修己正身以为表率的能力，有的有通过立法立规来管理他人的才能，有的有因地制宜灵活应变的才能，有的有聪慧睿智教育人民的才能，有的有得体周到组织协调的才能，有的有明察秋毫督察是非的才能，有的有权衡变通出谋划策的才能，

---

① 消，消减，消除。息，增长，休养生息。辨护，监管照护，《墨子·号令》："养吏一人，辨护诸门。"

② 《北齐书·孙腾传》："高祖屡加谴让，终不悔改，朝野深非笑之。"

有的有勇猛善战以一当十的才能。

夫能出于材，材不同量。材能既殊，任政亦异。是故自任①之能，清节之材也。故在朝也，则冢宰之任，为国则矫直之政。**其身正，故掌天官而总百揆**。

立法之能，治家之材也。故在朝也，则司寇之任，为国则公正之政。**法无私，故掌秋官而诘奸暴**。

计策之能，术家之材也。故在朝也，则三孤②之任，为国则变化之政。**计虑明，故辅三槐而助论道**。

人事之能，智意之材也。故在朝也，则冢宰之佐，为国则谐合之政。**智意审，故佐天官而谐内外**。

行事之能，谴让之材也。故在朝也，则司寇之任，为国则督责之政。**辨众事，故佐秋官而督傲慢**。

权奇③之能，伎俩之材也。故在朝也，则司空之任，为国则艺事之政。**伎能巧，故任冬官而成艺事**。

司察之能，臧否之材也。故在朝也，则师氏之佐，为国则刻削之政。**是非章，故佐师氏而察善否**。

威猛之能，豪杰之材也。故在朝也，则将帅之任，为国则严厉之政。**体果毅，故总六师而振威武**。

一个人有什么样的能力取决于他是什么"材质"，而"材质"又有水平高低之分，如此一来，每个人的才能都是不一样的，适合担任的相应的职位也

---

① 自我管理，身先士卒，正直无私。《孟子·万章下》："其自任以天下之重也。"《慎子·民杂》："是以人君自任而躬事，则臣不事事，是君臣易位也。"

② 三孤是指周成王时立少师、少傅、少保的合称，是三公的副职。

③ 权奇者，奇谲非常之意。陈虹《救时要议》："盖繁文缛节，非所以待权奇任大之器。"《流业第三》讲，伎俩之材乃法家之流，不能创思图远，而能受一官之任。比如，有些地方官员搞经济搞建设是一把好手，往往能立刻见效，但是其考虑问题不够长远，不能形成长治久安的格局，此所谓权奇者。

是不一样的。所以：

自任之能根植于清节之材，所以在朝堂上，可以担任冢宰①的官职，统领百官；在做一方诸侯的时候，则倾向施行矫直之政。

为什么这么说呢？清节之材是德材的典范，他们对自己的道德人格有很高的要求，自尊自重、公正无私、勇于承担，所以担任冢宰这样的官职，可以令百官信服。在他们做一方诸侯的时候，因为自身的秉性是崇尚节制寡欲、身体力行的，所以他们在施政的时候一方面会以自己的德行影响他人，另一方面也会重点对道德败坏的行为进行纠正，所以称之为矫直之政。现代能称为德高望重的人，说的就是这个类型。他们不一定有很好的思维能力和任务推动能力，但是他们的道德品行是可以帮助他们赢得认可的，相应地，他们可能会考虑到违背道德的行为对整个群体的影响，所以会采取霹雳手段，甚至是大义灭亲。

立法之能根植于法家之材，在朝堂上，法家之材可以担任司寇②之职，主管司法系统，在做一方诸侯的时候，他们倾向施行公正之治。

为什么这么说呢？首先法家是目标导向的，他们的目标带有一种明确和彻底的特点，在实施路径上，他们倾向系统化地解决问题，并配以强力意志进行推动，杀伐决断毫不含糊，从气质上讲法家是有一些军人作风的。所以在工作中可能会给人一种威严感和压迫感，让人觉得他们不容易靠近，认法不认人。基于这种系统化、彻底、强力、不罢休的特点，法家之材通常是疾恶如仇、公正无私的，所以他们可以担任主管司法系统的官职，在自己领导一个诸侯国的时候倾向令行禁止、严刑峻法，进而形成公正严明的政治氛围。最后补充一点，法家应该是德、法、术三家之中最有政治抱负、最激进、最不能怀柔的类型，就像正午的太阳一样热烈。

计策之能，属于术家之材。所以在朝堂上可以担任三孤③之任，独自领导一个国家则容易行变化之政。

---

① 冢宰主管国家治理，统帅百官，调剂四海。

② 司寇主管国家的法禁，治理恶人、刑杀、暴乱，总体而言是管理治安的，类似于公检法系统。

③ 三孤指少师，少傅，少保。

那么三孤是一个什么角色呢？前面说三公是可以与天子坐而论道的，是德法术三材皆备之人，严格上三孤虽然不是三公的下属，但是以三孤之材是可以辅佐三公的。所以《蔡沉集传》："三孤虽三公之贰而非其属官……公论道，孤弘化；公燮理阴阳，孤寅亮天地；公论于前，孤弼于后。公孤之分如是。"也就是说，三公定基本原则和核心思想，三孤据此而行动，三公在前台念稿子，三孤在后台收集素材写稿子。三孤需要的能力通常是想办法、出主意、促行动，是一个高级参谋的角色，所以将其归入术家之材，发挥计策之能。有计策之能的人通常不是太喜欢走到前台来，少有德材和法材抛头露面的能力，也没有要自己改变什么或建立什么的动机，但是他们的智慧足够灵活地根据大势做出改变，所以让他们独立管理一个国家就容易施行变化之政。形象点说，计策之能的人像一个聪明的孩子，有极强的解决问题的能力，但是他们需要一个强有力的父亲来确定需要解决什么问题、达成什么目标，而这个强有力的父亲很多时候就是公司战略、上级领导抑或者其他什么指引性的东西。

人事之能出于智意之材。在朝堂上可以承担辅佐冢宰的角色，在做一方诸侯的时候则会实施和谐的政策。

为什么这么说呢？智意之材的显著特点是遭变用权、善于揣度人心，他们在处理人际关系上能够做到进退有度、游刃有余，所以他们最显著的能力叫作人事之能。而冢宰之人，统领百官，御人以德，处理的一个主要问题是人的问题，且主要依赖德行之厚，而缺乏智意之巧，这个时候就需要一个懂得人际微妙，善于揣度、刺探的智意之人来辅助处理这些情况，所以说他们的角色是冢宰之佐。又因为智意之人的侧重点过于偏向人际关系，而缺乏德法之材以正之，所以让其去治理一个国家，这类人通常会以制衡为基本手段，以达到大家一团和气、稳定和谐的目的。有一些管理者甚至是老板就是这种类型的，他们通常是处理人际关系的高手，擅长抓住机会，笼络人心，发展业务，但是缺乏制度管理的意识和手段（法材），在下属出现问题的时候，往往可以用劝解的方法稳住下属，但是也仅限于救火式稳住，并不能从根本上改变其公司治理风格，仍然是以大家一团和气地做事为目标。一般来讲，在公司规模小于50人的时候这种方式尚能奏效，但是公司规模大于100人的时候往往就捉襟见肘了。

行事之能，出于遣让^①之材，在朝堂之上可以做辅佐司寇，在做一方诸侯的时候则会施行督责之政。

为什么这么说呢？关于这种类型前文提到了3个点，行事、使人、遣让，行事即办事，使人即布置工作任务，遣让即监督、指正。应该是出于器能之材，所谓德法术三材皆备，但是三材皆微之人。其有基本德行，但是并不纯粹，有基本的推动力，但是并不强势，有基本的灵活性，但是受制于法和德。所以他们比较恰当的角色应该是最高决策者和具体执行者之间的管理者角色。所以在朝堂之上可以辅助司寇，而自己做一方诸侯的时候只能依靠其他术家、法家的智慧，做一些督责的事情。在现代场景下，我们所见到的面面俱到，没有特别的缺点也没有特别的优点的管理者就是这种类型。他们和蔼可亲，但是会常常揣测他人的动机；他们会做出一些激励下属的动作，但是手段庸常难以打动人心；他们在商业竞争中有一些手段，但是会控制在平均水平的限度之内。所以对于老板而言，他们是存在感不高的、可信赖的管理者，但并非领导者，更不会指望他在关键时刻力挽狂澜。

权奇之能，出于伎俩之材，在朝堂之上可以担任建设型主官（冬官），主管工程、水利建设等工作，如果他们独自去治理一个国家，他们往往倾向去发展工艺技术和生产建设。

为什么这么说呢？伎俩之材乃法家之流，其显著优势在于进取、结果导向，但是其缺点也很明显，其材不及真正的法家那样宏大深刻，不能创思图远，不懂法制之源。如果将法家比作是一校之长的话，那么伎俩者就是一店之长。所以伎俩者的权奇之能在朝堂上适合做冬官，而单独施政就会倾向发展各种工巧之术。在现代场景下，伎俩型官员是很有干劲也很强势的，他们在发展一个地方的GDP时很有手段，但是仅限于处理地方性问题，因为他们可能会为了发展经济而忽视环境保护，可能为了推动物质文明发展而忽视精

---

① 命令、要求、责难、批评之意。据伏俊琏《人物志译注》，此处应为前文所说的器能之材。从结构和意义上判断，其观点应该是对的。

神文明，他们比真正的法家要略显浅薄，缺乏对人性基本规律的把握，而过多地使用强制命令，急切地扫除一切障碍，风风火火地大干快上，其结果往往是从表面上解决了一些问题而已，治标不治本。

司察之能，出于臧否之材。在朝堂之上可以担任辅佐师氏的角色，在做一方诸侯的时候则容易施行苛责之政。

所谓臧否之材前文已有表述，乃德才之流，即批判型人才，对国家而言，他们可以做师氏之佐的职务，也就是辅佐国师以审视违逆法教之徒，就类似教导主任的角色，因为这类人好批评，要求苛刻，甚至吹毛求疵，用现在的话来说就是有道德洁癖和完美主义，所以他们可以作为师氏之佐。这样的人如果去治理一个国家，那么就很容易给下属臣民造成一种强烈的压力，也就是所说的刻削之政。在现代背景下，有的领导可能看不惯下属在下班时间不像曾经的自己一样努力学习，有的领导可能看不惯下属在文本措辞和标点方面的小失误，并在这些事情上不自觉地上纲上线，进而引申到个人品行和态度层面，这就是典型的臧否之材而生出的司察之能。当然这种类型的人也有很明显的优点，他们通常是敏锐的、尽责的，他们很擅长发现问题，自我要求也很高，所以他们负责的工作一般不会出纰漏。

威猛之能，出于豪杰之材，给我们一个江湖豪杰、战场将军的高大形象，所以对国家而言，他们是将帅的合适人选，当他们去治理一方郡国的时候则容易实施严厉的政策。

这里需要注意，威猛不等同于英勇，威猛强调势大力沉，比如，李逵、张飞。英勇强调勇敢无畏，比如，林冲、赵子龙。相比前者，后者则多了一分英气在其中。威猛之人通常恃强好斗难与入微，所以在治理一方郡县的时候，因为其冲动和强势，做事往往会一刀切，不考虑更多，让百姓感觉到过于严厉。

在本章中，承袭"流业第三"的基本结构，去除了"流业第三"8种管理型人才之中的国体之材，加入了4种专业型人才当中的豪杰之材。因为国体之材是德法术三材皆备的，其能力也是完备的，没有讨论分型的必要，所以未选入。又因为另外三种儒学、文章、辩给之材专业性较强，于国而言，作用和影响都较小，所以未加详论。

> 凡偏材之人，皆一味之美。**譬饴以甘为名，酒以苦为实。**故长于办一官，**弓工揉材，而有余力。**而短于为一国。**兼掌陶冶，器不成矣。**何者？夫一官之任，以一味协五味。**盐人调盐，醯人调醯，则五味成矣。**譬梓里治材，土官治墙，则厦屋成。一国之政，以无味和五味。**水以无味，故五味得其和。**犹君体平淡，则百官施其用。又国有俗化，民有剧易，**五方不同，风俗各异。**土有刚柔，民有剧易。而人材不同，故政有得失。**以简治易则得，治烦则失。**

所有偏材之人都只在一方面比较突出，所以其通常适合担任某一类官职，而不适合去治理一个国家，为什么呢？担任某一类官职是以自己特有的某种能力协同其他不同类型的人做事，而治理一个国家呢，则需要以自己的无味调和包容其他人的特点。又因为各个国家风俗习惯不同，民风也有区别。所以人的"材质"不同，其施政就会有得有失。

> 是以王化之政宜于统大，**易简而天下之理得矣。**以之治小则迂。**网疏而吞舟之奸漏。**
> 辨护之政宜于治烦，**事皆辨护，烦乱乃理。**以之治易则无易。**甚于督促，民不便也。**
> 策术之政宜于治难，**权略无方，解释患难。**以之治平则无奇。**术数烦众，民不安矣。**
> 矫抗之政宜于治侈，**矫枉过正，以厉侈靡。**以之治弊则残。**俗弊治严，则民残矣。**
> 谐和之政宜于治新，**国新礼杀，苟合而已。**以之治旧则虚。**苟合之教，非礼实也。**
> 公刻之政宜于纠奸，**刻削不深，奸乱不止。**以之治边则失众。**众民惮法，易逃叛矣。**

　　威猛之政宜于讨乱，**乱民桀逆，非威不服**。以之治善则暴。**政猛民残，滥良善矣**。

　　伎俩之政宜于治富，**以国强民，以使富饶**。以之治贫则劳而下困。**易货改铸，民失业矣**。

　　所以，王化之政，适合管理大的地方，用来治理小的地方就显得迂腐。

　　为什么会显得迂腐呢？因为王化之政出于清节之人，主在立德，对于性本善之人是有凝聚作用的，而对于冥顽不灵的奸邪小人则没有用。我们在企业测评当中时常会发现这种类型的人，淳朴、正直仁义，几乎不会自表其功，当然在个人能力上也是中规中矩的，他们的职位通常处于两个极端，要么在高层，要么在基层，且在高层的一般因为自己是元老才升上去的，而在基层的基本上就很难再升上去了，理由是没什么特别的能力和业绩。

　　辨护之政，即积极作为的管理风格，其适合去治理事务烦乱的地方，而去治理本来就清明有条理的地方则会越治越乱。

　　为什么呢？辨护之政出于德、法、术三材皆备且三材皆微者，他们往往思不精深，但是又想积极作为，在面对烦乱的情况时，其微德能让其发现不正的情况，其微法能让其有基本的管理思维去理乱，其微术能让其有一定的灵活度。需要注意的是，烦乱指的是多、杂、小但是并不太难的工作，辨护之人可以通过成功处理这些事情获得内在的胜任感和价值认同感。但是如果在一个地方运作良好、无事可做的情况下，他们往往无法忍受什么都不做，因为什么都不做就意味着自己懒惰了，这违背了辨护之人的微德属性，所以他们会没事情也要去找事情做，去监管干预各个环节的工作，试图发挥自己的作用，这样就会让本就运作协调的地方产生新的负担。在企业内部，这种人通常被称为"多余的领导"，空降到某个本来就运作良好的部门，总感觉要做点什么，于是想出很多新的举措，这些举措虽然不至于华而不实，但是定然是投入产出不成正比的想法，以致劳民伤财、收效甚微。

　　策术之政，通常指技巧手段，适合解决难题，用所谓策术去治理本来就没什么问题的地方，再好的策术也没有用武之地。

比如，某地顽疾多任官员都无法处理，这个时候就需要策术之政，以奇谋化解大难，核心在巧。在企业中，策术之人通常说的是有战略思维的人，这样的人擅长把握总体局势，并预测未来发展局势，这种预测当中没有个人的一厢情愿同时又充满想象力，让你听后觉得有99%的概率能成功，如果达不到这个程度，通常都不能被称为战略思维。另外，策术之人也是很难把握的，如果你不是一个"明君"，策术之人通常不会久居人下。

矫抗之政，即矫正过分的情况，比如，灯红酒绿、奢靡无度这些社会现象就极其容易成为他们矫正的对象。矫抗之政需要矫抗之人正直勇猛，一方面能找到矫正的方向，另一方面力量上也要是劲猛的。这种人通常洁身自好且疾恶如仇，所以适合治理奢靡之风，如果以矫抗之政去治理本来有风俗流弊的地方可能就显得过于残酷。这是一种什么样的领导风格呢？强势发展型领导，思维的核心在于要强大要发展，所以拒绝一切个人的懒惰和机巧，并且手段果决，雷厉风行，即使这些手段可能会短期伤害一部分人的利益，甚至是中下层人民的利益，但是为了整体健康、高效、可持续的发展，他们往往不得不以雷霆手段力挽狂澜。

谐和之政，即和谐的氛围。适合治理新的地方，治理旧的地方就会流于虚浮。为什么呢？谐和之政出于智意之材，智意之材的核心能力在于有人事之能，擅长揣度人心、平衡关系，在新的地方百废待兴的时候，这种平衡能力就能快速笼络人心，建立社会秩序。但是在本来秩序就已经固定的旧的地方，这种平衡就变成虚浮的了，比如，在一个缺乏活力的清水衙门，大家的智意都用在建立表面和谐的人际关系，这就是虚浮的表现。又如，在一个"人情"风气很盛的地方，大家以人情之机巧相处，看起来热闹和谐，其内在不过是内耗，非常不利于地方发展。

公刻之政，公正刻薄之意，整体的意象是以公为准，错了就得罚，没有人情味。适合干什么呢？纠奸邪。也就是说，这类人对于触犯法律法规的人零容忍，但凡有作奸犯科者，从严处罚。只有严刑峻法才对奸邪之人有震慑作用，才能有效地维护社会秩序。然而对于边境的老百姓就不能这样了，谁也不愿意去到一个法律条框特别多、处罚极其严厉的地方，所以以刻削之政治理边境，边境的老百姓会受不了跑到别的国家去①，别的国家的老百姓也不愿意过来。

威猛之政，按照较容易理解的方式来看，是尚武不尚文的特征。好比一位粗鲁威猛的将军，其适宜讨伐乱党、土匪等，以强力对抗强力；如果用他们来对付良善的人民就是暴苛之政。在中国五千年文明史中，武将攻城屠城的事件应该不在少数，这类人就是这里所说的威猛之人。他们在独立治理一方的时候，往往会过于残暴，导致民不聊生。

伎俩之政，出于法家之流，法家是强调努力奋进，务实生产的，他们通常以强势立法为手段，引导激励人们从贫穷到富有，像一个"富一代"，而伎俩之材作为法家之流，倾向于在法家打下的基础上再开新花，像一个"富二代"，首先值得肯定的是他们是有奋进之心且有比较前卫灵活的思维的，但是他们缺少由穷到富的历练，对发展的体会还不够深刻，很难体会到真正贫穷的痛，所以可能会显得冒险、单纯。所以说宜于治富，一方面富裕的地方符合他们对现实的想象，也有资金实力，让他们在实现自己的想法时更顺手；另一方面，富裕的地方也能承担起他们试错的成本，不至于让地方陷入困境；但是在穷苦的地方让这样的人施行这样的政策，则会劳民伤财，使人民陷入困境，毕竟"何不食肉糜"的故事是那么真切地存在过。

> 故量能授官，不可不审也。
> 凡此之能，皆偏材之人也。故或能言而不能行，或能行而不能言。**智胜则能言，材胜则能行**。至于国体之人，能言能行，故为众材之隽也。

所以评估一个人的才能，并根据其才能的特征去授予合适的官职，必须非常审慎，因为一旦失误，将会为害一方。

---

① 古时候诸侯国的强大与否，人口数量的多少是其极为重要的衡量标准，人口的数量往往跟一个国家的生产力和战斗力成正比，所以在边疆地区需要尽量以怀柔宽容的政策吸引更多的人口。

上面讲到的8种才能，都属于偏材。有的能说而不能做，有的能做而不能说。而国体之人，则能说又能做，所以是众多人才当中最出类拔萃的。

在此举一例，国体之人的平凡存在：

在给某企业进行高管测评的时候，其中有一位非常年轻的女性高管，只用了3年的时间就从一个实验室的实验员，升任事业部副总。

我们问她："你的履历显示，你的升职速度非常快，在你看来，你为什么升职这么快？"这位副总略微思考了一下，说道："我的升职速度确实很快，如果要找原因的话我想可能是我比较均衡，每一方面都不算特别出色，但是也没有特别差的，比如，还算能说会写，做具体的事情也不差，能说是汇报工作的时候尽量汇报重要的领导关心的，简明扼要；会写是写工作报告、工作计划之类的文件的时候也能分清楚大小轻重；能做是实验室的工作每一项我都会做，即使是最简单的操作我也经常会去做，也教别人做，不偷懒。如果非要给这3点排序的话，我可能做多一点，然后是写，再然后是说。当然，还有最重要的一方面，企业在快速发展，如果不发展，也就没有位子了。"

人君之能异于此。**平淡无为，以任众能**。故臣以自任为能，**竭力致功，以取爵位**。君以用人为能。**任贤使能，国家自理**。臣以能言为能，**各言其能，而受其官**。君以能听为能。**听言观行，而授其官**。臣以能行为能，**必行其所言**。君以能赏罚为能。**必当其功过也**。所能不同，**君无为而臣有事**。故能君众材也。**若君以有为代大匠斫，则众能失巧，功不成矣**。

当君王所需要的能力跟以上所说的偏材之人的能力是不一样的。臣子的能力主要体现为让自己有用，而君王的能力则主要体现为能够识人用人；如果臣子有善于表达的能力，那么君王就要有善于倾听的能力；如果臣子有锐意执行的能力，那么君王就要有赏罚分明的能力；君王所要具备的能力是不同于臣子的（不是处理具体的事务性工作，而是处理关于人的工作），所以能管理好一众有才之士。

附加阅读：总结讨论

管理者要不要懂业务？

这一部分的观点放在现代通常会产生一种偏激的说法，即管理者不需要懂技术、业务这些操作性、细节性的东西。从理论层面上讲，这个说法好像是正确的，但是在应用层面上，则有很大的误区，即某些新手管理者，甚至一些经验丰富的管理者，总是刻意地控制自己去了解和管理具体细节的冲动，将自己塑造成一个领导模样，导致乱指挥瞎指挥，结果贻笑大方。之所以出现这种情况，其实是混淆了"君"与"臣"的角色设定。

很多管理者可能会因为自己有一个总监、经理的标签，而误认为自己是"君"了，其实不是的，管理者是君臣一体的，有时候需要君多一点，有时候需要臣多一点，具体君多还是臣多完全取决于其所处的相对位置。比如，在公司决策会议上，臣多君少，回到部门里，君多臣少。任何一种固着于单一角色的做法都是不明智的。

在公司决策会议上，臣多君少，需要管理者基于对所在部门的基本业务的熟稔来提供支持、建言献策，这个时候自然需要管理者对所管理的领域了然于胸，如果一问三不知，那当臣的日子也就不多了。而如果对业务的精深程度不够，建言献策的水平与此时真正的"君"差不多，"君"就要开始怀疑你的价值了，至少会判断出你不是能臣。

在部门内部管理上，君多臣少，需要管理者基于大家的能力特点和任务特点进行合理分工，并能正确赏罚，这个时候自然需要管理者对所管理的人有清晰的认知，并对最后的结果负总责，这是君的部分，也是管理者的主要部分；同时对业务的主体逻辑也要有清晰的认识，但是不必太细，这是臣的部分，不可或缺但是重要性却不像君那么高。

那么管理者要不要懂业务？当然要懂，只是有主次之分而已。管理者的主要职能还是在计划、组织、领导、控制，但是做到这些不过是及格而已，在此基础上，懂业务的程度是越高越好。简单来讲，管理和业务两者是有两个关系的，一个是加法关系，其和是一定的，等于人的才能；另一个是乘法关系，乘积的结果就是绩效，任何一方太小或太大都不利于最终绩效的达成。

利害第六

建法陈术，以利国家，及其弊也，害归于己

【导读】每个人有不同的质，善识不同的理，成为不同的材，有不同的能，在社会生活中担任不同的角色，做不同的事情，客观上对于推动国家和社会的发展都是有非常重要的作用。但是在这个过程中，各人独特的个性和行为方式，往往会招致别人或者环境针对自身的褒奖或者攻击，从而让不同的个体迎来不同的命运。《利害》篇的主要内容就是论述各种不同类型的人的政治命运，由此我们可以大体窥见现实中不同类型的人生命运。

盖人业之流①，各有利害。**流渐失源，故利害生。**

各种不同的偏材参与到社会事务中来，对他们自己而言有好处也有坏处。

为什么这么讲呢？首先有一个最高标准，即中和者，德法术三材皆备，这被称为源，而绝大多数的人都是不能达到这个最高标准的，被称为偏材，也就是流。达到最高标准者是浑然天成的，故无利害可生，而偏材者，则多多少少是偏离大道的，所以于己有了利害之说。

夫节清之业②，著于仪容，发于德行。**心清意正，则德容外著。**未用而章，其道顺而有化。**德辉昭著，故不试而效，效理于人，故物无不化。**故其未达也，为众人之所进，**理顺则众人乐进之**。既达也，为上下之所敬。**德和理顺，谁能慢之**。其功足以激浊扬清，师范僚友。

---

① 此处应为人流之业。据"流业第三"改。

② 此处应为清节之业。《人物志》全书皆作"清节"。

其为业也无弊而常显。**非徒不弊，存而有显**。故为世之所贵。**德信有常，人不能贱**。

清节家的事业，于内根植于其良好的道德品行，于外体现为其庄重正直的仪容仪表和行为举止，在还没有得到任用的时候就已经表现出不凡的气象了，具体表现为其行事方式温和平顺且有示范教育意义。所以在其还是个普通人身份的时候，人民群众就会尊敬他拥戴他；在其已经得到任用的时候，前后左右的人都会很敬重他。他的功用足以抑恶扬善，成为同僚好友的楷模。他们在仕途 / 事业上，一般不会招惹什么弊害，反而能一直得到别人的认可，所以他们被世人认为是最值得尊崇的一类人。

如果用一幅图来描述清节家的政治命运，大体如下图所示。

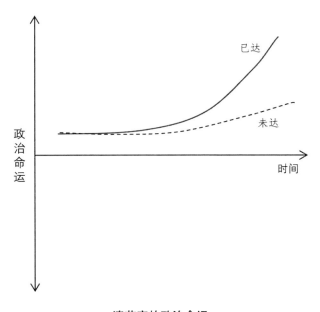

清节家的政治命运

因为清节家走的是循道而行的无我之路，即满足老子所说的慈、俭、不敢为天下先，在日常生活中表现为常怀仁心、厉行节俭、不居功不自傲，这样的人自然能得到周围人的认可和拥戴，所以他们即使在没有获得相应的官方认可的时候，大家也会尊敬他，在已经得到官方认可的时候，更是能够借助新的平台得到更大的成功。

当然并不是说清节家就是完美无缺的，可能所有人都喜欢他，发自内心地敬重他，但是从更冷峻的角度来看，他们在杀伐决断上可能就相对弱一些。

> 法家之业，本于制度，待乎成功而效。**法以禁奸，奸止乃效**。其道前苦而后治，严而为众。**初布威严，是以劳苦；终以道化，是以民治**。故其未达也，为众人之所忌。**奸党乐乱，忌法者众**。已试也，为上下之所惮。**宪防肃然，内外振悚**。其功足以立法成治，**民不为非，治道乃成**。其弊也，为群枉之所仇。**法行宠贵，终受其害**。其为业也，有敝而不常用，**明君乃能用之，强**。明不继世，故法不常用。故功大而不终。**是以商君车裂，吴起支解**。

法家的事业，是以建法立制为根本手段的，需要等到制度施行成功之后才能看到效果。所以法家之人的职业生涯一般前期是非常艰难的，他们需要先克服各种困难建立起法制的威严，然后严格地依照法条执行，最后才能将法治思想融入人民群众的生活，让人们看到法家治国的效用。所以怀有法家思想的人在还未真正掌权的时候，就容易受到相关利益群体的忌惮和排挤；在通过重重考验，终于被赋予权柄以推行法制的时候，周围的人又总是因为害怕而远离他。法家在国家治理方面的功用很明显，可以依靠建法立制达到富国强兵的治理效果，但是其弊端也很明显，利益受到影响的各级权贵往往会非常仇恨这种治理方式。因为有这样的弊端，所以君王不太敢轻易启用法家之人，只有真正的明君、强君才敢用。所以推行法家之策的个人往往也是功劳甚大而难得善终的，比如，商鞅。

如果用一幅图来描述法家的政治命运，大体如下图所示。

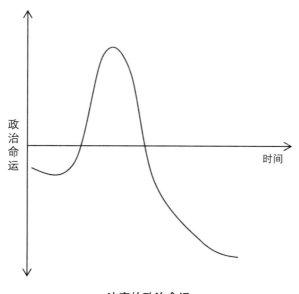

法家的政治命运

在事业的早期，他们可能因为锐气过剩而被排挤，可能因为时机不成熟而被冷落；在事业的中后期，他们又可能因为得罪的人太多而被打压，可能因为内部平衡的需要而被牺牲；这就是法家的命运，纵然是一腔热忱不得善终，也无法阻挡他们改革进取的心。

放在企业当中，法家的命运通常也是类似的。他们往往以有思想有推动力见长，在企业需要进行变革的时候被推到台前，变革成功后，能够成为一方大员，然后成为各项变革的急先锋，然而在变革失败后，往往会成为牺牲品。

举个简单的例子，比如，企业内部要推行某套新的管理制度或者分配制度以推动企业发展，但是员工认为这是在增加工作量，既得利益者认为这是在损害他们的利益，进而产生排斥情绪，这些排斥可能是无理的诋毁，也可能是似乎有理的批判，这些诋毁与批判随时都可能将变革置于搁浅的风险之中。所以说法家之业虽然在目标上是对系统有利的，但是在过程中却是实实在在与系统为敌的。所以在功成之时也不会得到多高的赞誉，因为既得利益者会继续诋毁他，而受惠的普通人民群众又没有多大的话语权；如果不幸功败垂成，或者失去最高权力者的支持，法家所遭受的将是所有人的嘲弄与落井下石，员工认为他是愚蠢的没有能力的，既得利益者则会欲除之而后快。

对工商业组织来讲，法家之人要有，但是不可常用。法家之人在推行新的方略时，因其锐猛的特性，往往有很好的推动作用，但是又会导致组织整体承压，进而压迫到个人的生存空间，所以通常需要一股中正的钳制力量作为边界的守护者，让整件事情在需要锐气的时候尽力发挥，在不需要锐气的时候有人能明智地踩下刹车。既保护了个人的职业生涯，同时又保护了组织的团结性。

术家之业，出于聪思，待于谋得而章。**断于未行，人无信者。功成事效，而后乃彰也。**其道先微而后著，精而且玄。**计谋微妙，其始至精，终始合符，是以道著。**其未达也，为众人之所不识。**谋在功前，众何由识。**其用也，为明主之所珍。**暗主昧然，岂能贵之。**其功足以运筹通变。**变以求通，故能成其功。**其退也，藏于隐微。**计出微密，是以不露。**其为业也，奇而希用。**主计神奇，用之者希也。**故或沉微而不章。**世希能用，道何由章。**

术家的事业仰赖于他们个人的奇思良谋，但是光凭嘴说人们肯定是不信的，所以就需要等待，等到所谋划的事情成功且有效果了，人们才会相信术家的能力。所以术谋之人在其仕途的前期通常处于费心谋划的状态，到了后期，他们所谋划的事情真正获得成功的时候，人们才会认识到他们的价值，纷纷惊讶于他们的布局是何等精巧、构思是何等玄妙。所以当术谋之人还没有成功的时候，他们在大部分人眼里都只是个普通人，只有极少数的明智之君能够看出他们的不一样，将他们视若珍宝并加以重用。然而明智之君是不常有的，所以术家纵有运筹帷幄之中制胜千里之外的大才，也时常会因为不得重用而将自己隐身于市井阡陌之中。总体来看，术家的事业开展起来是很难的，非常容易因为自己过于奇绝而不被重用，导致一身才华被白白浪费。

如果用一幅图来描述术家的政治命运，大体如下图所示：

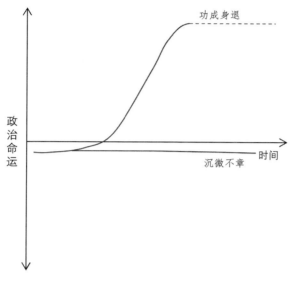

术家的政治命运

术家既然聪思明断，那为什么会有这样的命运呢？首先，通常术家性格沉静而审慎，不爱营销，他们的日常状态是在个人的精神世界过着自我简单的生活，以寻找规律、推演逻辑为乐，很少参与社会活动，显露自己的才能，所以他们很难被发现。其次，现实世界中绝大部分的人是缺乏发现术家大才的能力的。术家大才往往所谋者大，即使已经考虑得非常周全，但是对一般的君主或者领导而言是无法理解其中奥妙的，所以不敢贸然尝试。比如，韩信当年投入项羽大帐，多次献策均不被采纳，只能做个执戟卫士。所以绝大部分术家之才都是沉微不章的，只有极少数的术家之才得明君所识，取得大成就。另外，术家因其深知进退之道，所以他们通常会在最辉煌的时候急流勇退。

那么在现实工作中，我们如何避免错失术家之才呢？术家之才往往有以下三个特征。

（1）志大而不争。术谋之人往往所谋者大，所谈论关注的对象是比较宏大的，比如，战略、价值、心理等，也喜欢预测事物未来的发展方向，让人觉得不够实际，甚至是狂妄自大，这是他们的志向大，这种志向之大不同于一般人，一般人所谈论的大志向的侧重点一般在"我"，而术谋之人的志向之大则体现在所论之理的大，所以同是志大，俗世的志大是强势进取的，而术谋的志大是温和退避的，所以在日常生活中，他们是不争的，比如，不争晋升名额，不争被克扣的奖金。

（2）智颖而不露。相较于智意之人，术谋之人思考的问题更加根本。比如，智意之人可能想的是哪里有致富的机会，术谋之人想的是人和人都是差不多的，为什么有的人比较富有而有的人比较贫穷，这中间的关键影响因素是什么。按道理来讲，术谋之人的智慧积累应该比智意之人更加浑厚有用，但是在现实之中，他们远不像智意之人那样灵巧出彩，这就是他们的智颖而不露，为什么呢？这并不是他们道德高尚，而是他们知道那些灵变与机巧于整个大局而言是无济于事的。

（3）情深而不滞。术谋之人总是从理性的角度来看待与分析问题，绝不被主观意愿和家长里短牵绊，时常会让别人觉得他们冷血，其实不然，相反他们的情感是非常浓烈的，只是他们不用寻常方式表达而已。比如，面对情深缘浅的人，术谋之人能够清晰地看见情深起于何处，缘浅终于何时，所以他们不留恋，也不会悔恨，会将该过的生活继续过下去。

那么从测评量表的角度如何将这类人测查出来呢？他们通常满足三个高低组合，第一组：高成就动机，低竞争性；第二组：高思维能力，低人际活跃度；第三组：高尽责性，低人际关怀度。这三组指标分别对应以上所列的三个特征。另外，需要特别说明的是术谋之人一般可以为相，而不可为王。为王意味着被凡尘俗世所扰，纵有奇绝之智也没有静思之闲，难成其谋。

智意之业，本于原度。其道顺而不忤。**将顺时宜，何忤之有！**

故其未达也，为众人之所容矣。**庶事不逆，善者来亲。**已达也，为宠爱之所嘉。**与众同和，内外美之。**其功足以赞明计虑，**媚顺于时，言计是信也。**其蔽也，知进而不退，**不见忌害，是以慕进也。**或离正以自全。**用心多媚，故违于正。**其为业也，谞而难持。**韬情谞智，非雅正之伦也。**故或先利而后害。**知进忘退，取悔之道。**

　　智意之人的事业仰赖于他们揣度他人心思的能力，他们走的是一条谄媚失正的道路（见风使舵，能说会道）。所以他们在还没有得到重用的时候，周围的人都愿意接纳他，在得到重用之后，则能左右逢源。他们的优点是有一些谋略，也能处理好人际关系，他们的缺点是过于贪婪不知进退，或者昧着良心，谄媚自保。所以智意之人的仕途往往是诡谲不明难以持久的，其政治命运则是前期发展很顺利，到了后期就困难重重。

　　如果用一幅图来描述智意之人的政治命运，大体如下图所示。

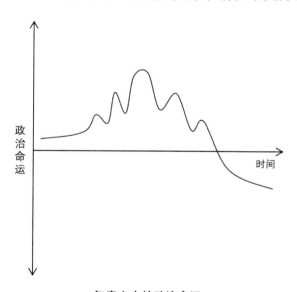

智意之人的政治命运

　　那么他们的命运曲线为什么是这样子的呢？智意之人的拿手绝活是揣测

他人心意，搞好关系，他们在刚刚进入社会的时候，就总是开着自己的探测雷达，寻找形形色色可能对自己有帮助的人，只要所谓的"贵人"出现，就会主动拉近距离建立关系，因为这种广泛撒网重点捕捞的特性，所以智意之人的早期命运曲线是波浪式上升的。然而这样的上升并不是建立在自己的努力与实力基础之上的，而是踩在别人的肩膀上的，一个人看清了拒绝后就依附另外一个，一个机会没把握住就再找一个，这种方式让智意之人逐步形成了对人际投机主义的路径依赖，当个人事业发展到一定程度的时候，他们的投机属性就变成了发展的障碍，甚至是曾经的队友反目成仇的导火索，所以他们在仕途的后期，通常是节节败退的。

智意之人与术谋之人，同气连枝，但是相去甚远。他们都是聪明人，但是智意之人是一个跪着的聪明人，他们需要通过揣测与逢迎去安身立命，他们的本质是怯懦的，是依赖的，是不自立的。当他们作为一名下属的时候，往往看起来很机灵，非常乐意帮助上司去解决一些小问题，且通常都能解决，但是当你关注他解决问题的方式的时候，往往会得出一个此人心术不正、不可信赖的结论。另外，在现代社会，这种类型的人是非常乐于当老板的，瞅准一个可以盈利的机会，马上行动，不管所做的事情是否正义、是否有价值，只要能赚钱就行，甚至偶尔游走在法律边缘也无所顾忌，所以他们所谓的事业往往随时都有崩塌的风险。

那这样的人要用吗？当然要用。每个人都有每个人的用处，这类人可以用来解决小麻烦施行小计谋，但是要控制使用，最好是在有术家之材的人的控制下使用，术家因为与智意是同宗同源的，相当于术家是智意在智慧这一体系上的高分者，能很容易地看清智意者的边界，也能预知智意者可能的错失之处，而清节家可能由于过于宽厚仁慈而缺乏识别能力和管控意识，法家又可能过于严厉而容不下智意之人，所以用术家之材来管控智意之人是最合适的。

臧否之业，本乎是非。其道廉而且砭。**清而混杂，砭去纤芥。**

故其未达也，为众人之所识。**清洁不污，在幽而明。**已达也，为众人之所称。**业常明白，出则受誉**。其功足以变察是非。**理清道洁，是非不乱**。其蔽也，为谗诉之所怨。**谗诉之徒，不乐闻过**。其为业也，峭而不裕，**峭察于物，何能宽裕**。故或先得而后离众。**清亮为时所称，理峭为众所惮**。

臧否之人在职场上的根本底色是是非分明的，他们所走的是一条刚而无欲、逢非必斥的道路。所以他们在还没有得到重用的时候，就已经因为自己是非分明的特点而被人们所了解了；在真正受到重用之后，则会因为自己清正廉洁、刚正不阿的特点而获得众人的认可和赞许。这种人的典型优势在于他们见解犀利、疾恶如仇，其弊端则是容易得罪人，从而招致仇敌的怨恨和诽毁。所以臧否之人的事业之路，总是凌厉凶险而少有安稳的。总体来看，他们的仕途命运往往是先得到人们的认可和夸奖，然后慢慢地被人们遗忘，甚至被孤立。

如果用一幅图来描述臧否之人的政治命运，大体如下图所示。

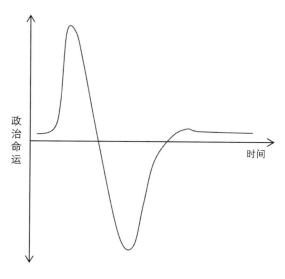

臧否之人的政治命运

臧否之人的仕途发展，上去得很快，下来得也很快，上去是因为自己的刚，下来也是因为自己的刚，之所以上去，是因为刚在职场太稀有了，人们希望他能带来公平与正义，下来则是因为很多利益相关者的恶意抱负和诋毁，当然，还可能因为臧否之人过于刚正的特点，而影响了大局的和谐。

用现代视角来看，臧否之人应该是有道德洁癖的，他们非常爱惜自己的羽毛，不愿意放弃自己高洁的坚持，拒绝同流合污，如果仅仅如此其实问题不大，最多少一些所谓的朋友，但不至于树敌。但是臧否之人还有一个使命，那就是对不符合道德和法律要求的人和事进行攻击，这种攻击就必然导致被攻击者的反扑，这就注定了臧否之人最后是被逐步疏远的。

那么臧否之人不知道自己的命运吗？我想以他们明察是非的能力，他们是知道的。那么他们为什么仍然那么做呢？使命，正本清源的使命。为了得到一个清明盛世，为了人民群众的福祉，他们必须这么做，哪怕最后自己被疏远、被遗忘甚至被打击报复，仍存天地正气。

伎俩之业，本于事能，其道辨而且速。**伎计如神，是以速辨**。其未达也，为众人之所异。**伎能出众，故虽微而显**。已达也，为官司之所任。**遂事成功，政之所务**。其功足以理烦纠邪，**释烦理邪，亦须伎俩**。其敝也，民劳而下困，**上不端而下困**。其为业也，细而不泰，故为治之末也。**道不平弘，其能太乎**？

伎俩之人在职场上发挥其核心作用关键在于其办事能力，他们往往反应快行动也快，能够以极快的速度解决问题。所以他们在还未走上领导岗位的时候，就因出色的办事能力而被人们所看重，在走上领导岗位之后，更是会被上级领导所赏识。他们的主要功用在于快速处理好烦乱棘手的问题。但其弊端也很明显，容易劳民伤财，使人民陷入困苦之中。总体来看，这种人根基不稳，只能做小事，做不了大事，治理能力属于末流。

如果用一幅图来描述伎俩之人的政治命运，大体如下图所示。

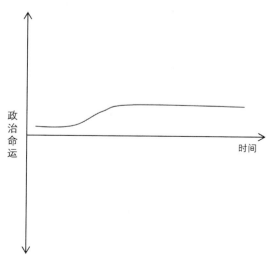

伎俩之人的政治命运

他们在事业初期，往往会因为其还不错的工作表现而被人认可，从而走上上升之路，但是伎俩之人始终无法克服自己"务在功成，思不及远"的天然特性，所以他们也不会上升得很高。他们虽然与法家同属一脉，但是他们并不会像法家那样奉行严刑峻法进而得罪太多人，所以总体上他们的仕途还是比较平顺的。

那么伎俩之人的形象通常是什么样的呢？他们一般会将对上级领导的指示精神奉为圭臬，进而强力武断地推进执行。比如，将大搞政绩工程错误地理解为加快城市建设，将机械化照搬层层加码错误地理解为务实执行。这些强力和武断背后，是他们对底层工作人员和人民群众利益的忽视。那么他们是怎么晋升的呢？其实他们在基层岗位上表现还是非常突出的。一方面，他们的服从性很好，也有一定的魄力，所以他们通常能快速地解决问题，拿出成绩，这一点会让上级领导特别满意；另一方面，因为他们霸蛮的特性，通常也会让众人觉得他们很有领导力，自然就被推举上去了。殊不知这种做事方式只是短期地解决了表面的问题，并没有解决真正的问题。

在企业当中，也有很多这样的伎俩型管理者。比如，公司讨论决定下一年的经营目标是提高30%的销售额，伎俩型的管理者马上就会将这30%的额度压给销售人员，要求他们增加电话呼出量，增加客户拜访量，而不会去管销售人员他们的接受度和承受度。又如，公司倡导要节能减排，伎俩型的管理者马上就会建立相关规章制度，要求控制办公楼用电量，甚至禁止使用空调等耗电量较高的设备，根本不去考虑工作人员在高温下工作的难处。处在高位的领导，如果只是从结果数据上看伎俩型管理者，他们的工作确实是出色的，总是能达成目标，但是如果从过程和方法上看的话，可能就是另一番景象了，强行地摊派销售指标短期可能不会有什么问题，长期来看将会影响团队的稳定，强行禁止大功率电器使用可能可以快速达到节能减排的指标，但长期来看将会极大地影响工作效率。

接识第七

推己接物，俱识同体，兼能之士，乃达群材

【导读】"接"即"交接、交往"的意思，《接识》篇也就是论述不同类型的人在人际交往场景中的人物识别倾向和可能的错误。

首先，刘劭在开篇就提纲挈领地指出了我们常见的识人错误，即绝大部分人是很难客观地识人的，很多时候人们所谓的识人能力不过是以己度人而已，这种以人度己的倾向导致我们能较好地识别出跟自己类似的人才，而对于不相似的人才则识别不出来，并且容易给予对方过低的评价甚至是批判性的评价。比如，术谋之人在策术上是行家，那么他往往能一眼就判断出来谁是有这种才华的人，并且自然而然地心生亲近，而思虑不深、以和为贵的器能之材在他们看来就没有什么特别的优点和用处，甚至在内心觉得他们太过平庸，这就是术谋之人对于拥有相同和不同才能的人的通常反应。应该说这个现象是普遍存在的，因为即使是经过专业训练的心理咨询师也承认对于与自己性格相似的人，进入共情是比较简单的，对于与自己性格不同的人，共情就比较困难。

那么是否只能如此呢？不是的，还有一种类型——兼材，也就是前文所述的国体之材，这种人才类型德法术三材皆备，能无偏颇地识别各类人才，兼材不仅是我们寻找的完美对象，也是诸多偏材自我修习的目标。用现代理念来理解的话，兼材者就是一个天性共情者，这种共情不带有任何意识控制，而是时刻保持中立无批判的状态，以丰富之自我映照众生之美好。

一、才能判断的基本规律

夫人初甚难知，**貌厚情深，难得知也**。而士无众寡，皆自以为知人。故以己观人，则以为可知也。**己尚清节，则凡清节者皆己之所知**。观人之察人，则以为不识也。夫何哉？**由己之所尚在于清节，人之所好在于利欲，曲直不同于他，便谓人不识物也**。是故能识同体之善，**性长思谋，则善策略之士**。而或失异量之美。**遵法者虽美，乃思谋之所不取**。何以论其然？

识别人才本来是一件非常困难的事情，但是人们似乎都会认为自己具备识别人才的能力。殊不知，大多数人不过是以己度人而已，所能识别出来的人才绝大部分都是跟自己类似的人，却误以为是自己具备了识人的能力，反而认为别人是不具备识人能力的。其实人的识人能力是差不多的，共同遵循一个基本规律，那就是人能够相对容易地识别跟自己类似的人，而对跟自己不太相似的人则缺乏识别能力。具体来讲有以下几方面表现。

二、八种不同才能者的识人之缪

夫清节之人，以正直①为度，故其历众材也，能识性行之常，**度在正直，故悦有恒之人**。而或疑法术之诡。**谓守正足以致治，何以法术为也**。

法制之人，以分数②为度，故能识较方直之量，**度在法分，故悦方直之人**。而不贵变化之术。**谓法分足以济业，何以术谋为也**。

术谋之人，以思谟③为度，故能成策略之奇，**度在思谋，故贵策略之人**，而不识遵法之良。**谓思谟足以化民，何以法制为也**。

---

① 《韩诗外传》卷七："正直者顺道而行，顺理而言，公平无私，不为安肆志，不为危激行。"
② 这里引申含义为考核结果。
③ 思谟：思考谋划之意。

器能之人，以辨护①为度，故能识方略之规②，**度在辨护，故悦方计之人。** 而不知制度之原。**谓方计足以立功，何以制度为也。**

智意之人，以原意③为度，故能识韬谞之权，**度在原意，故悦韬谞之人。** 而不贵法教之常。**谓原意足以为正，何以法理为也。**

伎俩之人，以邀功④为度，故能识进趣之功，**度在邀功，故悦功能之人。** 而不通道德之化。**谓伎能足以成事，何以道德为也。**

臧否之人，以伺察⑤为度，故能识诃砭之明，**度在伺察，故悦谴诃之人。** 而不畅倜傥之异。**谓谴诃乃成教，何以宽弘为也。**

言语之人，以辨析⑥为度，故能识捷给之惠，**度在剖析，故悦敏给之人。** 而不知含章之美。**谓辨论乃事理，何以含章为也。**

是以互相非驳，莫肯相是。**人皆自以为是，谁肯道人之是。**

取同体也，则接论而相得。**性能苟同，则虽胡越，接响而情通。**

取异体也，虽历久而不知。**性能苟异，则虽比肩，历年而逾疏矣。**

凡此之类，皆谓一流之材也。**故同体则亲，异体则疏。**

清节之人，以正义廉直与否作为其人才评价的标准，所以在历数品评人才的时候，能够识别出个性笃实、品格高尚之人，而怀疑法制和权术的存在价值。

正就是走正道做正事，直就是廉直无私，不行诡常之道。最大的正道就是持利他之心行利他之事，最大的廉直就是诚心不欺问心无愧。比如，有的人做企业，在产品服务方面就多行诡常之道，轻则在营销上各种引诱算计，重则在产品和服务上偷工减料蒙骗消费者。而清节之人则是先天下之公而后

---

① 办理、治理修护之意。汉哀帝《诏上计丞史归告二千石》："官寺乡亭漏败，墙垣陁坏不治，无辨护者，不胜任。先自劾不应法，归告二千石听。"

② 原则规范之意。

③ 揣测他人的心意。

④ 获得成功。

⑤ 伺机督察，随时准备指出问题。

⑥ 辨别、分辨。

一己之私的人，他们做事是以公心为上的，有利于他人，有利于国家和社会的事情才是他们真正热衷且乐此不疲的，基于这样的公心，他们往往特意远离诡常之道，比如，不那么重视营销、不那么重视销售技巧，甚至觉得自己的产品不应该赚太多钱，在他们的自律道德要求之下，营销和销售技巧似乎带有某种"利用与欺骗"的意味，所以他们总是显得特别实在，让人尊敬又心疼。因此他们在选择人才的时候，往往更关注对方是不是心存天地正气、行人间正道的人，而对那些四处抖机灵贩卖自己的各种技巧和思想的人不太能认同，甚至厌恶。清节之人这种"但行好事，莫问前程"的心态往往不利于其识别法材和术材。

法制之人，以实效作为标准，所以他们能够识别有实干才能且品行正直之人，而不欣赏变化多端的术谋之人。

法制之人有一股刚猛的正气，他们信奉实干，看重公平和平等，厌恶形式主义、官僚主义和享乐主义，且有决心和勇气与其开展斗争。通常情况下，他们的关注点都在事，而不是人，所以他们一般不太能接受所谓水至清则无鱼的中庸调和之道，对研究人情之道也不感兴趣，很难学会圆融。但是他们绝不是鲁莽之辈，他们对事情有极其深刻敏锐的洞见，能明确指出战略与发展的关键痛点，并能拿出切实有效的办法去沉疴除积弊，让组织重新焕发生机。所以他们所看重的人通常是有能力、有勇气的实干之人，而认为清节之人虽然德行高妙，但是很难力挽狂澜，而术谋之人虽然可解一时之忧，但是终难造万世之福。法制之人的基本行为模式通常是"菩萨心肠，霹雳手段"，所以会厌恶术谋之人的变幻无常。

术谋之人，以思谋策略能力作为标准，往往能成奇谋，他们对聪明善谋之人非常欣赏，而对那些以法制为上的人表示不喜。

那么为什么呢？因为术家自己就比较聪明灵活、善于变通，其思想核心在一个"巧"字，自然就看不上那些以法为上的人，且认为这样的人是不"巧"的，是愚笨呆板的。术谋之人擅长解决的问题通常是封闭的对抗性问题，即如何赢，所以他们一般在军事上有突出表现。就现代企业组织来讲，术谋之人的价值通常适用于制定战略战术，他们善于揣测消费者和竞争对手的心理状态，深谙博弈之道，往往能出奇招克敌制胜。他们眼中的清节之人虽然和蔼可亲，但是寡智无谋难成大器；他们眼中的法制之人虽然管理有方，但是刚气太盛难以善终。术谋之人的基本心智模式通常是"世间必有双全法，不负如来不负卿"。

器能之人，以把事情办得妥帖稳当作为标准，所以对善于出谋划策的人比较看重，而对制度、计策设计的根本性原理不愿深究。

为什么呢？器能之人是德法术三材皆有但是三材皆微之人，其德让他与人为善平和不争，但是在遇到难办的事的时候，其皆微的法和术就无法应付，这个时候就需要法或术比较足的人指点一二。所以这种类型的人对于具有法材和术材的人就会比较看重。通常器能之人给人的感觉就是没有感觉，甚至是平庸，其德让他平易近人不露锋芒，但是又不足以兼济天下；其法让其建章立制祛邪除魅，但是又不足以改革创新；其术让其能适时变通灵活逢迎，但是又不足以搅弄风云。所以，器能之人看别人的心态总是积极正向的，能识德之高尚、法之进取、术之精妙，但是他们自己却做不到，容易成为跟随者或者服从者。器能之人的基本行为模式通常是"与人为善，幸则成天功之业，不幸亦无身死之忧"。

智意之人，以揣测他人心意的能力作为人才评价的标准，所以对于心思绵密善于灵活应变的人特别看重，而认为法制与礼教都是迂腐无用的。

智意之人通常认为人心之喜、怒、哀、欲才是人间真实，而那些所谓的法制与道德不过是用来蒙骗世人的手段而已。所以他们通常善于揣测别人的内心，以机敏应变之能达到自己的目的。智意型的管理者通常倾向怀疑和制衡下属，因为他们自己私心重，所以认为别人也私心重。而智意型的下属可能会以拍马屁的方式赢得升迁机会，以哄客户开心的方式拿下订单，因为他们自己也希望被如此对待；所以他们一般不太相信德行者的正和法制者的直。如此，智意之人自然欣赏不到积极进取的法材和宽厚正直的德材。智意之人的基本认知模式通常是"没有谁比谁高尚，搞定人就是搞定一切"。

伎俩之人，以成功作为人才评价的标准，所以喜欢积极进取的人，而不能理解道德教化的好处。

伎俩之人乃法制之流，在日常商业社会中是比较多见的。他们往往很有活力，很想取得事业上的成功，也有一定的技巧性，但是始终让人觉得缺乏魄力、灵气和高度，这里所说的魄力其实是法，灵气其实是术，高度其实是德。比如，一个电销主管，对于他们而言，通过业绩获得工资报酬让自己和家人获得更好的生活就是他们最大的正义，而很少关心被骚扰对象的心情，尽管他们会在对电销员的管理上有一些技巧，但是终归于器。这种人通常很容易被激励，有诱惑性的金钱激励对他们而言是一剂强心针，可以给他们提供无限动力。这种特质放到商人身上会更加明显，在法律底线之上，努力挣更多的钱，不去关心所挣的钱是否合情合理，也不去关心挣钱的手段是否高级优雅。当然伎俩之人本身的进取精神和卓越的业务能力是不容抹杀的，他们一般都有较好的服从性及务实的工作作风，业绩产出一般也是不落下风的。伎俩之人的基本行为模式通常是"法无禁止即可为，钱权到位力争先"。

臧否之人，以有清醒评判之能作为标准，所以认为同样善于批判现实、针砭时弊的人是明理的知音，而无法理解和认同那些圆融洒脱的人。

臧否之人乃德之流，如果说德行者严于律己宽以待人，那么臧否之人就是严于律己的同时也严于律他。他们比清节之人多了一分对社会对他人的愤怒和戾气。比如，臧否之人通常都有很强的原则性和很高的工作标准，对于那些在工作上对自己要求不高，甚至还有不少小细节错误的工作成果就有诸多不满，甚至愤怒，他们会将这种行为上升到工作态度甚至人格品行的高度。所以臧否之人通常很难理解那些在工作上不抠细节只抓重点的人内心的安宁与轻松。又如，对于社会流行的亚文化，臧否之人可能会激进地指出其不成体统的一面，一旦碰到有同样观点的人，仿佛就遇到了知音，从而共同对流行亚文化进行尖刻的批判。臧否之人的基本心智模式通常是"人心不足蛇吞象，世事到头螳捕蝉"。

言语之人，以能言善辩作为标准，所以比较能欣赏反应机敏、善于表达的人，而可能无法识别表面木讷却腹有诗书的人。

比如，个性外向能言善辩的人就喜欢跟同样风趣幽默善于表达的人在一起，形成一个活跃的人际圈，自然就疏远了那些个性偏内向但是含蓄有才华的人。又如，有些人就是不喜欢木讷的人，认为这样的人贫乏无趣，然而诸多木讷的人其实胸有乾坤，只是不善或者不想说而已，如此一来，在社交场合，木讷之人的才能就会被言语之人所轻视或者忽视。言语之人的基本行为模式通常是"但凭三寸不烂舌，搅弄东西南北风"。

基于这些原因和规律，人们之间产生了很多的分歧和误解，不肯轻易接纳和认同对方。

总体来讲，才性相同的人，一旦交谈就有知己相逢的感觉，才性不合的人，则相处得越久反而越疏远。凡此种种，都是只具备一种才性的人。①

> 若二至己上，亦随其所兼，以及异数。**法家兼术，故能以术辅法。**故一流之人，能识一流之善。**以法治者，所以举不过法。**二流之人，能识二流之美。**体法术者，法术兼行。**尽有诸流，则亦能兼达众材。**体通八流，则八材当位，物无不理。**故兼材之人与国体同。**谓八材之人始进陈言，冢宰之官，察其所以。**欲观其一隅，则终朝足以识之。将究其详，则三日而后足。何谓三日而后足？夫国体之人兼有三材，故谈不三日不足以尽之。一以论道德，二以论法制，三以论策术，然后乃能竭其所长，而举之不疑。**在上者兼明八材，然后乃能尽其所进，用而无疑矣。**

如果同时具备两种或者两种以上的才能，那么就能欣赏到相应的两种才能，以此类推叠加。（比如，法家兼有术谋，那么就可以以术谋之能支持法制之能）所以只具有一种才能的人，只知道对应的才能之美。兼具两种才能的人，能够识别对应的两种才能之美。如果所有的才能都具备，那么就能通

---

① 行文至此我们发现《接识》篇所描述的8种类型承袭于《流业》篇的十二材，但是又有所不同，去掉了国体之材，论述了4种专业型人才当中的言语之材（辩给之材），对其他三种类型的专业型人才（儒学、文章、骁雄）未加论述，为什么呢？有的译本认为这是刘劭理论体系的不严密造成的，笔者认为不是这样的。首先，国体之材是可以坐而论道的人，属于德法术三材皆备的类型，在人才识别方面不会有偏颇之举，故不予论述；其次，《接识》篇是从人际偏见的角度来论述识人之谬的，而儒学、文章、骁雄这三类人才是对专业技能进行分类的，与识人不属于同一个分类范畴，所以去除之，而辩给之材是带有明显的人际互动要素的，所以附论之。

识所有的人。所以兼材之人也叫作国体之材（国体之材乃德法术三材皆备之材）。对于国体之材，如果你想要了解他的某一方面，用一天时间就够了；要更加细致全面地了解他，那么就需要三天的时间。为什么说需要三天呢？因为国体之材，兼有三材，所以不用三天的时间，不足以全然地了解。第一天用来谈论道德，第二天用来谈论法制，第三天用来谈论策术，然后才能完全把握他的才华，举荐他的时候就能毫无疑虑了。

三、如何分辨兼材与偏材

然则何以知其兼偏，而与之言乎？**察言之时，何以识其偏材？何以识其兼材也**？其为人也，务以流数杼人之所长，而为之名目，如是兼也。**每因事类，杼尽人之所能，为之名目，言不容口**。如陈以美，欲人称之，**己之有善，因事自说，又欲令人言常称己**。不欲知人之所有，如是者偏也。**人之有善，耳不乐闻；人称之，口不和也**。

然而，在人际互动中，怎么才能知道这个人是兼材还是偏材呢？那种在人际交往当中能够容许别人充分展现自己的思想，且能够充分发掘人家的优点的人，就是兼材；如果单单是讲自己的优点，希望别人称赞他，或者没有兴趣深入地了解别人的才华的人，就是偏材。

不欲知人，则言无不疑。**闻法则疑其刻削，闻术则疑其诡诈**。是故以深说浅，益深益异。**浅者意近，故闻深理而心逾衒**[①]。是以**商君说帝王之道不入，则以强兵之义示之**[②]。异则相返，反则相非。**闻深则心衒，焉得而相是，是以李兑塞耳而不听苏秦之说**[③]。

---

① 迷惑。

② 据《史记·商君列传》，商鞅见秦孝公，以帝王之道说之（类似于本文所说的圣人之道，识人用人），公不听，又以王道仁政说之（类似于德材清节家），还是不听，最后以霸道、强国之术说之（类似于法家），公大悦。

③ 据《战国策》记载，李兑为了不听苏秦的计策，故意将两耳塞住。

是故多陈处直①，则以为见美。**以其多方，疑似见美也。**

静听不言，则以为虚空。**待时来语，疑其无实。**

抗为高谈，则以为不逊。**辞护理高，疑其凌己。**

逊让不尽，则以为浅陋。**卑言寡气，疑其浅薄。**

言称一善，则以为不博。**未敢多陈，疑其陋狭。**

历发众奇，则以为多端。**偏举事类，则欲以释之，复以为多端。**

先意而言，则以为分美。**言合其意，疑分己美。**

因失难之，则以为不喻。**欲补其失，反不喻也。**

说以对反，则以为较己。**欲反其事而明言，乃疑其较也。**

博以异杂，则以为无要。**控尽所怀，谓之无要。**

论以同体，然后乃悦。**弟兄忿肆，为陈管蔡之事，则欣畅而和悦。**

于是乎有亲爱之情，称举之誉。**苟言之同，非徒亲爱而已，乃至誉而举之。**此偏材之常失。**意常姻护，欲人同己，己不必得，何由暂得。**

没兴趣深入地了解别人的才华，那么对别人说的话就会时常持有审慎的态度。比如，听见法家严刑峻法的观点就会担心这个人太有攻击性，听见术家的策术之论就会猜测这个人是诡诈多端的。所以当你跟见识不深的人谈深奥的道理，其结果往往是谈得越深分歧就越大；分歧越大就越容易对立，对立到一定程度就相互批判攻击了。所谓夏虫不可语冰大抵就是如此。

那么偏材在沟通协调当中常会出现哪些错误的认知呢？主要有以下十种：

如果你说很多自己处理问题的意见和方法，他会以为你是在刻意炫耀自己的能力；（我难道不知道怎么办吗？要你说）

如果你静静地听他说话而不发言，他就会以为你没什么真才实学；（一点想法都没有，要你有什么用）

如果你慷慨激昂，立意高远，他会以为你高傲不谦逊；（扯大旗说大话谁不会啊，装腔作势）

---

① 同处置，指做法方略等。

如果你谦逊退让，表达含蓄，他会以为你真的浅薄无知；（这个人没什么特点，挺平庸的。）

如果你老是说同一个观点／教导，他会以为你不够博学；（老是说天道酬勤，什么也不知道。）

如果你旁征博引以证观点，他会以为你太啰唆；（啰唆一大堆，烦死了。）

如果你在他之前说出跟他相同的观点，他会以为你是在抢他的风头；（他的想法怎么跟我一样，真讨厌。）

如果你针对他发言的错漏处进行质证，他就以为你太不懂人情世故了；（这个人怎么钻牛角尖啊，太不给我面子了。）

如果你发表与他相反的观点，他就以为你是要跟他对抗；（你为什么要跟我反着来呢，是不是故意找碴。）

如果你尽兴地表达了一些自己的观点和见闻，其中可能有些与主题没有明显的关系，他就以为你是个不着要点的人；（我们讨论的主题是＊＊＊，你讲你的感受有什么用。）

最终，只有讲到合他性情和心意的内容，他才会开心起来；于是，他就会亲近你、称赞你。这是偏材之人常犯错的地方。

总体来讲，偏材之人的才能地图都是偏于一隅的，所以无法识别和理解众材之美。简而言之，就是你是什么你才能看见什么。偏材聚集处，造就了各种各样的误会和疑忌，这也是社会生活之常态，所以主流文化会教导我们要宽容，要学会理解别人，但是这只是一个目标，只是告诉我们应该往哪里去，但是没有告诉我们怎么去。那么怎么去呢？扩展自己的才能地图是达成包容与理解的不二法门。比如，你本来是个讲求原则和道德品性的人，不喜欢术谋之人，对他们的态度一般是敬而远之或者直面批判的，这个时候你可能需要去了解他，了解跟他一类的人，越了解你就越能发现术谋之人自然有术谋之美。那么具体的路径是什么呢？这里提三个常用方法以飨读者。

（1）演员法。演员法是在内心假设你就是他。你可能会觉得这种方法是不可操作的，其实这种方法是最简单最可操作的。因为人和人之间尽管有这样或者那样的不一样，但是基本的生理、心灵结构和信息处理方式是一样的，通过你对这个人所有细节包括语言、动作、行为习惯等信息的导入，你完全可以在一定程度上揣摩出目标对象的思维和情绪感受，特别是情绪感受，只要情绪感受对了，所有外在的东西往往都是水到渠成的。著名的苏联艺术家斯坦尼斯拉夫斯基在其著作《演员的自我修养》当中就特别强调了情感共鸣的可能性和作用："严肃的演员在表达珍贵的思想、情感、隐秘的心灵实质的地方时，未必想要一种剧院式的喧嚣。因为在他们内心就隐藏着自己的，与演员角色类似的情感。他不想在低级的噼里啪啦的掌声中，相反他想在充满热诚的寂静中，在极其亲密的关系中表达这些情感。"

（2）阅读法。阅读法即通过阅读相关类型人物的故事、传记等，以了解相关人物的历史背景、生活经历、心路历程等，在这个过程中，充分模拟感受该人物的情绪情感，获得相应的体悟。比如，你自己是个法制之人，勇猛强势，对人情世界里的那些琐碎与微妙的东西不了解或者不屑于了解，这个时候你就应该去读读术谋之人的传记或者故事，比如，阅读张良、范蠡、陈平等人的文献资料，除了可以从行为上了解术谋之人的一般做法之外，还可以从更深层次去了解其世界观、人生观和价值观，这对于丰满立体地感受与你不一样的人的内心世界是非常有好处的，而这个时候仿佛被打开了新世界的大门，人性的大地图中掀开了被掩盖的一角，看到了更广阔的思想世界，从而使自己更加理解跟自己才性不一样的人，这样也会让自己变得更加柔和放松，做起事情来也会更加游刃有余。

（3）观察靠近法。观察靠近法是一种个案研究法，即主动地靠近与你似乎不一样的人，个体需要先克服自己内心的排斥，然后与目标对象进行相对深入的沟通，以了解其思维和情感的来龙去脉，当你足够了解对方的时候，之前很多的忽视、不解甚至是敌意都会迎刃而解，就像南橘自己去过一次北方，终于知道了为什么会变成北枳。究其根本，还是因为靠近不同于自己的人，让自己的那张人性地图当中被掩盖的部分清晰起来了，从而让生命更加宽广了。

如果联系到现代培训体系的话，无论是导师制、轮岗制、项目制还是自主阅读学习等人才培养的方法，抛开其在知识经验上的传授表象，你会发现其核心都在于拓展个体的人性地图。导师制是观察靠近法的一种；轮岗制和项目制是演员法的一种；自主阅读学习是阅读法的一种。这些方式最终都是吹去自我人性地图当中遮蔽自性的沙尘，常用的思想汇报就是描述这种风吹沙的过程以及沙去图清的喜悦。尘土去，自性现，自然就能成为有文化的商人、有温度的管理者、有情怀的科学家、有智慧的技能者等。

英雄第八

自非平淡，能各有名，英为文昌，雄为武称

【导读】《英雄》篇应该是《人物志》十二章当中最为简洁流畅的一章，所述之理雄浑有力。从全书脉络的角度来讲，是在圣人、中庸之德已经不可论的情况下，退而求其次，选择对俗世中的佼佼者——英雄进行一番论述。以现代的眼光来给《英雄》篇加一个副标题的话，笔者认为应该是"一个CEO的自我修养"。世间的聪慧静气有三分，CEO至少要有两分；世间的勇武刚气有三分，CEO至少也要有两分，如此才符合一个CEO的基本需要。

一、什么叫英雄

夫草之精秀者为英，兽之特群者为雄。**物尚有之，况于人乎！** 故人之文武茂异，取名于此。**文以英为名，武以雄为号。** 是故聪明秀出谓之英，胆力过人谓之雄，此其大体之别名也。

群草之中一枝独秀者叫英，群兽之中超群持首者叫雄。（在物当中有这样的分类，在人当中也有同样的分类）对于人而言，文、武能力的不同就对应以英、雄来命名。所以，聪明出众者就被称之英；胆力过人者就被称为雄。这就是英和雄两个称谓的大体区别。

二、英与雄的合适配比

若校其分数，则互相须，**英得雄分，然后成章；雄得英分，然**

后成刚。各以二分，取彼一分，然后乃成。**胆者雄之分，智者英之分。英有聪明，须胆而后成；雄有胆力，须知而后立。何以论其然？** 夫聪明者英之分也，不得雄之胆，则说不行。**智而无胆，不能正言。** 胆力者雄之分也，不得英之智，则事不立。**勇而无谋，不能立事。** 是故英以其聪谋始，以其明见机，**智以谋事之始，明以见事之机。** 待雄之胆行之。**不决则不能行。** 雄以其力服众，以其勇排难，**非力众不服，非勇难不排。** 待英之智成之。**智以制宜，巧乃可成。** 然后乃能各济其所长也。**譬金待水而成利功，物得水然后成养功。**

（那么要成为英雄，是英多好还是雄多好呢？）如果去具体分析其成分的话，则英和雄两者是相互依赖不可或缺的。英或者雄各以自己的两分，加上对方的一分，然后才能称为英雄。为什么这么说呢？聪明是英才的本质，如果没有雄的胆识勇气作为辅助，在关键时刻就不敢做出坚决的表达；胆力是雄才的本质，如果没有英的聪明智慧，那么事情也很难做成。所以，英以其聪总体谋划，以其明临机而变，然后加上雄的胆识来做出决策；雄以其力量征服众人，以其勇气排除万难，然后加上英的智慧来成就事业；两者都需要借助对方的力量作为支持，然后才能充分发挥各自的长处建功立业。

若聪能谋始，而明不见机，乃可以坐论，而不可以处事。**智能坐论，而明不见机，何事务之能处**。聪能谋始，明能见机，而勇不能行，可以循常，而不可以虑变。**明能循常，勇不能行，何应变之能为。**

若力能过人，而勇不能行，可以为力人，未可以为先登。**力虽绝群，胆雄不决，何先锋之能为**。力能过人，勇能行之，而智不能断事，可以为先登，未足以为将帅。**力能先登，临事无谋，何将帅之能为。** 必聪能谋始，明能见机，胆能决之，然后可以为英，张良是也。气力过人，勇能行之，智足断事，乃可以为雄，韩信是也。

如果其聪的特质能从理论上进行谋划，而明的特质不足以把握现实的关键点，这种类型就只能坐而论道，而不可以处理实际的事情（比如，管理学教授创业）。如果其聪的理论性足够，明的现实性也够，但是缺乏勇气而不敢行动，这种就只能做常规的事情，而不可以应对瞬息万变的现实。

如果光是气力过人，但是勇气不足，那么可以当大力士，但是不可以当攻城略地之先锋。如果气力过人，勇气也够，但是智慧不足，缺乏分析判断的能力，虽然可以当先锋，但是不可以当将帅。其聪质必须能抓住事情的一般规律，其明质能够见机行事快速反应，其胆识敢于做决断，然后才能叫作英才，张良就是这样的人。气力大，勇气也够，其智慧也足够分析判断，然后才能叫作雄才，韩信就是这样的人。

　　　　体分不同，以多为目，故英雄异名。**张良英智多，韩信雄胆胜**。然皆偏至之材，人臣之任也。故英可以为相，**制胜于近**。雄可以为将。**扬威于远**。若一人之身兼有英雄，则能长世，高祖、项羽是也。然英之分以多于雄，而英不可以少也。**英以致智，智能役雄，何可少也**。英分少，则智者去之。故项羽气力盖世，明能合变，**胆烈无前，济江焚粮**。而不能听采奇异，有一范增不用，是以陈平之徒皆亡归高祖。英分多，故群雄服之，英材归之，两得其用。**雄既服矣，英又归之**。故能吞秦破楚，宅有天下。

英和雄两种特质的含量不同，虽然都叫英雄，但是其本质是不一样的。（比如，张良的英智就比较多，韩信的雄胆就比较多）然而这些仍然是偏材，都是可以当人臣的。一般英多的可以当宰相，雄多的可以当将帅。如果在一个人身上，兼有足够英和雄的成分，则能称雄于世；汉高祖刘邦和楚霸王项羽就是这样的人。然而英这种成分，应该比雄多，并且不可或缺。如果英太少了，那么聪明的人就会离你而去，所以项羽虽然气力过人，也有随机应变的能力，但是不能听取不同的意见，有范增而不用，所以陈平这样的人最后都跑到高祖刘邦那里了。而高祖刘邦的英要多些，所以群雄都服从于他，英才也归顺于他，两种类型的人都能得到合适的任用，所以能吞秦破楚，拥有天下，建立大汉王朝。

> 然则英雄多少，能自胜之数也。**胜在于身，则能胜物**。徒英而不雄，则雄材不服也。**内无主于中，外物何由人**。徒雄而不英，则智者不归往也。**无名以接之，智者何由往**。故雄能得雄，不能得英。**兕虎自成群也**。英能得英，不能得雄。**鸾凤自相亲也**。故一人之身，兼有英雄，乃能役英与雄。能役英与雄，故能成大业也。**武以服之，文以绥之，则业隆当年，福流后世**。

然而古今多少英雄，能知道并改变自己英和雄的配比呢。要么只有英才而没有雄才，导致雄才之人不服他；要么只有雄才而没有英才，导致英才不愿归附。所以雄者一般只能得到雄者的支持，得不到英才的支持；而英才也只能得到英才的支持而得不到雄才的支持。所以在一个人的身上，既有英才又有雄才，才能使英才和雄才都为己所用。能够让英才和雄才都为己所用，才能成就大业。

联系到现代生活。如果将成功的企业家比作英雄，并分成两类的话，一类是英多于雄的，一类是雄多于英的，英多于雄者通常有很好的危机意识，行事谨慎，习惯谋定而后动，在人际交往上通常谦逊而不谦卑，给人柔中带刚、不怒自威的感觉。在他们的世界当中，"我"相对于世界而言是弱小的，但是弱小并不可怕，"我"依然可以找到一条路径开出一片属于自己的天地，所以他们时常会认为"我"是顺时代而为的，"我"是时代的产物，"我"的成功与"我"的能力有关系，但是关系不是很大。而雄多于英者通常有很好的魄力，敢于突破，习惯正面对抗，在人际交往上通常直接而决绝，给人以害怕和压迫的感觉。在他们的世界当中，"我"相对于世界而言是强大的，按照"我"的能力，只要"我"想，"我"可以做成任何事情。"我"是可以开创新时代的，"我"的成功仰赖于"我"的勇敢与能力。所以他们的重点通常在于影响、笼络或者控制一帮人，以自己的能力或者魅力，让他们仰视和服从，所以他们一般是喜欢层级结构的，尤其喜欢在层级结构的顶端。不可否认的是，雄多于英者往往是勇猛和果断的，有抱负心，也有摧枯拉朽的能力，但是往往过度使用勇气和力量，容易将自己置于不可控的风险之中。

总体来讲，不论是英多于雄者，还是雄多于英者，两者都有获得事业成功的资质，但是成功的路径和可持续性不同。前者可以打下江山，也能守住江山，其成功是持续而稳固的，尽管其成功的速度可能较慢；后者可以打下江山，但是很难守住江山，其成功往往是迅猛而脆弱的。

从科学的心理学理论来看，美国哈佛大学教授麦克利兰在20世纪50年代提出的人的需求理论就跟《英雄》篇的理论有非常高的相似度。该理论将人的高层次需求归纳为对成就、权力、亲和这三种需要。其中成就需要和权力需要是获得事业成功的两个推动剂。其中：

成就需要（need for achievement），指的是个体争取成功，并且希望将事情做得更好更高效的需求。这种类型的人积极进取，但是又非常务实，不会去追求过高的目标，在实现目标的路径上倾向全情投入，敢于冒险，但是又能以非常谨慎的态度对待冒险，绝不会以侥幸的心理对待未来；好的结果能给他们较好的个人效能感，失败的结果也不会让他们过分沮丧，因为过程的推进和一个个里程碑事件就是他们自我效能感的能量来源，相应地，他们对于结果的物质奖励通常不是那么在意。需要特别指出的是，他们也会表现自己，但是往往并不带有压倒他人的自我优越感，而是带有对自己能力的满足感。

权力需要（need for power），指的是个体希望影响和控制他人且不受他人控制的需求。这种类型的人也会追求出色的成绩，但是他们这样做并不是为了追求个人的成就感，而是为了获得地位和权力，他们自我感觉良好的感受相比成就需要者更多地来自外部，所以他们非常注重权力和影响力，喜欢对别人发号施令，所以他们通常比较健谈，喜欢争论，也喜欢提出问题，教训别人。权力需要被认为是管理成功的基本要素之一，但是极端的权力需要者，在结果达不到理想要求的时候，可能会气急败坏地把责任推给身边人，或者会自尊崩溃。需要特别指出的是，权力需要者的健谈仅限于在他们认为高人一等的场景下，在势均力敌或者处于客观劣势的场景下，他们往往又是非常不自然的。

　　如果要对他们进行区分的话，成就需要者的核心对象是"事"，权力需要者的核心对象是"我"。类比到原文当中的英与雄，成就需要者审慎务实，大事而小我，是英主而雄次，类比高祖刘邦；权力需要者凶猛不屈，大我而小事，是雄主而英次，类比霸王项羽。

　　至于他们的命运就很显而易见了。人都是存在于一个网状的社会组织结构当中的，权力需要一开始会帮助你获得一定的成就，但是权力需要的强我属性，决定了其会不断对抗原有的结构，是破坏性的创新，更要命的是，在强力反弹后，权力需求者往往会将其误认为是伤其自尊的障碍（这种伤害是毁灭性的，项羽有范增而不用可能是由于这个原因），而竭力对抗，如此必然带来系统的全方位反噬，从个体命运的角度来看就会有一种悲壮的感觉。

　　而对于成就动机者而言，其核心动机在事，所遵循的原则是以事作为自我在这个社会当中的价值标签，这种方式与社会现有系统是相适应的，避开了人与人在人格、尊严上的竞争和对抗问题，而更多的是在团结和凝聚人。因为"我"的弱化，所以他们有更少的"我执"，相应地就表现为更加识时务，这也就决定了其在面对系统可能的强力反弹的时候，会采取更加柔和变通的做法，而不是跟系统硬刚。

　　如此说来，任何一家企业的领导者要想基业常青，必然需要英气与雄气皆具且英气多于雄气。

八观第九

群材异品，志各异归，观其通否，所格者八

【导读】《八观》篇所讲的八观，很多译本都认为是八种人才鉴别的方法，笔者认为这种说法不够准确，"八种人才鉴别的方法"的论断意味着这八种方法是并列存在的，精通任何一种方法都可以通透地看清一个人，然而实际上，八观任何一观不精通，都会带来判断的错误。因此，笔者认为《八观》篇所述之八观乃是人才品鉴的八个要素，是为人才品鉴者所撰写的指导手册。

一、人才品鉴的八个要素

八观者：

一曰观其夺救[①]，以明间杂。**或慈欲济恤，而吝夺其仁；或救济广厚，而乞醯为惠**[②]。

二曰观其感变[③]，以审常度。**观其愠怍**[④]，**则常度可审**。

三曰观其志质[⑤]，以知其名。**征质相应，睹色知名**。

四曰观其所由[⑥]，以辨依似。**依讦似直，仓卒难明**。**察其所安，昭然可辨**。

---

① 引申为人的内在特质力量的对比。

② 故事讲的是有朋友向鲁人微生高借醋，刚好他家没有，他就从邻居家借醋送给别人。微生也作尾生，尾生抱柱故事中的主人翁也是此人。《论语·公冶长》篇，众人认为微生高爽直、坦率，但是孔子认为微生高并没有入直道。

③ 《列子·周穆王》："不识感变之所起者，事至则惑其所由然。"

④ 愠，愤怒；怍，惭愧。

⑤ 应为"至质"。

⑥ 做事的理由与动机。

　　五曰观其爱敬，以知通塞。**纯爱则物亲而情通，纯敬则理疏而情塞。**

　　六曰观其情机，以辨恕惑。**得其所欲则恕，违其所欲则惑。**

　　七曰观其所短，以知所长。**讦刺虽短，而长于为直。**

　　八曰观其聪明，以知所达。**虽体众材，而材不聪明，事事蔽塞，其何能达。**

八观指的是：

　　一、看其行为的纯粹度，来进行基本定性。（笔者认为西方测评方法仅做到这一步）

　　二、看其待人接物时的表现，以判断其基本性格。

　　三、看他的典型特质，以判断应如何给其命名。

　　四、看他做事的动机，以去伪存真。

　　五、看他重视人还是事，以推断其在组织当中的处境。

　　六、看他情绪变化的关键点，以判断其格局大小（君子或小人）。

　　七、看他能力的短处，以判断其长处。

　　八、看其聪明的程度，以判断其人生能达到的高度。

八观简明表

八观步骤	人才品鉴步骤	说明与举例
一曰观其夺救，以明间杂	评定行为的纯粹度，以形成微观认识	比如，你不能说一个蹲下来抚摩小动物的人就是有爱心的，他可能因为没有耐心而虐待动物
二曰观其感变，以审常度	看说话主旨、表情情绪推断其日常情况下的状态	比如，用词粗俗者，刚；用词文雅者，柔
三曰观其志质，以知其名	把握核心特征，做一个定性的判断	把握人物的关键特征，提纲挈领地给人才命名

八观步骤	人才品鉴步骤	说明与举例
四曰观其所由，以辨依似	看行为动机，来去伪存真	比如，对你好的目的是得到些什么，强调自己的做人原则是为了赢得信任等
五曰观其爱敬，以知通塞	看人际风格，判断其组织协调的能力	爱者可以得人心，而敬者虽然没错，但是比较难获得支持
六曰观其情机，以辨恕惑	看情绪变化的点，判断是君子还是小人	君子不争小理，淡定从容，格局大小人心胸狭小，长戚戚焉，格局小
七曰观其所短，以知所长	看短处，推断长处	以欣赏的心态，辩证地看待人才，优点与缺点往往是并存的
八曰观其聪明，以知所达	看思维能力，以判断其事业发展的上限	比如，学历很高的人，不一定能力强，很多时候是其并不是个善于思考和乐于思考的人

二、步骤一：观其夺救，以明间杂

何谓观其夺救，以明间杂。

夫质有至有违，**刚质无欲，所以为至**；贪情或胜，所以为违。若至胜违，则恶情夺正。若然而不然。**以欲胜刚，以此似刚而不刚**。故仁出于慈，有慈而不仁者；仁必有恤，有仁而不恤者；厉必有刚，有厉而不刚者。若夫见可怜则流涕，**慈心发于中**。将分与则吝啬，是慈而不仁者。**为仁者必济恤**。睹危急则恻隐，**仁情动于内**。将赴救则畏患，是仁而不恤者。**为恤者必赴危**。处虚义则色厉，**精厉见于貌**。顾利欲则内荏，是厉而不刚者。**为刚者必无欲**。

然则慈而不仁者，则吝夺之也。**爱财伤于慈**。仁而不恤者，则惧夺之也。**恇怯损于仁**。厉而不刚者，则欲夺之也。**利欲害于刚**。故曰慈不能胜吝，无必其能仁也。**爱则不施，何于仁之为能**。仁不能胜惧，无必其能恤也。**畏懦不果，何恤之能行**。厉不能胜欲，无必其能刚也。**情存利欲，何刚之能成**。是故不仁之质胜，则伎力为害器。**仁质既弱而有伎力，此害己之器也**。贪悖之性胜，则强猛为祸梯。**廉质既负而性强猛，此祸己之梯也**。

亦有善情救恶，不至为害。恶物宜剪而除，纯善之人怜而救之，此稠厚之人，**非大害也**。爱惠分笃，虽傲狎不离；**平生结交情厚分深，虽原壤夷俟而不相弃，无大过也**。助善著明，虽疾恶无害也。**如杀无道以就有道，疾恶虽甚，无大非也**。救济过厚，虽取人不贪也。**取人之物以有救济，虽讥在乞醯，非大贪也**。是故观其夺救，而明间杂之情可得知也。**或畏吝夺慈仁，或救济过其分，而平淡之主顺而恕**。

什么叫观其夺救，以明间杂？

人是一体两面善恶参浑的，最后呈现出来的行为不过是善的力量和恶的力量角力的结果，如果恶的力量胜过了善的力量，就是恶情夺正，反之就是正质救恶。仁爱虽来源于慈爱，但是有的人却是慈而不仁的（比如，对孩子很好，但是对小动物很残忍）；仁爱者通常是愿意帮助别人的，但是在某些情况下又不会伸出援助之手（比如，对于曾经有过不愉快的人）。庄重严肃的人往往都有刚强不屈的一面，但是也有表面严肃但是实际并不刚强的人（比如，工作勤奋努力的官员可能抵挡不住钱色的诱惑）。具体来讲就是，有慈爱之心的人看到可怜的人可能会报以深深的同情，但是需要他拿东西出来帮助对方的时候，会吝啬不已，这是慈而不仁的表现。看到别人在危难之中而心生恻隐，但是需要他去救助的时候就害怕了，这是仁而不恤的表现。在谈论大道理的时候大义凛然，但是在利益面前就变得懦弱而谄媚，这是厉而不刚的表现。

仔细分析得出，慈而不仁者，是因为吝啬夺其仁，尽管因慈爱而心生怜悯，但是又因为吝啬财物而不愿意救济人。仁而不恤者，是因为害怕夺其恤，尽管因仁爱而心生恻隐，但是害怕引火烧身而放弃救助。厉而不刚者，是因为贪欲夺其刚，尽管可能有凛然正气，但是又贪恋钱权美色而放弃原则。所以说慈如果不能战胜内在的吝啬，就不能说慈者一定有仁者爱人的品质；仁如果不能战胜内心的恐惧，就不能说仁者一定有助人为乐的品质；庄正肃穆如果不能抵制各种诱惑，就不能说庄正肃穆者一定有刚的品性。反过来讲，如果一个人没有仁爱之心，还很聪明有能力，那么这个聪明能力就是害己之利器；如果一个人贪婪不守规矩，个性还很勇猛霸蛮，那么这个霸蛮就是通向毁灭的阶梯。

也有因为好的动机"救"恶的行为而使其不至于产生害处的情况。比如，情深义厚的朋友，对待对方的时候可能会特别不客气甚至不尊重，但是其根本原因是因为希望朋友能好起来，所以朋友不会因为其过分的行为（恶）而离开他，注文里说孔子就骂他的老朋友原壤懒惰不争气，甚至用拐杖敲打他，但是他们彼此仍然关系很好。又如，替天行道者，虽然过于疾恶如仇，手段粗暴（恶），但是其目的终究是为了除恶扬善（救）。再如，借别人家的东西来行救济之事（恶），其目的终究是为了帮助别人（救），而不是为了自己。所以，通过观察人性当中正向力量和反向力量的关系，那么人性之中的复杂就可以明了了。

简要总结一下上文想要表达的核心意思，即人的各种品质之间有复杂的相互关系，这些相互关系表现为以下三方面。

（1）一个好的品质可能因为另一个不好的品质而限制其发展；比如，慈而不仁，吝夺之。

（2）一个坏的品质可能因为另一个好的品质而导致其结果更坏；比如，不仁而有伎力。

（3）一个坏的品质可能因为另一个好的品质而导致不那么坏的结果；比如，疾恶者终无害。

"观其夺救，以明间杂"，就是提示我们看人要从整体看，对其品质和行为的推论要谨慎，在分析判断的过程中要有严密的逻辑。但是很遗憾的是，在人才测评工具越来越丰富，越来越精准的今天，人力资源工作者都过于依赖工具判断，轻视对工具测评结果思考整合的过程，从某种程度上讲，这是一种思维上的懒惰和对人性的无知。

举例来讲，我们通过测评工具，发现一个应聘者的责任感（dutifulness）得分非常高，这个时候机械化报告使用者可能会认为其作为一个职员将会有很高的绩效输出，然而事实往往不是这样的，这个人虽然责任感强（个性），但是专注度不够（能力），容易因为各种环境刺激而分心，这个时候可能就导致其工作效率低下，容易出现错漏失误，即使专注度够了，又可能因为系统思考能力的不足不能抓住工作任务的关键，从而导致其很多的工作产出不符合总体目标的要求。出现这一系列的误判究其根本就是没有总体地看人，对目标品质和行为的根源、支持性条件（救）和破坏性条件（夺）缺乏清晰而严密的认识。

从更深层次的原因来讲，现代心理测量学承袭的是西方的分类思想，将一个人的个性、能力素质等制作成条理分明的词条，比如，外向性、乐群性、影响力等，并以得分的形式呈现在测评报告上，诚然，这种呈现形式极大地降低了人才识别的难度，让人才识别变得更加结构化和清晰化，但是也带来了对人的心理世界进行简单肢解的路径依赖，反而忘记了我们为什么出发。那么我们为什么出发？我们是为了理解一个完整的人而出发的，而不是为了了解一个人的某方面而出发；我们是为了把握一个人基本的心智模式而出发，而不是为了了解其某一个小特征而出发。将报告中所呈现的支离破碎的各个侧面再有机地还原出来才是我们人才测评的目标。还原是一门功夫，这个功夫就是本段所讲的"观其夺救，以明间杂"。

以一位职场女性的 DPI-W 职业发展潜质测验的一级指标结果作为样例，我们来看看还原的过程，从这份结果当中我们可以得出一个简单的结论，即在日常工作场景中，这就是一位"傻大姐"型的同事，"傻大姐"三个字就是我们还原的结果。那么这个结论是怎么得出来的呢？从下图中我们能够看出来，这位女职员情绪稳定有安全感，对人也热情，工作上以执行为主，但是又不太会特别克制自己（该信息隐藏在二级小指标当中，此处未附），不想有多大的成就，但是又整体呈现积极向上的状态，不爱动脑子，因此满足这些特征的大体上就是"傻大姐"型的职场开心果。

指标名称	低分	中低分	中高分	高分
雄心抱负 坚韧性／成就性		49		
审辩思维 洞察与分析		41		
人际影响 人际活跃度与影响力		51		
务实执行 尽责性与行动力		59		
自我调适 安全感与情绪管理		70		

DPI-W 职业潜力量表一级指标图

从一个更高的角度来讲，人可以作为研究的对象，但是人不可以被对象化地研究。人的心理世界可以被条块化地呈现在测评报告上，但是人绝不等于这些条块化指标的简单加和，而应该是有机融合。观其夺救才能明其间杂。

三、步骤二：观其感变，以审常度

何谓观其感变，以审常度？

夫人厚貌深情，将欲求之，必观其辞旨，察其应赞。**视发言之旨趣，观应和之当否**。夫观其辞旨，犹听音之善丑。**音唱而善丑别**。察其应赞，犹视智之能否也。**声和而能否别**。故观辞察应，足以互相别识。**彼唱此和，是非相举**。

然则论显扬正，白也。**辞显唱正，是曰明白**。不善言应，玄也。**默而识之，是曰玄也**。经纬玄白，通也。**明辨是非，可谓通理**。移易无正，杂也。**理不一据，言意浑杂**。先识未然，圣也。追思玄事，睿也。见事过人，明也。以明为晦，智也。**心虽明之，常若不足**。微忽必识，妙也。**理虽至微，而能察之**。美妙不昧，疏也。**心致昭然，是曰疏朗**。测之益深，实也。**心有实智，探之愈精**，犹泉滋中出，**测之益深也**。假合炫耀，虚也。**道听途说，久而无实。犹池水无源，泄而虚竭**。自见其美，不足也。**智不赡足，恐人不知以自伐**。不伐①其能，有余也。**不畏不知**。

故曰，凡事不度，必有其故。**色貌失实，必有忧喜之故**。忧患之色，乏而且荒。**忧患在心，故形色荒**。疾疢②之色，乱而垢杂。**黄黑色杂，理多尘垢**。喜色愉然以怿，愠色厉然以扬，妒③惑④之色冒昧无常。**粗白粗赤，愤愤在面**。及其动作，盖并言辞。**色既发扬，言亦从之**。是故其言甚怿，而精色不从者，中有违也。**心恨而言强和，色貌终不相从**。其言有违，而精色可信者，辞不敏也。**言不自尽，故辞虽违而色貌可信**。言未发而怒色先见者，意愤溢也。**愤怒填胸者，未言而色貌已作**。言将发而怒气送之者，强所不然也。**欲强行不然之事，故怒气助言**。

凡此之类，征见于外，不可奄违。**心欢而怒容，意恨而和貌**。虽欲违之，精色不从。**心动貌从**。感愕以明，虽变可知。**情虽在内，感愕发外，千形万貌，粗可知矣**。是故观其感变，而常度之情可知。**观人辞色，而知其心，物有常度，然后审矣**。

什么叫观其感变，以审常度？（怎么通过观察其谈吐和神色，来判断其基本思想情感）

人的个性都隐藏在日常行为当中，如果要看到其内在本质，就必须要仔细分析其说话的旨趣，观察其对别人观点的反应。分析说话的旨趣就像鉴别乐曲一样，是有高雅低俗之分的；观察其对别人观点的反应就像鉴别智慧水平一样，是有聪明愚笨之别的。说话的旨趣以及对他人观点的回应相互映照，

---

① 自夸的意思。

② 本意指疾疢（chèn）小疾，但是常沾在身不去者，通常用来借代为忧患。《孟子·尽心上》"人之有德慧术知者，恒存乎疢疾。"

③ 妒，不能容人之美于己。

④ 惑，因欲望太多太强而有烦乱之感。

就可以探求其真实的思想和情感了。

从辞旨的角度来讲，其一般规律如下。

如果一个人讲话总是慷慨激昂有煽动性，那么他应该是一个外向型的人（白）；

如果一个人不善交际沉默寡言，那么他应该是一个性情安静、情感细腻的人（玄）；

如果一个人既能滔滔不绝地影响他人，又能沉默安静入玄远之境，那么就可以称之为通才（通）；

如果一个人的观点很容易变化且缺少正确的价值支撑，那么他应该是一个随波逐流、心无定式的人（杂）；

如果一个人总能未卜先知，对事物的发展做出准确预测，那么他应该是一个精通哲理的人（圣）；

如果一个人总是去追忆思考那些精深玄妙的道理，那么他应该就是一个聪明睿智的人（睿）；

如果一个人对于事物总有独到过人的洞见，那么他应该是一个善于思考的人（明）；

如果一个人明明有过人的洞见，但是总是小心谨慎，觉得自己懂得的还不够究竟，那么他应该是一个充满智慧的人（智）；

如果一个人总能注意到被大家忽视的微小细节，那么他应该是一个非常有意思的人（妙）；

如果一个人总是喜欢将有趣的东西分享给别人，那么他应该是一个开朗的人（疏）；

如果一个人不太表现自我，但是你越了解越发现其掌握的知识道理精深难测，那么他应该是一个有实在智慧的人（实）；

如果一人喜欢四处炫耀自己道听途说的东西，那么他应该是一个内在空虚没有实在智慧的人（虚）；

如果一个人总是喜欢在别人面前表现自己多有能力，那么他应该是一个内在很自卑的人（不足）；

如果一个人从不夸耀自己的能力，那么他应该是一个真实能力比你看见的还要强的人（有余）；

另外需要补充的是，如果神色语调出现反常，往往是受到了内心情感的影响。

比如，人如果处在忧患之中，通常面色就会憔悴疲乏且没有神采；

如果久病未愈，通常脸色黄黑且暗沉无光；

如果恰逢喜事，通常表情愉悦而欢快；

如果愤怒难遏，通常表情严肃而眉梢扬起；

如果妒火难平，通常表情阴晴不定而乖张。

总体来讲，人的表情、动作和言辞主旨应该是协同一致的。如果言语显得特别开心得意，但是神色并不愉悦，那么所说的话大抵是违心之言。如果说的话感觉不太合适，但是神态举止很正常，那大多是因为表达能力不好。如果在说话之前就满脸怒气，那是真的怒不可遏；如果在说话的时候，特意以愤怒的语气进行强调，那不过是为了装腔作势。

以上所讲的这些情形，都是可以观察到的，很难隐藏，即使想隐藏，神色表情也是控制不了的。虽然人心是看不见的，但是可以从外部看出来，即使千变万化，但是万变不离其宗，通过这种方式基本也能搞清楚。这就是所谓的"观其感变，而常度之情可知"。

上文所说的观人经验总体上包含两点：

综合性的辞旨判断。人说话的中心思想透露出了他是什么样的人；比如，论显扬正，白也；不伐其能，有余也。

语言可以骗人，但是表情不能骗人。这里笔者想讲一个亲身经历的测评故事。这个故事充分展示了非言语信息和言语信息对人才判断的消极作用和积极作用，最后提示我们两种信息需要相互参详、相互印证才能保证测评结果的准确性。

那时我入行才两年多，有一次作为助理顾问（主要工作是记录，也可补充提问）参与 BEI 面谈，被测评的对象是一位形象气质俱佳的30岁左右的女性，笑意盈盈，端庄优雅，说话的语气带着得体的温婉与热情，且言辞得体，让人如沐春风。在我们对其个人职业经历进行问询阶段可以说表现完美，从职员到经理然后进入总裁办，升迁速度很快。

但是在问到某个具体工作的处理过程时，其脸上的表情稍微错愕了一下，但是很快就调整好了，继续侃侃而谈，但是显然其处理问题的过程就没有她的形象气质那么突出了，在讲述事件背景的时候，结构性并没有表现得特别突出，在她讲述事情经过的时候，运用"** 分析工具分析问题"的话，语调略低，且语速很快，似乎想把这个词吃掉，以至于在结束后，主评顾问都没注意到对方说过这个词，当时我们比较确定的是，对方所提到的这个分析工具与所谈论的问题明显是不搭边的，综合来看，我们推断对方在思维能力和管理常识上可能有较大的欠缺，且在极力掩饰这种欠缺。

于是在下一轮的考察中，我们着重考察了该个体的思维能力和务实性，果然其在分析、计划、系统思考等方面存在较大的问题，属于不爱思考也拒绝思考的类型，心理测验的结果也表明，她的尽责性是比较低的。最后我们做出判断，之所以她能够做到较高的职位，大部分原因在于她出色的人际能力和外在形象。

那么问题来了，在我们以往的测评经验当中，一个人所展现出来的气质与内在的才能往往具有较高的一致性，但是该个体展现出来的气质（如语气节奏、仪容仪表、表情形象等）和才能之间却出现了较大的不一致性，是我们的经验假设出错了吗？在项目结束后，我与其领导，也是本次项目的甲方负责人进行了交流，了解到被测评人家庭条件优渥，从小就参加过诸如形体、礼仪、主持等方面的专业训练，也有很多大型演艺活动的主持经验。如此才真正解开了我内心的困惑，气质与才能具有整体一致性的假设仍然是对的，但是在具体做判断的时候，两者是需要互参的，且需要特别关注语言掩饰和仪表训练带来的影响。

四、步骤三：观其至质，以知其名

何谓观其至质，以知其名。

凡偏材之性，二至以上，则至质相发，而令名生矣。**二至，质气之谓也。质直气清，则善名生矣。**

是故骨直气清，则休名生焉。**骨气相应，名是以美。**

气清力劲，则烈名生焉。**气既清矣，力劲则烈。**

劲智精理，则能名生焉。**智既劲矣，精理则能称。**

智直强悫[1]，则任名生焉。**真而又美，是以见任。**

集于端质，则令德济焉。**质征端和，善德乃成。**加之学，则文理灼焉。**圭玉有质，莹则成文。**

是故观其所至之多少，而异名之所生可知也。**寻其质气，览其清浊，虽有多少之异，异状之名，断可知之。**

什么叫观其至质，以知其名？（什么叫通过观察其拥有的核心特质，来给其准确命名）

但凡是偏材，具备了（第一章九征之质当中的）两种或者两种以上相对显著的特点，那么这些特质会相互作用相互促进（从而显现出相对明显的特征），这样就可以给予相应的命名。

比如，骨直气清，则休名生焉。身姿挺拔，又气质清雅，则命名为美善之人。

骨直气清指的是气质高雅且正直挺拔之意，通常用来形容清雅之士。唐代刘禹锡所写的《陋室铭》就非常贴切地描述了这一特点："谈笑有鸿儒，往来无白丁。可以调素琴，阅金经。无丝竹之乱耳，无案牍之劳形。"骨直气清者，追求高雅的志趣，有丰富的学识，同时又不热衷于世俗的功名利禄，自然超尘拔俗。现代人们追求宁静逃避纷扰很多时候就是在追求这种骨直气清

---

① 悫（què）诚实。《说文》："悫，谨也。"《荀子·非十二子》："高言谨悫。"

的境界。当然也有很多所谓的大师，试图抓住人们的这种心理谋私利。其实分辨的方式很简单，其一，身姿是否挺拔笔直；其二，面色是否清雅。至于是否穿着道袍留着长须，这些都是表象，不重要。挺拔身姿需要用浩然正气充盈以养，面色清雅需要将世俗欲望隔绝以修，这两者都不是一朝一夕可以形成的，所以大可以作为判断的依据。

气清力劲，则烈名生焉。内气清正，且坚劲迅猛，则命名为刚烈之人。

气清力劲大有无欲则刚之意，通常用来形容贞烈之士。如草原野马，绝不轻易接受驯服，除非是优秀的牧马人。很多影视剧塑造的军人形象就是如此，他们虽憨厚善良，但是他们一定不会任人宰割，不论是面对己方的权势高官还是敌方的威武之师，他们都不会有攀附或者怯懦之态，并随时准备舍弃自己的一切与不正义的人和事斗争到底。尊严是他们最高的信仰，驯服他们的唯一方法就是你比他们更有能力更有勇气更无私无畏。

劲智精理，则能名生焉。抗压能力强，有智慧且有逻辑，条理性好，则命名为有能力的人。

劲智精理指的是有刚气，有智慧，且精明有条理，这种人在处理日常工作中往往是独当一面的干将，首先内劲够，能顶住压力，其次能化繁为简，以富有条理性的方式完成任务。在企业当中，他们通常能做到较高的级别。但是所精之理往往是俗世之理，多了一些实际性，少了一些玄远的哲思，也正因为少了这些哲思的部分，他们的主要精力可以完全投注于处理实际事务当中。如果给这种人命名那就叫能人。

智直强悫，则任名生焉。聪明正直，且坚强谨慎，则命名为堪当大任的人。

智直强悫，坚守大道之直，又能以智慧的方式来践行，不因修远之路而退却，坚定勇敢又不失谨慎小心，很像一些企业家。深知企业生存与发展的根本目的在于创造价值以造福社会，这是他们的正直，制定战略、参与商业竞争时又能遵循和运用商业规律，这是他们的智慧，碰见困难又能以其为国为民信仰作为支撑坚持到底，这是他们的坚强，决策和行为又时常保持谨慎小心的态度，这是他们的"悫"。综合来讲，这四个字应该概括为"一个老板的自我修养"，给这样的人命名应当是大任之名。

集于端质，则令德济焉。融合了某种美好的特质，那么相应的德行就显现出来了，（比如，前文所讲的直而柔者，既有正直坚决的一面，又有温柔慈爱的一面）这种人加之以学就会有所成就，即文理灼焉。

这就是所谓的通过观察其拥有的不同特质的组合，就可以给其合理命名。

给人才一个合理的命名往往能以最简短的方式来传达最多的人才信息。比如，历史上那句有名的评价曹操的话，"治世之能臣，乱世之枭雄"，就生动地概括了曹操有抱负有能力的特点。在现代的人才测评场景中，我们也时常会在人才测评报告中用简单的句子来概括一个人的核心特质，如"守成有余，进取不足""思心玄微，不辨五谷"。这些描述都是在对受测者进行综合考察后精炼而成的概括性词句，因为绝大多数的受测对象都是偏材，所以词句上一般也是一正一反的两组词。应该说这种人才命名或者概括的方式，也算是对中国传统人才学思想形式上的继承。

五、步骤四：观其所由，以辨依似

何谓观其所由，以辨依似？

夫纯讦性违，不能公正。**质气具讦，何正之有！**依讦似直，以讦讦善。**以直之讦，计**[①] **及良善。**纯宕似流，不能通道。**质气俱宕，何道能通。**依宕似通，行傲过节。**似通之宕，容傲无节。**故曰：直者亦讦，讦者亦讦，其讦则同，其所以为讦则异。**直人之讦，讦恶惮非，纯讦为讦，讦善刺是。**通者亦宕，宕者亦宕，其宕则同，其所以为宕则异。**通人之宕，简而达道。纯宕傲僻以自恣。**

什么叫观其所由[②]，以辨依似？（通过判断其行为之动机，来判断似是而非之人）

---

① 疑为讦，《四库全书》本作讦。

② 木生条见芽以知根是由之范式。在此处引申为通过把握本源，辨析矛盾，以剔除假象。

比如，纯粹就是骂人或者恶意攻击别人，其本质很简单，也很容易看出来，所以一般不会造成误解（如泼妇骂街宣泄情绪）；另外一种打着正义正直的旗号攻击别人的行为就比较隐蔽了，看起来还非常正直的，实际上是有自己不可告人的目的（如互联网上故意带节奏的人）。又如，一位真正的放纵不羁之人是跟流水一样漫无目的，与道是不沾边的，而假的放纵不羁者，会让自己看起来是因为通了大道才放纵不羁的，背地里却做着傲慢无节制的事情（如新闻当中常见的所谓修养身心的大师，以修通大道为借口行诱骗之事，伪君子说的就是这类人）。所以说正直的人会攻击别人，不正直的人也会攻击别人，攻击的行为是一样的，但是其攻击的理由和目的是不一样的。通达之人对很多事情会表现出无所谓，放纵之人也会对很多事情表现出无所谓，但是其无所谓的本质是不一样的。

　　然则何以别之？直而能温者德也。**温和为直，所以为德。**直而好讦者偏也。**性直过讦，所以为偏。**讦而不直者依也。**纯讦似直，所以为依。**道而能节者通也。**以道自节，所以为通。**通而时过者偏也。**性通时过，所以为偏。**宕而不节者依也。**纯宕自通，所以为依。**偏之与依，志同质违，所谓似是而非也。**质同通直，或偏或依。**

那么怎么区分他们呢？正直又能温和待人是有德的，正直但是喜欢批评指责别人的就有些偏了；喜欢指责别人但是不正直的，这种就是依似之人（伪）；能通无为大道又能以大道之理对自己的行为加以节制的，是真的通达之人；能通大道，但是行为上偶尔偏离大道之理的，是偏材；放浪不羁而不加节制的，这种就是依似之人（伪）。偏材之人与虚伪之人在行为表现上通常非常接近，但是他们的本质是不同的，这就是我们常说的似是而非。

　　是故轻诺似烈而寡信，**不量己力，轻许死人，临难畏怯，不能殉命。**多易似能而无效，**不顾材能，日谓能办，受事狷獗，作无效验。**进锐似精而去速，**精躁之人，不能久任。**诃者似察而事烦，**谯诃之人，**

每多烦乱。**许施似惠而无成，当时似给，终无所成。**面从似忠而退违，**阿顺目前，却则自是。**此似是而非者也。**紫色乱朱，圣人恶之。**

亦有似非而是者：**事同于非，其功实则是。**大权似奸而有功，**伊去太甲，以成其功。**大智似愚而内明，**终日不违，内实分别。**博爱似虚而实厚，**泛爱无私，似虚而实。**正言似讦而情忠。**譬帝桀纣，至诚忠爱。**

夫察似明非，御情之反，**欲察似类，审则是非，御取人情，反覆明之。**有似理讼，其实难别也。**故圣人参讯广访，与众共之。**非天下之至精，其孰能得其实。**若其实可得，何忧乎驩兜！何迁乎有苗！是以昧旦晨兴，扬明仄陋，语之三槐，询之九棘。**故听言信貌，或失其真。**言讷貌恶，仲尼失之子羽。**诡情御反，或失其贤。**疑非人情，公孙失之卜式。**贤否之察，实在所依。**虽其难知，即当寻其所依而察之。**是故观其所依，而似类之质可知也。**虽其不尽得其实，然察其所依似，身其体气粗可几矣。**

所以那些轻易就许下承诺的人，许诺之时总是态度热烈而坚决的，实际上他们是最不讲信用的。那些觉得事情总是很简单的人，看起来非常有能力，但是最后事情总是办不成。那些四处寻找机会且充满锐气的人，看起来睿智能干，最后往往虎头蛇尾。那些喜欢说这里不好那里不好的人，看似有很好的督察能力，其实自己做起事来毫无章法。那些好为人师的人，看起来是在帮助别人，实际上是为了表现自我，对别人根本就没有帮助。那些表面上顺从，对别人客客气气的人，看起来忠贞不贰，其实背地里却自行其是。这些都是看起来好，而实际上不好的人。

当然也有看起来不好，但是实际上好的人。大权变者，有时候看起来可能是背离初心、数典忘祖，但是其根本在为深远计。大智慧者，有时候看起来可能反应迟钝甚至略显蠢笨，但是其内心是非常清晰的；大慈善者，有时候看起来有浮夸作秀的嫌疑，但是其本质是宅心仁厚的；大忠诚者，有时候看起来语言太过恶毒，但是其内心是最为忠诚的。

要仔细观察分辨那些似是而非的假象，研究掌握他们的本质。就好像审理案件一样，真实情况是很难辨明的。如果不是天下最聪明的脑袋，是很难对人才做出准确定性的。所以有时只从言语外表（引申为行为）对人加以判断，很容易会失真；有时思虑过多，故意从相反的方向进行推断，可能会失去真正的贤才；对一个人贤能与否的判断，其关键在于找到他的内在动机。搞清楚一个人的行为动机，就可以拨开层层迷雾，抓住其本质。

就原文来讲，依似就是假的，那么怎么判断假不假呢？观其所由，"由"即某个特质的来龙去脉。比如，真正爱你的人，必然不会利用你达成某种私利，因为爱包含着自然而然的守护，而利用是对他人的物化，完全谈不上守护，所以如果一个人利用完你，还声称他是爱你的，那么他要么在撒谎，要么就是真的不懂爱。

又如，一个真正有才华的人往往话是不多的，因为才华本身的作用就是简化和凝练，如果无法简化凝练，那还谈什么才华；一个真正自信的人往往少有装饰，因为自信本身就意味着对自我之美的认同，无须别的东西来装饰；一个真正尽责的人往往不会轻许诺言，因为尽责本身就是让成果匹配期待，轻许诺言无疑让尽责的"我"处于风险之中；一个真正忧郁的人往往不会贪恋美食华服，因为忧郁本身就是对欲望的隔绝，贪恋美食华服无疑就是欲望本身；一个真正深情的人是不会轻易哭出来的，能轻易就动情的人，其情通常没有多深。

辨其依似的功夫在人才测评的实践中是不容易的，需要测评者有相当好的直觉天赋，在恰当的时机，敏锐地捕捉测评对象背离表象的语言、行为，适当地加以追问、求证、辨析。比如，有的测评对象会列举许多求学培训的证书，以证明其好学上进、能力卓越，其实仔细追问你可能会发现其思维能力不足、不自信且虚浮无能。又如，有的测评对象本身无论是级别还是年龄都不低，又对测评师特别客气和谦卑，看起来就像是一个老实本分的尽责之人，实际上聊起话题来特别官方，谈起对组织的改进建议时，避重就轻，甚至大赞领导英明，显然这不是一个尽责之人，尽责之人眼中看见的应该是实事，只有从实事出发才能称其为尽责。

随着心理学和神经科学的发展，很多研究团队在试图用更加科学的方式解决这个问题。这些方法大体有两大阵营：第一，运用神经心理学的相关研究，开发相应的测评技术，从生理的角度进行突破，比如，运用神经电位测量、游戏化测评等方式，虽然目前有一些研究成果，但是其理论基础依然薄弱，且不够系统化，只在有限的几方面有较好的准确度，很难给出一个人完整的应用性评价，但是可以预见的是，随着各项研究的进一步深入，理论模型的进一步完善，这将是人才测评的终极利器。第二，对原有量表的命题方法进行改进。比如，西方量表开发的方法比较关注外显行为及偏好，命题逻辑比较简单直接，容易被受测者看出其命题目的，在中国文化环境下尤其如此，所以对于中国量表命题除了委婉，还需要穿透人的认知结构进行命题，让所提的问题就如同问一个盲人（不具有某特质），前方的路是弯的还是直的，盲人的正确率一定是低于视力正常的人（具有该特质）的。该方法的详细内容可参阅拙作《心理量表命题技术手册》。

六、步骤五：观其爱敬，以知通塞

何谓观其爱敬，以知通塞？

盖人道之极，莫过爱敬。**爱生于父子，敬立于君臣。**是故《孝经》以爱为至德，**起父子之亲，故为至德。**以敬为要道。**终君臣之义，故为道之要。**《易》以感为德，**气通生物，人得之以利养。**以谦为道。**尊卑殊别，道之次序。**《老子》以无为德，**施化无方，德之则也。**以虚为道。**寂寞无为，道之伦也。**《礼》以敬为本，**礼由阴作，肃然清净。**《乐》以爱为主。**乐由阳来，欢然亲爱。**然则人情之质，有爱敬之诚，**方在哺乳，爱敬生矣。**则与道德同体，动获人心，而道无不通也。**体道修德，故物顺理通。**

什么叫观其爱敬，以知通塞呢？

人伦关系论到极致，无外乎爱和敬。① 譬如，先贤在《孝经》② 中将爱作为最高的道德标准，把敬作为重要的行为守则。在《易》③ 中将感（爱）作为德行的标准，把谦逊（敬）作为行为准则。在《老子》④ 中以无为（爱）作为最高的道德，把虚怀若谷（敬）作为行为准则。在《礼》⑤ 中以敬为根本思想。在《乐》⑥ 中把爱作为主旨。由此论之，爱和敬就是处理人伦关系的本质要素，只要紧紧抓住这两个要素，那么一举一动都能获得他人从心底的认同和支持，做事情就能无往而不利了。

然爱不可少于敬，少于敬，则廉节者归之，**廉人好敬，是以归之**。而众人不与。**众人乐爱，爱少，是以不与**。爱多于敬，则虽廉节者不悦，而爱接者死之。**廉人寡，常人众，众人乐爱，致其死，则事成业济。是故爱之为道，不可少矣**。何则？

然而，一般来讲爱是不能少于敬的，如果少于敬，谦恭守节的人可能会亲近你，但是大部分人可能就会远离你。如果爱多于敬的话，谦恭守节者会不太开心，但是重情者反而会尽心尽力地帮助你。这是为什么呢？

敬之为道也，严而相离，其势难久。**动必肃容，过之不久**。逆旅之人，**不及温和而归也**。爱之为道也，情亲意厚，深而感物。**煦渝笃密，感物深感** ⑦，是以翳桑之人，倒戈报德。是故观其爱敬之诚，而通塞之理可得而知也。**笃于慈爱，则温和，而上下之情通。务在礼敬，则严肃，而外内之情塞。然必爱敬相须，不可一时而无。然行其二义者**，

① 爱来自父子之亲，敬根植于君臣之义。

② 《孝经》是中国古代汉族政治伦理著作，儒家十三经之一。

③ 《易》是《易经》的简称。

④ 《老子》又称《道德真经》《道德经》《五千言》《老子五千文》。

⑤ 《礼》古代礼学的经典。

⑥ 《乐》是指《史记》中的《礼记·乐记》，主要阐述音乐思想。

⑦ 《四库全书》本作"感悟甚深"更加合适。

常当务令爱多敬少，然后肃穆之风可得希矣。

因为以敬作为自己主要行为准则的人，往往比较严肃，与他人保持距离，很难得到别人坚定的支持；以爱作为自己主要行为准则的人，往往比较情深义重，注重情感交流，所以能够得到他人在情感上的认同。所以，观察一个人爱人和敬人的成分比重，就能知道其在人际关系当中是畅通无阻还是淤塞难行了。

依照原文来看，爱人者是比较自由活泼的，追求情感认同，从而获得大家发自内心的稳定的拥护，具有非理性的特点，而绝大部分人都是非理性的，所以在人际交往上，爱人者通常在人情方面比较容易顺遂；而礼敬者是以理为据的，奉行上下有别，尊卑有序，追求行为合规，难以建立深度稳定的人际关系，所以他们通常在人情方面比较容易淤塞。

对于爱人者而言，他们的内心世界是与他人平等互通的，他们所追求的是与他人在情感上的相互理解，是价值观的彼此契合，是一种更加具有深度的链接，是仁，是对生生不息的蓦然欢喜。他们不一定外向，但是他们一定有一颗开放包容的心来感受和理解他人。所以他们得到的朋友通常是挚友，那种不需要联系但是永远都不会忘记的朋友。虽然爱人者不一定会主动去寻求社会关系，但是他们所拥有的社会关系都是非常稳健和牢靠的，是建立在彼此的深度理解和认同基础上的，所以他们的人生之路通常是通达顺遂的。

对于敬人者而言，他们的内心世界将自己与他人视作有尊卑的存在，领导为尊，所以要尽力服从，即使自己并不认同，也不太会辩解；朋友为尊，所以要注意礼仪，即使是多年老友，登门也要备礼。尽管他们的任何举动都是正确的，但是你总是感觉你们之间是有距离的，换句话说，就是客气有余而略显生分。敬人者通常在社交场合表现的进退得宜，谦恭有礼，但是究其根本，其内在是孤独的甚至怯懦的，他害怕犯错，害怕冒犯别人，不敢将自己全然交出去，因此他们得到的社会链接就是此一时彼一时的，所以他们的人生之路通常也走得比较难。

从领导力的角度来讲，领导者所要真正领导的是下属的心，只有下属在心里认同领导者，领导者才会有真正的领导力。那么这个心是什么？心就是情感，就是起于父子之亲的爱，领导者的一举一动唤起了下属内心的父子、兄弟、姊妹的情感原型，因为你光明磊落，所以我生死相随，因为你大仁大义，所以我荣辱与共，这是一种生命情感，不是理性判断，是只有以我生命之热才能换来的你的奋进之光。在这一点上，慈爱型领导有天然的优势，他们能以作为人之基本能力来感受情感，感受团队氛围，感受下属期待，他们同样也是那么自然地就知道如何调整氛围满足期待，这也不是一个理性决策的过程，而是生而知之的天赋，因为在情感层面的联通，所以他们更容易得到他人行为层面的拥护。而礼敬型的领导就比较信仰规则、权利和义务，将下属视作"需要管理的对象"，关心的是工作业绩，是汇报态度，下属会感觉自己被工具化了，是被使用与被管理的对象，其作为独特之自我没有得到足够的尊重与理解，情感的交融自然就无从谈起。既然上级的心是冷的、是硬的，那么下属的心自然也就远了，所谓的领导力最终就只能仰仗于胡萝卜与大棒。然而不幸的是，我们诸多的关于领导力的研究都在醉心于如何最大化地用好胡萝卜与大棒。

当然我们并不是单方面地强调爱而忽略敬，而是需要爱敬并存，且爱要多于敬，建立的规则中有不带敌意的坚决，日常的辅导中有不带诱惑的深情，就像通常情况下中国式的父亲角色，既严厉又厚重。在下属看来，这样的领导让人又爱又怕，但是爱始终是多于怕的。如果一个领导者能让下属有这样的感觉，我想其领导力应该可以成为典范了。

从企业文化的角度来讲，如果一家企业过于强调执行、正确与KPI，强调上下级的等级关系，而缺乏对人文情感的基本关注，缺乏上下级的融合，缺乏对下属成长的欣然态度，那么就必然导致以敬为主体的企业文化，也必然导致下属在工作当中的循规蹈矩、畏畏缩缩，甚至是阳奉阴违。当然并不是说这样的企业文化一无是处，只是这样的企业文化仅仅适合于管理颗粒度已经非常小且竞争格局相对稳定的市场环境。另外一种是以爱为核心的企业文化，比较放松、宽容，组织层级扁平或者模糊化，个体敢于充分地自我表达，而不用担心动辄得咎，这样的组织文化往往能有效地激发员工的创造性，当然也会有一些弊端，即业务推进的效率不可预知，且节奏可能失控甚至危及企业生存。所以，如果塑造以爱为主体的企业文化需要组织满足两个条件，其一，组织是有一定的物质基础的，具有容错回旋的空间；其二，组织选择的员工是非消极的，是有自我驱动力和创造力的。

通常情况下企业文化是需要引导与选择的，其根本目的是适应企业发展的需要，不同的企业发展阶段需要不同的企业文化，这是一个动态的过程。一般来说，文化选择与企业发展阶段的关系如下表所示：

企业发展时期与文化选择对应表

发展阶段	组织需求	文化选择
跃进期	生态化，形成生态化的不可预测但是有机的创新	爱大于敬
稳定期	自动化，形成自动化的业务和团队的复制	敬大于爱
发展期	规范化，形成规范化的业务流程和团队管理机制	爱敬并重
创业期	结构化，形成结构稳定的业务模式和核心团队	爱大于敬

企业发展的不同时期有不同的关键任务，或发散或归敛或创造或规范，究其根本就是阳之热烈和阴之沉静的配比。在创业期，需要兼容并蓄，寻求合适的生存方式，各种途径都需要去尝试，最终形成一个基本稳定的业务模式，从而度过生存期，这个阶段的企业需要充分开放吸收、探索、创造，所以在文化上要选择宽容、理解，充分发挥每一个人的全面才智。在发展期，需要逐步规范化，提高效率，敬畏规则应该成为这个时期的主题，但爱的一面不可全然裁撤，所以在文化上要选择爱和敬并重。在稳定期，企业的业务形态处于复制扩张的时期，因此要求严格按照规则来执行，这个时候规则就是更加重要的方面，所以在文化选择上就更加适合敬大于爱，法大于情。在跃进期，企业处于二次创业的关口，这个时候老的班底必须为新的力量让路，允许新的力量突破旧的限制，这个时候的文化选择就比较适合退让、宽容，让爱大于敬，为创造性让路。

七、步骤六：观其情机，以辨恕惑

何谓观其情机，以辨恕惑？

夫人之情有六机：

杼①其所欲则喜，**为有力者誉乌获，其心莫不忻焉**。不杼其所能则怨；**为辨给者称三缄，其心莫不忿然**。以自伐历之则恶，**抗己所能以历众人，众人所恶**。以谦损下之则悦；**卑损下人，人皆喜悦**。犯其所乏则娴，**人皆悦己所长，恶己所短，故称其所短，则娴戾忿肆**。以恶犯娴则妒。**自伐其能，人所恶也，称人之短，人所娴也。今伐其所能，犯人所娴，则妒害生也**。此人性之六机也。

什么是观其情机②，以辨恕惑③？恕惑指代君子和小人，在这里引申为格局的大小。格局大者，不刻意强调自己的能力和成就，行谦下之事，宽容别人对自己的冒犯；格局小者，爱自我表现，喜欢凌驾于他人之上，对些微的不重视表现出极大的不满和愤恨。

人的情绪变化有六个关键的要点。

（1）投其所好，满足了对方的欲望，那么对方就会很开心。比如，刘昞注里面所讲的："为有力者誉乌获④，其心莫不忻⑤焉。"意思说，如果你称赞力气大的人叫大力士或者第一勇士，这个人就会非常开心。

（2）不给对方才华展示的机会，对方就会怨恨你。刘昞注：为辨给者称三缄，其心莫不愤然。意思是说你把一个本来很擅长辩论的人嘴巴封起来，不让其参与辩论，使其才能得不到施展，他内心里就会感到愤恨。

（3）以自伐历之则恶，如果你在对方面前讲述自己的成功往事，别人就

---

① Zhu 四声，古代织布机上的梭。
② 情机，情绪情感变化的关键点，即在乎什么。
③ 恕惑，恕，如心也；惑，乱心也；合而指代君子与小人，君子格局大，小人格局小。
④ 秦武王时的大力士。
⑤ 忻通"欣"。

会讨厌你。

（4）以谦损下之则悦，如果你保持谦逊低调，将自己放在比对方低一层的位置，对方就会开心。

（5）犯其所乏则媢[1]，冒犯别人的缺点或者短处，那么人家就会忌恨于你。比如，同是穷苦出身，其中一人因为某种机缘变得富有，就容易被其他人所妒忌。

（6）以恶犯媢则妒。刘昞注："自伐其能，人所恶也，称人之短，人所媢也。今伐其所能，犯人所媢，则妒害生也。"就是说，炫耀自己能力的行为本来就让人讨厌，冒犯别人的短处本来就容易让人忌恨，然后你还特别炫耀自己，在别人的伤口上撒盐，往往会招来妒害。

这是人性的六种机要所在。（此处"人性"很多译本认为应为人情，因上下文皆讲人情。笔者以为人情和人性皆可，用人情更符合上下文的逻辑线索，用人性跟我们日常讲的人性概念更加吻合。）

夫人情莫不欲遂其志，**志之所欲，欲遂己成**。故烈士乐奋力之功，**遭难而力士奋**。善士乐督政之训，**政修而善士用**。能士乐治乱之事，**治乱而求贤能**。术士乐计策之谋，**广算而求其策**。辨士乐陵讯之辞，**宾赞而求辨给**。贪者乐货财之积，**货财积，则贪者容其求**。幸者乐权势之尤。**权势之尤，则幸者窃其柄**。苟赞其志，则莫不欣然。是所谓杼其所欲则喜也。**所欲之心杼尽，复何怨乎！**

若不杼其所能，则不获其志，不获其志，则戚。**忧己才之不展**。是故功力不建，则烈士奋。奋，愤不能尽其材也。德行不训，则正人哀。**哀，哀不得行其化**。政乱不治，则能者叹。**叹，叹不得用其能**。敌未能弭，则术人思。**思，思不得运其奇**。货财不积，则贪者忧。**忧，忧无所收其利**。权势不尤，则幸者悲。**悲，悲不得弄其权**。是所谓不杼其能则怨也。**所怨不杼，其能悦也**？

---

[1] 媢（hù），忌恨。

人情莫不欲处前,故恶人之自伐。**皆欲居物先,故恶人之自伐也。**自伐,皆欲胜之类也。是故自伐其善,则莫不恶也。**恶其有胜己之心。**是所谓自伐历之则恶也。**是以达者终不自伐。**

人情皆欲求胜,故悦人之谦。谦,所以下之。下有推与之意,是故人无贤愚,接之以谦,则无不色怿。**不问能否,皆欲胜人。**是所谓以谦下之则悦也。**是以君子终日谦谦。**

人情皆欲掩其所短,见其所长。**称其所长则悦,称其所短则愠。**是故人驳其所短,似若物冒之。**情之愤闷,有若覆冒。**是所谓驳其所伐则姻也。**覆冒纯塞,其心姻庆。**

人情陵①上者也,**见人胜己,皆欲陵之。**陵犯其所恶,虽见憎,未害也。**虽恶我自伐,未甚疾害也。**若以长驳短,是所谓以恶犯姻则妒恶生矣。**以己之长,驳人之短,而取其害,是以达者不为之也。**

刘劭对六种人情之机进行了详细论述。

第一,人们都想要实现自己的价值。所以有抱负的人就比较乐于建立功业;品德高尚的人就喜欢做监督、训导社会不正之风的事情;有能力的人就乐于去治理纷繁复杂的政治局面;善于谋划的人就乐于去出奇谋建奇功;口才好的人就喜欢在别人面前展示自己的语言魅力;贪财的人就喜欢不断积累财富;投机钻营的人就特别乐于去获取权力;如果你认同对方的价值取向,并能够提供相应的帮助的话,那么对方就会非常开心,这就是所谓的"杼其所欲则喜"。

第二,如果不能让人的能力得到发挥,那么他的心愿也就无法达成,从而陷入焦虑之中(戚),焦虑自己的才能得不到施展。所以,如果不能建功立业,那么有抱负的人就不安躁动(奋),忧愤于英雄无用武之地;如果政治风气不清明,那么品德高尚的人就会哀伤,哀伤没有推行自己的德化之政;如果国家管理混乱,那么有能力的人就会叹息,叹息没有让自己来进行管理;如果敌人不能驯服,不断挑衅边境,那么策术之人就陷入忧思,忧思管理者

---

① 陵:欺辱;侵犯。

为什么没有采用自己的奇计；如果财富太少，则贪婪的人就忧愁，忧愁自己没办法赚到更多的钱。如果政治清明，则玩弄权术者会感到悲伤，悲伤于自己没办法搅弄风云了。这些就是所谓的"不杼其能则怨"。

第三，人人都想争先，想高人一头，所以非常讨厌别人的自吹自擂。自吹自擂的本质就是为了说明自己比别人强，所以自吹自擂的人都是让人讨厌的。这就是所谓的"以自伐历之则恶"。

第四，人人都想胜过别人，所以当别人在自己面前表现比较谦逊的时候，都会感到愉悦；谦逊就是将自己放在比别人更低的位置上，把自己放低了，自然就包含着抬高别人的意思。所以，人不论是贤能的还是愚笨的，在人际交往中以谦逊的态度对待他，则无不开心；这就是所谓"以谦损下之则悦"。

第五，人人都想把自己的短处藏起来，展现自己的长处。所以，如果有人揭别人的短处，这就像是一种冒犯，这就是所谓的"犯其所乏则媢"。

第六，人们想要凌驾于他人之上是人之常情，虽然人们讨厌别人自吹自擂，但是仅仅是讨厌，其危害不大；但如果别人以自己的长处去跟你的短处比，以达到羞辱你的目的，这样就会招致忌恨，这就是所谓的"以恶犯媢则妒"。

凡此六机，其归皆欲处上。**物之自大，人人皆尔**。是以君子接物，犯而不校。**知物情好胜，虽或以小犯己，终不校拒也**。不校，则无不敬下，所以避其害也。**务行谦敬，谁害之哉**。小人则不然，既不见机，**不达妒害之机**。而欲人之顺己，**谓欲人无违己**。以伴爱敬为见异，**孔光逡巡，董贤欣喜**。以偶邀会为轻，**谓非本心，忿其轻己**。苟犯其机，则深以为怨。**小人易悦而难事**。是故观其情机，而贤鄙之志可得而知也。**贤明志在退下，鄙劣志在陵上**。是以平淡之主，**御之以正，训贪者之所忧，戒幸者之所悲，然后物不自伐，下不陵上，贤否当位，治道有序**。

这六种机要所在，归根结底，就是人们都喜欢在人之上。所以君子在待人接物的过程中，即使人家冒犯了自己，也不会刻意去校正别人，不去校正别人，就是把自己放在谦下的位置，所以不会引起别人的恶意。小人则不同，不知道这些基本的道理，又特别想人家都顺着自己。认为别人对他假意客套就是不尊重自己，认为别人没有正式隆重地邀请自己就是轻视自己；如果别人违反了他所看重的这些信念准则，则会深深地怨恨对方。所以，看一个人的情机，就可以知道是君子还是小人了。

依照原文来讲，恕惑其实探讨的应该是人生境界的问题。高人生境界者称之为君子，低人生境界者称之为小人。君子深知人心变化的基本规律，也能有效地摆脱这种规律的束缚，不会刻意地追求高于别人，也不会在别人面前炫耀，更不会以自己的长处来攻击别人的短处，其基本的心理能量是向内的，追求自我的完善，所谓君子反求诸己说的就是这个意思；而小人呢，需要得到别人的尊重，也需要被人高看一眼，更有甚者以己之长攻人之短，如若不然，就会生出不满的情绪，究其根本就是其内心空虚与自卑，需要外界的承认与衬托，在外界不能满足这个要求的时候，自然责任就在外界，所谓小人反求诸人说的就是这个意思。

很多取得巨大成就的企业家，总说自己的成就与自己的能力关系不大，更多地将功劳归于这个美好的时代，又或者更加直接地将自己的成功归于运气，其实这并非故作谦虚，而是因为这类企业家的人生境界达到了君子的高度，他们不需要用什么东西来凸显自己，因为其内心世界已经足够丰盈和强大。而更多的人可能因为自己比别人挣得少而焦虑，因为自己没有别人漂亮而自卑，因为同事的升迁而嫉妒，因为朋友的远去而怨恨，这一切的一切无非是因为一个"我"，"我"没能比别人优秀，"我"没有得到跟别人一样的天赋，"我"没有得到足够的重视，"我"的真心没有被看见，于是"我"焦虑、自卑、嫉妒、怨恨，其实如果将这个"我"的全部注意力都放在事情上，专注于做对的事情，专注于把事情做好，那么小人也可以成为君子。

八、步骤七：观其所短，以知所长

何谓观其所短，以知所长？

夫偏材之人，皆有所短。**智不能周也**。故直之失也讦，**刺讦伤于义，故其父攘羊，其子证之**。刚之失也厉，**刚切伤于理，故谏君不从，承之以剑**。和之失也懦，**懦弱不及道，故宫之奇为人懦，不能强谏**。介之失也拘。**拘愚不达事，尾生守信，死于桥下**。

夫直者不讦，无以成其直。既悦其直，不可非其讦。**用人之直，恕其讦也**。讦也者，直之征也。**非讦不能为直**。

刚者不厉，无以济其刚。既悦其刚，不可非其厉。**用人之刚，恕其厉也**。厉也者，刚之征也。**非厉不能为刚**。

和者不懦，无以保其和。既悦其和，不可非其懦。**用人之和，恕其懦也**。懦也者，和之征也。**非懦不能为和**。

介者不拘，无以守其介。既悦其介，不可非其拘。**用人之介，恕其拘也**。拘也者，介之征也。**非拘不能为介**。

然有短者，未必能长也。**纯讦之人，未能正直**。有长者，必以短为征。**纯和之人，征必懦弱**。是故观其征之所短，而其材之所长可知也。**欲用其刚，必采之于厉**。

什么是观其所短，以知所长呢？

偏材之人都有短处。比如，正直的人往往因为过于捍卫原则与正义而伤害别人，刚强的人可能因为太刚强而处理不好人际关系，讲求和气的人可能由于过于在乎和气而显得懦弱，坚守规则的人可能由于追求正确性而丧失灵活性。

换个角度来看，正直的人如果对于不道德的行为不敢指出来，就无以成其直了；既然看重他的正直，就不应该非难他喜欢批评指正的倾向；指摘别人是正直之人必然附带的特征。

刚正的人如果用力不猛，就无以成其刚了。既然看重他的刚正，就不应该非难他的厉；厉是刚正之人必然附带的特征。

温和的人如果不倾向退让，就无以成其和了；既然看重他的温和，就不应该非难他的退让，退让求和是温和之人必然附带的特征。

遵守规则的人如果不能被相应的规则所限制，那么就无法成其介；既然看重其遵守规则的特点，就不应该非难他不知变通的一面；坚持真理固执不变是遵守规则之人必然附带的特征。

需要特别指出的是有短处的人，不一定有对应的长处；有长处的人则必定有相应的短处。这就是所谓的"观其所短，以知所长"。

依照原文所讲，其传达的是一种看人长短的方法，更是一种态度，即需要我们辩证地看待人的优点和缺点。包含两层意思：第一层，绝大部分人缺点越大优点就越大，没有缺点的人往往也没什么用处，你想用人家的优点，就要包容其缺点；第二层，缺点和优点并没有完全严丝合缝的对应关系，有极小的概率是有缺点但是没有对应的优点的，但是通常有优点的人往往一定有相对应的缺点。

九、步骤八：观其聪明，以知所达

何谓观其聪明①，以知所达？

夫仁者，德之基也。**载德而行**。义者，德之节也。**制德之所宜也**。礼者，德之文也。**礼，德之文理也**。信者，德之固也。**固，德之所执也**。智者，德之帅也。**非智不成德**。

什么是观其聪明，以知所达？怎么通过判断一个人的聪明程度，判断其可以达到的高度呢？

因为从把事情做对做成的角度来讲，仁是基础，义是原则，礼是方式，信是支柱，而智是统帅。（没有足够的智慧作为指导，在前四方面都可能误入

---

① 此处指发现内在本义的能力，比如，听话听音、见文思义都是明的范畴。

歧途。）

　　夫智出于明。**明达乃成智**。明之于人，犹昼之待白日，夜之待烛火。**火日所以照昼夜，智达所以明物理**。其明益盛者，所见及远。**火日愈明，所照愈远**。**智达弥明，理通弥深**。及远之明难。**圣人犹有不及**。是故守业勤学，未必及材。**生知者上，学能者次**。材艺精巧，未必及理。**因习成巧，浅于至理**。理义辨给，未必及智。**理成事业，昧于玄智**。智能经事，未必及道。**役智经务，去道远矣**。道思玄远，然后乃周。**道无不载，故无不周**。是谓学不及材，材不及理，理不及智，智不及道。**道智玄微，故四变而后及**。道也者，回复变通。**理不系一，故变通之**。是故别而论之，各自独行，则仁为胜。**仁者济物之资，明者见理而已**。合而俱用，则明为将。**仁者待明，其功乃成**。故以明将仁，则无不怀。**威以使之，仁以恤之**。以明将义，则无不胜。**示以断割之宜**。以明将理，则无不通。**理若明练，万事乃达**。

　　智慧的前提在于从纷繁复杂的现象中洞见本质。洞见本质的能力对于人而言，就像太阳之于白昼，烛火之于黑夜；越是能洞见本质的人，看到的东西就越深远，然而事实上，真正洞穿世间本质是非常困难的（应该类似于得道之说吧）。即使人们努力地学，也不一定能学会；即使学会了也不一定能把握住规律；把握住规律也不一定能灵活运用；能灵活运用的人虽然能够在世上成就一番事业，但是又未必符合大道的要求；只有对大道有深刻的理解和体悟，才能无往而不利。总结来讲，学不及材，材不及理，理不及智，智不及道。得道的人，能够顺大道又能灵活变通。如果分开来讲的话，仁仍然是最好的品质，仁可以周济万物以利天下，而智不过是发现事物规律的能力而已；但是要发挥仁的作用，则必须以智作为统帅，以智来领导仁，这样才能自然而然地达到仁的目的。所以说以智来指导仁，则无人不怀；以智来指导义，则无往不胜；以智来指导规律探索，则无所不通。

> 然则苟无聪明，无以能遂。**暗者昧时，何能成务成遂。** 故好声而实不克则恢。**恢迂远于实。** 好辩而理不至则烦。**辞烦而无正理。** 好法而思不深则刻。**刻过于理。** 好术而计不足则伪。**伪，诬诈也。** 是故钧材而好学，明者为师。比力而争，智者为雄。等德而齐，达者称圣。圣之为称，明智之极明①也。**是以动而为天下法，言而为万世范，居上位而不亢，在下位而不闷。** 是以观其聪明，而所达之材可知也。

如果没有智，办起事来就会非常苦难。比如，想要得到别人的认可 / 尊敬 / 仰慕又没有相应的才华作为支撑，就会显得志大才疏、东施效颦；喜欢辩论但是又讲不出特别深刻有洞见的道理，就会显得啰唆无用；有治国理政推进法治的意愿但是缺乏思维能力，最后只能行刻削之政；喜欢思考战略战术的事情但是又缺乏设计精妙计策的能力，最后往往变得不伦不类。

所以差不多"材质"的人同样喜欢学习，聪明的人最后可以当老师；在力量均等、资源公平的情况下竞争，聪明的人最后总是会赢；道德水平都很高的人在一起，聪明的那个人才能被称为圣人，圣人意思就是在智慧上达到了登峰造极的程度。这就是前文所说的看一个人聪明的程度，就可以知道其最后能到达怎样的层次。

既然聪明决定了一个人最后能达到的层次，那么聪明具体指的是什么？我们又如何探查出一个人的聪明程度呢？

在笔者看来，聪明这个概念就类似于我们日常所说的悟性，有悟性的人不一定有很高的智商，但是他们通常有极好的学习能力和举一反三的能力，他们可能不那么喜欢一本正经的课堂式学习，而更多地喜欢自己琢磨，职场上所渴求的复合型人才指的通常都是这类人。这类人的思维雷达一直处于打

---

① 《四库全书》本作"极名"。指最高的称谓，根据句意，此处应为"极名"。

开状态，非常善于观察和思考，所以他们不论是一般事务的处理还是专业问题的处理，在经过一段时间的经验积累之后，往往就能达到较高的水准，是企业人才后备梯队的主力军。

从个体的命运角度来讲，这种喜欢思考、善于分析和自主学习的"聪明"特质就像一个乘数，这个乘数会极大地改变其他一切特质对命运的影响。比如，两个员工 A 和 B，这两者都很积极上进，认真负责，希望自己能够有所成就，但是对于那个不太聪明的 A，通常会选择比较努力、服从、兢兢业业的方式，他们一般在灵活性和成长性上表现一般，尽管领导是认可和喜欢的，但是也较难得到提拔，专业的人才测评顾问一般敢比较笃定地推论其在职场上最高级别可能只能做到经理级，且绩效表现一般不会太出彩。而对于 B 而言，其选择的方式可能就是定点突破，充分塑造自己的独特价值，尽管他们可能显得不如 A 那么服从管理，比较具有挑战性，但是毫无疑问他们会在工作的诸多方面表现出独立思考的特点，假以时日，他们就能成为独当一面的人才。因为聪明这个特质具有不断吸纳知识经验的特点，所以人才顾问通常会给予较高的预期。从经验上来讲，这样的个体在职场生涯的最后通常都可以做到中高层，如果没有特别明显的障碍点，一般都可以成为高级领导者。

需要特别注意的是，聪明也是有等级区分的，就是前文所提到的"守业勤学""材艺精巧""理义辩给""智能经事""道思玄远"，其中有一个比较重要也比较容易忽视的分界点，就是"智能经事，未必及道"，比如，把梳子卖给和尚的能耐就是智能经事，但是没有及道。没有及道者虽然也可能成功，但是很难得到周边力量的支持，所以就算成就也只能是小成就，难有大作为。

那么我们如何评估聪明程度呢？通常有三种方法来探查一个人的聪明程度。

（1）考试法。考试法所用的试题类似于国家公务员考试当中的申论，一般适用于校招或者基层后备岗，极少用在中高层岗位上。虽然考试法所考察的人文常识、语言理解、数字推理等素质不完全等同于本文所说的聪明的概念，但是据经验数据来看，考试法得出的数据与多种评价方法做出的综合数据之间的相关度还是非常高的。从性价比的角度来讲，对于大批量基层岗位的招聘，考试法还是有其独到的优势的。

（2）谈话法。一般来讲，在跟某人的谈话中普通人也能隐约感觉到对方是不是聪明的，在正式的人才评估或者面试当中，一般从语言上关注三个层面的东西，从而可以大体推断个体的聪明程度。其一，对方回答问题的结构层次是否明晰，回答问题的结构清晰度往往决定于其思想逻辑的清晰度，所以结构清晰度通常可以作为分辨一个人思维能力的一个参照。但是逻辑清晰度也有高低之分，高级别的逻辑往往简洁、朴素、完整且连贯，能够让人很容易理解并记住，而低级别的结构看似也可能有结构（培训教导的一些通用模型），但是笼统、繁复且不够贴切，一般来讲低级别的结构化思维是可以学习的，高级别的结构化思维往往需要很长时间的积累，在初步面试的时候比较容易判断出来。其二，所使用的概念是大概念还是小概念（大概念老生常谈，粗大不贴切，小概念则新颖精巧，贴合实际），使用是否精确。其三，对问题的认识是否有足够的深度。

（3）量表法。借助专业的心理测量可以对一个人的聪明程度进行测量，然而需要注意的是此处的聪明应该不是狭义的智力，而是相对宽泛的思维能力。对思维能力的测评比较接近的概念应该是批判性思维。

批判性思维（Critical Thinking）就是通过一定的标准评价思维，进而改善思维，是合理的、反思性的思维，既是思维技能，也是思维倾向。最初的起源可以追溯到苏格拉底。在现代社会，批判性思维被普遍确立为教育特别是高等教育的目标之一。

"批判的"（critical）源于希腊文，有提问、理解某物的意义和有能力分析，即"辨明或判断的能力"和标准。批判性思维作为一个技能的概念可追溯到杜威的"反省性思维"："能动、持续和细致地思考任何信念或被假定的知识形式，洞悉支持它的理由以及它所进一步指向的结论。"批判性思维指的是技能和思想态度，没有学科边界，任何涉及智力或想象的论题都可从批判性思维的视角来审查。

20世纪80年代以来，美国、英国、加拿大、澳大利亚、新西兰、菲律宾、委内瑞拉，都把"批判性思维"作为高等教育的目标之一。"世界高等教育会议"发表的《面向二十一世纪高等教育宣言：观念与行动》，第一条的标题是"教育与培训的使命：培养批评性和独立的态度"。

其中批判性思维倾向主要包含以下七个维度。[①]

（1）求真：对寻找知识抱着真诚和客观的态度。若找出的答案与个人原有的观点不相符，甚至与个人信念背驰，或影响自身利益，也在所不计。

（2）开放思想：对不同的意见采取宽容的态度，防范个人偏见的可能。

（3）分析性：能鉴定问题所在，以理由和证据去理解症结和预计后果。

（4）系统性：有组织、有目标地去努力处理问题。

（5）自信心：对自己的理性分析能力有把握。

（6）求知欲：对知识好奇和热衷，并尝试学习和理解，就算这些知识的实用价值并不是直接明显。

（7）认知成熟度：审慎地做出判断，或暂不下判断，或修改已有判断。有警觉性地去接受多种解决问题的方法。即使在欠缺全面知识的情况下，也能明白一个即使是权宜的决定有时总是需要的。

目前批判性思维倾向的国外测量工具主要是"加利福尼亚批判性思维倾向测试"，但是在中国的应用还有较大问题，主要表现为信度不高（有研究显示部分指标 α 信度仅有0.4~0.5），且很容易作假，在个体选拔性测评场景不太适用。

---

① 批判性思维［EB/OL］. 百度百科，2023-06-06.

七缪第十

人物之理，妙而难明，以情鉴察，缪犹有七

【导读】在日常生活中，几乎每个人都希望对别人进行准确的判断和预测，然而判断和预测的过程时常会因为判断者自身的能力或者素养的问题而受到影响，那么到底是哪些因素在影响我们的判断呢？《七缪》篇就将这些因素总结成七缪，七缪即人才判断者在人物品鉴过程中常犯的错误，这些错误共包含两类，一类是评判者主观态度情感类的，即个人偏好带来的影响，另一类是评判者客观能力素质类的，即经验不足或者分析能力不足带来的影响。相信不论是日常的朋友同事之间的相互评估，还是专业人才评估者对候选人的评估，认清这七个常犯错误，有意识地规避，将能有效地帮助我们提高人才判断的准确度。

七缪：一曰察誉有偏颇之缪，**征质不明，故听有偏颇也**。二曰接物有爱恶之惑，**或情同忘其恶，或意异违其善也**。三曰度心有小大之误，**或小知而大无成，或小暗而大无明**。四曰品质有早晚之疑，**有早智而速成者，有晚智而晚成者**。五曰变类有同体之嫌，**材同势均则相竞，材同势倾则相敬**。六曰论材有申压之诡，**藉富贵，则惠施而名申；处贫贱，则乞求而名压**。七曰观奇有二尤之失。**妙尤含藏，直尤虚瑰，故察难中也**。

七缪：第一个是偏听偏信所造成的偏颇之缪；第二个是受个人好恶所影响导致评价不公平的爱恶之惑；第三个是高估心大者，低估心小者的度心大小之误；第四个是不知道智慧发展的快慢规律所导致的早晚之疑；第五个是内在竞争性所导致的同体之嫌；第六个是忽视处境对人才的影响所导致的申压之诡；第七个是因自身能力不足而导致的二尤之失。

总结如下表所示。

七缪之挑战表

七缪	含义	需要克服的挑战	挑战类型
一曰察誉，有偏颇之缪	自己没有独立判断；评价全靠道听途说	舆论评价的干扰	职业能力
二曰接物，有爱恶之惑	喜欢的人，什么都好讨厌的人，什么都不好	个人好恶的干扰	职业素养
三曰度心，有小大之误	心大好言者容易被高估，心小谦下者容易被低估	人际表象的干扰	职业能力
四曰品质，有早晚之疑	早智早成者容易被高估，晚智晚成者容易被忽视	过往成就的干扰	职业能力
五曰变类，有同体之嫌	比别人强则帮助对方，跟别人差不多则打击别人	竞争心态的干扰	职业素养
六曰论材，有申压之诡	经济条件好者易被高估，经济条件差者易被低估	环境情势的干扰	职业能力
七曰观奇，有二尤之失	真本事不被赏识，很虚的人大行其道	自身能力的问题	职业能力

一、一缪：察誉偏颇之缪

夫采访①之要，不在多少。**事无巨细，要在得正**。然征质不明者，信耳而不敢信目。**目不能察，而信于耳**。故人以为是，则心随而明之。人以为非，则意转而化之。**信人毁誉，故向之所是，化而为非**。虽无所嫌，意若不疑。**信毁誉者心虽无嫌，意固疑矣**。且人察物，亦自有误。爱憎兼之，其情万原。**明既不察，加之爱恶是非，是疑**

---

① 此处应该了解一下当时人才选拔的实际情况，当时很多人才是使用举荐制度的，比如，各地有地方乡绅、官员写推荐信推荐给上级领导，另外一种是由中央政府主动派出相关探访人才的官员去各地走访发掘。这里的采访就是四处寻访的意思。

岂可胜计。不畅其本，胡可必信。**去爱憎之情，则实理得矣**。是故知人者，以目正耳。**虽听人言，常正之以目**。不知人者，以耳败目。**亲见其诚，犹信毁而弃之**。故州闾①之士，皆誉皆毁，未可为正也。**或众附阿党，或独立不群**。交游之人，誉不三周，未必信是也。**交结致誉，不三周，色貌取人，而行违之**。

寻访考察人才不应以大众舆论的态度作为判断依据。然而很多缺乏人才评价能力的人，往往选择相信舆论评价，而不敢相信自己亲眼所见的事实。听到别人说某个人好，自己就认为这个人好；但当别人说这个人不好的时候，自己又转过头来说服自己改变初衷，说这个人不好，尽管自己可能对这个人并不反感，但是看起来却是非常坚定地相信这个人是不好的。殊不知，人们观人察物都是会有失误的，再加上个人偏好等因素掺杂其中，事情往往是非常复杂的。不搞清楚其中的根本性原理，而盲目地相信他人的观点，怎么能做出正确的判断呢？所以有人才鉴别能力的人，虽然也会听别人的意见，但是一定会自己做出独立的判断。而没有人才鉴别能力的人，就只会听信他人，即使真相就摆在面前也视而不见。所以乡里之人对他人的评价一般是比较偏执的，要么全然肯定某个人，要么全然否定某个人，以上判断不能被当成是正确观点，因为这只是代表了中层的意见。一个人只有在社会交往中得到了上中下三个阶层一致的赞扬，这样的舆论评价才有真正的参考价值。

夫实厚之士，交游之间，必每所在肩称。**言忠信，行笃敬，虽蛮貊之邦行矣**。上等援之，下等推之，**蛮貊推之，况州里乎**！苟不能周，必有咎毁。**行不笃敬者，或谄谀得上而失于下，或阿党得下而失于上**。故偏上失下，则其终有毁。**非之者多，故不能终**。偏下失上，则其进不杰。**众虽推之，上不信异**。故诚能三周，则为国所利。此正直之交也。**由其正直，故名有利**。

故皆合而是，亦有违比。**或违正阿党，故合而是之**。皆合而非，

---

① 州闾为古代地方基层行政单位，25家为闾，2500家为州，州闾连用引申为乡里。

或^①在其中。**或特立不群，故合而非之**。若有奇异之材，则非众所见。**奇逸绝众，众何由识**。而耳所听采，以多为信。**不能审查其材，但信众人言也**。是缪于察誉者也。**信言察物，必多缪失。是以圣人如有所誉，必有所试**。

真正的淳朴厚重之人，在日常人际交往过程中，必定能够得到各个阶层人士的认同；上层的人会想要提拔他，下层的人会想要推举他。如果一个人不能得到所有阶层的肯定，其中必有某种缘故。比如，偏向上层而脱离群众的人，必定会失去群众的支持，最终肯定会因为群众的反对而跌落下来；偏向下层而忽视上层的人，必定会失去上层人士的支持，虽然能得到群众的拥护，但是其上升之路一般也不会太顺利。所以如果真的能做到各个阶层都照顾周全，那么这个人对国家而言就是有用之才。

总而言之，大家都说他好的人不一定好，其可能是个结党营私、左右舆论之徒；大家都说他不好的人也不一定不好，其可能是个特立不群、洁身自好之人。至于那些有非常之才能的人，一般人是无法识别的。而人们又总是倾向听信大众舆论，以多数人的观点为观点，所以察誉之法是失之偏颇的。

依照原文主旨来讲，有两层意思。其一，一般人是没有人才品鉴能力的，其对他人的评价多数情况下是偏听偏信没有独立判断的。其二，社会舆论对人才的评价很多时候是失之偏颇的，可能被外力左右，也可能仅凭主观喜好，而人们一般没有辨别能力，所以根据社会舆论去评价人才是不可信的。就个人人才测评的实践经验来讲，很多企业组织的人才管理工作确实是缺乏科学严谨性的，人才的提拔很多时候不过是几个相关领导口头认可即可，没有经过专业人士的评估，导致很多人才错配的情况。当然对于规模尚小的组织而言，这种方式无可厚非，但是对于有一定规模的企业，请专业人士或者自己培养专业人士进行人才评估应该是人才管理工作的必选项。另外，在人才评估的方法选择上，有些企业过于看重360度评价的结果，有的甚至以此作为转正、晋升的依据，殊不知很多有才能的人是大家认识不到的，甚至是讨厌的，

---

① 或通"惑"。

而那些人际能力较好，但是缺乏真才实学的人反而能够得到高分，顺利转正或者晋升，这是违背事实的。

二、二缪：接物爱恶之缪

夫爱善疾恶，人情所常。**不问贤愚，情皆同之也**。苟不明质，或疏善善非。**非者见善，善者见疏，岂故然哉，由意不明**。何以论之？

夫善非者，虽非犹有所是。**既有百非，必有一是**。以其所是，顺己所长，**恶人一是，与己所长同也**。则不自觉情通意亲，忽忘其恶。**以与己同，忘其百非，谓矫驾为至孝，残桃为至忠**①。

善人虽善，犹有所乏。**虽有百善，或有一短**。以其所乏，不明己长。**善人一短，与己所长异也**。以其所长，轻己所短，则不自知志乖气违，忽忘其善。**以与己异，百善皆弃，谓曲杖为匕首，葬楯为反具耶**②。是惑于爱恶者也。**征质暗昧者，其于接物常以爱恶惑异其正**。

每个人都有自己偏爱的东西或者讨厌的东西，这是人之常情。如果对于自己的这些倾向没有一个清晰的认识，往往会导致该疏远的人不疏远，该亲近的人不亲近。具体怎么说呢？

就亲近不该亲近的人这种情况来讲。其原因通常是对方有很多的缺点，但是肯定也是有优点的，当这个优点恰好跟你自己的优点是一样的时候，那么你很可能会不自觉地与之亲近起来，从而忘记了这个人的其他缺陷。（比如，一个人自己诗词歌赋的能力很好，碰见了一个该能力同样好的人，往往会将其奉为知己，对方有这样或者那样的瑕疵时，你可能也会帮他找理由开脱。）

对于疏远了不该疏远的人这种情况，其原因大体是，对方虽然有百般好，

---

① 出自《韩非子·说难》，讲的是有一个叫作弥子的人，在受到卫国国君宠幸时，为了看望生病的母亲而突破礼制使用了卫君的车驾，被卫君评价是尽孝而免除罪责；在果园吃桃剩下半颗给卫君吃被认为是其对卫君的爱；然而当弥子年老色衰、宠爱消失的时候，卫君却利用这两件事治罪弥子，以此来说明人的爱憎之心对不同事情的解释方式不同。

② 将曲杖说成是杀人的匕首，将丧葬用的楯说成是谋反用的武器，取欲加之罪何患无辞之意。

但是仍然会有不足的一面。但是自己在这方面又恰好有优势，对方可能会认识不到我们的优势（比如，对方无法识别你的文学才华），或者对方的长处使自己的短处更加相形见绌（比如，对方外向讨人喜欢，会让内向的你更自卑），这个时候你可能会不自觉地对其产生排斥，而忘记了对方总体上是好的。

这就是在人才评价的过程中，由于个人好恶所产生的不符合实际的情形。

个人爱恶是一个很普遍的现象。在《中庸》中就有事例。子贡曰："纣之不善，不如是之甚也。是以君子恶居下流，天下之恶皆归焉。"翻译过来就是，孔子的一位学生（子贡）谈到臭名昭著的商纣王时说："他的邪恶并不像传统记载中的那么坏。是因为君子非常讨厌道德卑下之人，会将天底下所有不好的名号都归到他头上。"这就是典型的因心恶之，而污其名，先贤君子都做不到绝对的公正，更何况一般的人呢。

在现代人才测评实践中，因个人爱恶而影响判断的现象也是很多的。大体可以分为两方面：

（1）具体的方面。比如，个人形象之美丑，个人形象姣好的受测者往往更受考官青睐，更容易得到好评，基本遵循同性相斥异性相吸的基本原理。又如，地域印象之好恶，有的考官可能先前建立了对某一地域人群的刻板印象，从而导致其将相应的情感带到考评工作中。

（2）抽象的方面。抽象的方面主要指考官个人对某一特质的偏好度，越偏好的特质往往在考官内心占有的权重越大，从而影响考官的总体评价结果。比如，有位考官个人非常在意一个人的思维能力，这个特质在他的评价体系当中有很高的权重，那么他在面对别人的时候，可能就会过于看重分析能力这一特质，而弱化了受测者的其他特质，也许受测者可能具有很高的尽责性和服从性，也许受测者有极高的进取心，但是这些在这个考官心里都不那么重要，重要的是思维能力好不好，思维能力好则得高分，思维能力不好则得低分。

既然这些影响是客观存在的，那么如何规避呢？从考官个人素质的角度来讲，需要考官在考评过程中保持中立态度，时刻对可能的个人偏好保持警觉；从考核程序上讲，在考评之前一般会先拟定好要考核的素质条目，并给各个条目确定一个权重值；然而从更根本的层面来讲，就是设置制约机制，这也就是为什么 BEI 面谈、情景模拟等偏主观化的考评通常都需要两个评委同时在场，其目的就是为了避免评分者偏好对评价客观性的影响。

三、三缪：心志大小之缪

夫精欲深微，质欲懿①重，志欲弘大，心欲嗛②小。精微，所以入神妙也。麤③则失神。懿重，所以崇德宇也。躁则失身。志大，所以戡物任也。小则不胜。心小，所以慎咎悔也。大则骄陵。故《诗》咏文王，小心翼翼，不大声以色，小心也。言不贪求大名，声见于颜色。王赫斯怒，以对于天下，志大也。故能诛纣，定天下，以致太平。由此论之，心小志大者，圣贤之伦也。心小，故以服事殷；志大，故三分天下有其二。心大志大者，豪杰之隽也。志大而心又大，故名豪隽。心大志小者，傲荡之类也。志小而心阔远，故为傲荡之流也。心小志小者，拘懦之人也。心近志短，岂能弘大。众人之察，或陋其心小，见沛公烧绝栈道，谓其不能定天下。或壮其志大，见项羽号称强楚，便谓足以匡诸侯。是误于小大者也。由智不能察其度，心常误于小大。

一个人思想越是深邃精微越好，品质越是厚重朴实越好，志向越高远宏大越好，心性越谦谨克己越好。因为思想深邃精微才能领略人和事物精深的道理（入神妙），品质稳重厚实才能做到坚守正道（崇德宇），志向远大才能担当大任（戡物任），心性谦谨克己才能避免犯错（慎咎悔）。所以《诗经》歌颂文王说："他行事总是小心翼翼""几乎不会对别人大喊大叫"。这些都是说文王心小谦谨的一面；"为了天下的公理而勃然大怒，敢于起来反对无道商纣"这些说的

---

① 《尔雅》："懿，美也。"多指德行。
② 嗛通"谦"。《庄子·齐物论》："夫大道不称，大辩不言，大仁不仁，大廉不嗛，大勇不忮。"
③ 麤同"粗"。

是文王志向远大的一面。总结起来，心小志大者，是属于圣贤一类的；心大志大者，是属于豪杰一类的；心大志小的，是属于傲慢放荡一类的；心小志小者，是属于拘谨懦弱一类的。一般人在对人物进行品评的时候，往往会过于轻视心小者，而看重志大者，这就是在判断心志大小方面出现的错误。

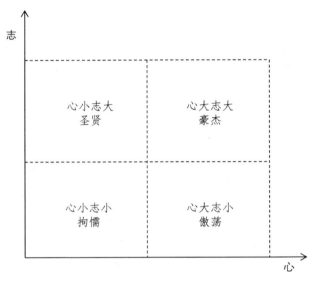

心志大小特点图

依照原文，原文以周文王的事例充分肯定了心小这一特质，揭示了人们在人才判断的时候过于轻视心小这一特质。为什么会有这种错误呢？因为心小者一般表现得小心翼翼、谦谨克己，让人感觉缺乏力量感，而通常情况下能建功立业之人，总是一马当先豪气云天的，从而让人以为心小谦谨者是不能成就大事业的。殊不知，心小者可能是更高一层境界的人，只要加上凌云之志，往往能发挥心小谦下、少犯错误的优势。心小志大者就类似于我们现代所说的"大胆假设、小心求证"，其实要做到这句话是非常困难的，大胆假设者往往不能小心求证，而小心求证者往往又不敢大胆假设。

在社会生活中，我们时常会见到这样一种人，明明是个很成功的企业家或者高级别的领导，但是给人的感觉总是不像，或者外形瘦削，或者不善言辞，或者特别客气，总之很难与宏大、豪气、成功等词汇联系起来，这种类型就是刘劭所说的圣贤之伦。那么为什么会这样呢？

关键就在于心，这个心就是"自我假设"，心大者把自己放得很重，非常自信，甚至会自大，所以他们喜欢被看见被仰望，有时候甚至有些盛气凌人；而心小者就把自己放得比较轻，甚至是没有，他们时常担心自己会犯错，担心自己会伤害到别人，所以他们时常会表现得小心翼翼，害怕动辄得咎。在外人看来，心大者有摧枯拉朽之力量，而心小者似乎有怯懦之嫌，所以认为心大者能成就大业，而心小者难有所成。

其实决定最后是否能成就事业的关键因素并不是看起来的有力或者怯懦，这只能代表某种行为风格，真正有决定性作用的其实是志向。古人讲立大志，所谓大志指的是利国利民的事业，大志者需要超越小我，为国家、社会、他人贡献价值；而小志者所追求的一般是出人头地、光耀门楣或者至少不比别人差。大志者的核心在于把事情做好，而小志者的核心在于跟人比。

所以，心大志大者，又自信又有豪气，格局志气还大，自然被称为豪杰。

心大志小者，自觉自己很有能力，但是格局志气太小，落在跟人比的局限中，自然觉得自己了不起，走入自负的窠臼，看不起别人，所以称之为傲荡。

心小志小者，内在能量不足，总觉得自己不够优秀，格局上又仅限于跟人比，越比越差，自然就越加地拘谨懦弱，所以称之为拘懦。

心小志大者，虽然并不觉得自己比别人好，甚至能力上还不如别人，但是其志大，不跟别人比高下，而是专注于做成一件有意义的事，既有平和之美，又有浩然之气，自然称之为圣贤。有很多的科学家其实都有这种特质，他们做出了卓越的科学成果，但是他们坦言自己是不自信的，这个不自信就是心小，心小者抓住了一个大志向，日拱一卒自有一卒之功的欢喜，他们是最平静的进取者，所以被称为圣贤。

在立志这件事情上，我们一直都有个误区，比如，很多小朋友在学校课堂上说我的志向是"当科学家""当明星""当老师"……大人们可能以为当科学家就比当明星的志向要高远，其实小朋友回答的当什么并不重要，重要的是回答下一个问题："为什么要当"，当科学家看起来是大志，但是可能是因为科学家能得到很多人崇拜，当明星看起来是小志，但是当明星也可能是为了给人们带来快乐，传播正能量。所以一定要区分清楚志是真大还是假大。

总体来看，在人才评价的道路上，志向是否远大比自我假设是否强大更加重要，志向远大者可为圣贤，可为豪杰，但是志向小者就只能为拘懦之人或者傲荡之人。用一句比较学术化的语言来讲，就是自信与成就之间并没有显著的相关关系。所以这就提醒人才评价者，要注意不要被人们外在自信的言语和强势的行为所蒙蔽，这仅仅是两种不同的风格而已，不应厚此薄彼。

四、四缪：成才早晚之缪

夫人材不同，成有早晚。有早智而速成者，**质清气朗，生则秀异，故童乌①苍舒②，总角曜奇也**。有晚智而晚成者，**质重气迟，则久乃成器，故公孙③含道，老而后章**。有少无智而终无所成者，**质浊气暗，终老无成，故原壤④年老，圣人叩胫而不能化**。有少有令材遂为隽器者。**幼而通理，长则愈明，故常材⑤发奇于应宾，效德于公相**。四者之理，不可不察。**当察其早晚，随时而用之**。

每个人的"材质"是不一样的，取得成就的时间是有早晚之分的。有的比较早熟，小时候就取得了较大成就；有的成熟得比较晚，在年龄比较大的时候才有所作为；有的从小到老一直都没有什么才华，最后也没什么成就；也有的从小到大一直都才智过人，在人生的各个阶段都有不错的成就。这四

---

① 童乌，西汉人，九岁就能与父亲说玄论道。也用来代指早慧而早夭者。

② 曹冲，字仓舒，《三国志·武文世王公传》载有曹冲称象的故事，未成年便夭折。

③ 公孙，指西汉时公孙弘，四十才有所成，六十才逐步升迁至御史大夫、丞相。

④ 原壤，出自《论语·宪问》，原壤年轻的时候胡作非为道德败坏，长大后也没做出什么成就，老了也一副破罐子破摔的模样，所以孔子很讨厌他，一次看见他坐在地上，就拿起拐杖敲他的小腿，骂他"老而不死是为贼"。

⑤ 据李崇智《人物志校笺》、伏俊琏《人物志译注》考证，此处应为常林。据《三国志·魏书·常林传》记载，常林七岁知理，接应宾客老成得体，后官至大司农，封高阳乡候，以光禄大夫终。

种情况都是需要注意的。

如果用一个图形来标示，这四类人的生命曲线大体是如下图所示：

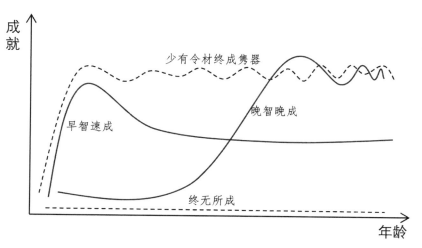

四种不同的才智—成就路径图

夫幼智之人，材智精达；然其在童髦，皆有端绪。**仲尼戏言俎豆①**，邓艾指图军旅。故文本辞繁，**初辞繁者，长必文丽。**辩始给口。**幼给口者，长必辩论也。**仁出慈恤，**幼慈恤者，长必矜人。**施发过与，**幼过与者，长必好施。**慎生畏惧，**幼多畏者，长必谨慎。**廉起不取。**幼不妄取，长必清廉。**

早智者浅惠而见速，**见小事则达其形容。**晚成者奇识而舒迟，**智虽舒缓，能识其妙。**终暗者并困于不足，**事务难易，意皆昧然。**遂务者周达而有余。**事无大小，皆能极之。**而众人之察，不虑其变，**常以一概，责于终始。**是疑于早晚者也。**或以早成而疑晚智，或以晚智而疑早成，故于品质，常有妙失也。**

---

① 俎豆，一种木制礼器。

　　早智型的人，一般聪明慧达，在孩子还很小的时候就已经有这样的苗头了。比如，长大有文采的人，小时候一般在文辞方面是有天赋的；长大擅长辩论的人，小时候一般都是口齿伶俐的；长大有仁爱之心的人，小时候一般都是很有同情心的人；长大乐善好施的人，小时候一般都是喜欢分享的人；长大行事谨慎的人，小时候一般都是胆子比较小的；长大清正廉洁的人，小时候一般也不会乱拿别人的东西。

　　早智者往往反应敏捷但是思想不够深刻。晚成之人往往思想深刻但是反应要慢一些；而终无所成者不论是在反应能力上还是在思想上都是有缺陷的，所以最终难有所成；而自小到大在任何事情上都游刃有余的人，则在两方面都有很好的禀赋，所以能够一直保持良好的表现。然而大部分人在考察品评人才的时候，往往不能以发展的眼光来看待人才，造成人才判断上的失误。比如，对于早成的孩子就推断其长大也有所成，比如，对于晚成之人就推断其小时候也是很聪明的，其实关键还是在于没有分清楚各种特质的成熟规律。

　　以现代的眼光来看，成才早晚之缪主要讲的是两种智慧类型，即一种是反应敏捷型，一种是思维深刻型。反应敏捷型通常在智力上有非常卓越的表现，其受大脑生理层面的影响比较大，主要表现是神经反应迅速但是体验性不足等。而思维深刻型通常是在思辨方面有相对卓越的表现，其受心性修养层面的影响比较大，主要表现是神经反应较慢但是体验深刻。所以很多成才较早的人，一般是在文学、数学、音乐等偏专业知识方面有独特的天赋，他们对特定的信息有天生的敏锐度，能够快速接收、加工、领会，因为快速也导致了其更加偏重于知识的吸收，而错过了勤奋、执着等品质的训练，降低了人文情感本身的深刻性。而晚成的人则相反，因为不轻易接受不被全然理解的信息，甚至拒绝使用不被全然理解的信息，所以他们一般在早期即使很努力也很难有较高的成就，但是他们一般都有勤奋、执着等特点，随着年龄的增长阅历的增加，其不断坚持和琢磨的东西被更多的经验所滋养，最终凝成大道顿悟，所以晚智者一旦取得成就，其成就的高点就会非常高，并且会比较稳健。

　　从人才判断的实践层面讲，早智型或者说反应敏捷型是比较容易识别出来的，但是思维深刻型一般就很难识别出来了，他们在行为表现甚至是学业评估上的表现一般都不会太优秀，在相同的时间内无法取得跟反应敏捷型一样优秀的成绩，但是这种类型恰恰是大才，他们常年保持信息雷达的开启、加工、提炼的状态，已经形成了一种习惯，得到了若干观点和体悟，以测评经验来看，这种类型的个体在30岁左右将进入相对成熟的时期，在40岁左右展现出累积放大效应。那么怎么才能识别他们呢？测量思维习惯。思维深刻型人才有其独有的思维习惯，主要表现为喜欢思考、谨慎思考、习惯化思考。目前已经有相对成熟的测量工具，具体信息请参阅本书第九章《八观》篇所提到的审辩思维的测量量表。

五、五缪：同体毁誉之缪

夫人情莫不趣名利、避损害。名利之路，在于是得。**是得在己，名利与之。**损害之源，在于非失。**非失在己，损害攻之。**故人无贤愚，皆欲使是得在己。**贤者尚然，况愚者乎。**

能明己是，莫过同体。**体同于我，则能明己。**是以偏材之人，交游进趋之类，皆亲爱同体而誉之，**同体能明己，是以亲而誉之。**憎恶对反而毁之。**与己体反，是以恶而疏之。**序异杂而不尚也。**不与己同，不与己异，则虽不憎，亦不尚之。**推而论之，无他故焉。夫誉同体，毁对反，所以证彼非而著己是也。**由与己同体，故证彼非，而著己是也。**至于异杂之人，于彼无益，于己无害，则序而不尚。**不以彼为是，不以己为非，都无损益，何所尚之。**

是故同体之人，常患于过誉，**譬俱为力人，则力小者慕大，力大者提小，故其相誉，常失其实也。**及其名敌，则尠①能相下。**若俱能负鼎，则争胜之心生，故不能相下。**是故直②者性奋，好人行直于人，**见人正直，则心好之。**而不能受人之讦。**刺己之非，则讦**

---

① 甚少。

② 《左传·襄公七年》："正直为正，正曲为直。"

而不受。尽者情露，好人行尽于人，**见人颖露，则心好之**。而不能纳人之径。**说己径尽，则违之不纳**。务名者乐人之进趋过人，**见人乘人，则悦其进趋**。而不能出陵己之后。**人陵于己，则忿而不服**。

是故性同而材倾，则相援而相赖也。**并有旅力，则大能奖小**。性同而势均，则相竞而相害也。**恐彼胜己，则妒善之心生**。此又同体之变也。故或助直而毁直。**人直过于己直，则非毁之心生**。或与明而毁明。**人明过于己明，则妒害之心动**。而众人之察不辨其律理，是嫌①于体同也。**体同尚然，况异体乎**。

求名利，避灾祸，是人之常情。人们想要得到名利，通常会想办法去证明自己是正确的，是有功劳的，是应该得到这些名利的；而要想避免灾祸，则会去证明自己是没有错误的，是没有过失的，是不应该承担相应责任的。所以人不论是贤明的还是愚笨的，都极力想证明自己是对的。

而最容易明白、确证自己是正确的人，莫过于那些跟自己本性相同的人；所以偏材之人，在工作和生活中都喜欢亲近那些跟自己本性相同的人，疏远甚至憎恶跟自己本性相反的人，对于跟自己既不相同也不相反的人则没什么特别的态度。如此说来，人们对本性相同者的认同和对本性相反者的敌对，其目的无非是为了证明别人是错的，而自己是对的。对于那些与自己的本性立场既不相同也不相反的人，一般不予置评。

因此，本性相同的人在称赞彼此的时候，往往都是言过其实的（其本质是在肯定自己），而对于跟自己名望水平差不多的人，则不肯谦卑以示。比如，强势之人往往比较直接，敢于直接指出别人的错误，也会欣赏跟自己同样强势直接的人，但是，他们自己是很难容忍别人这样对自己的；坦诚直白之人往往喜欢直来直去、毫无保留，也会欣赏跟自己一样直来直去毫无保留的人，但是他们自己是很难接受别人这样对自己的（因为这可能意味着某种冒犯）。同样地，热衷于建功立业的人一般也喜欢同样努力进取的人，但是有一个前提，就是别人最好不要超越自己。

---

① 嫌：看不起，怨恨。

　　所以本性相同而能力、成就差距比较大的两个人，往往会互相帮助提携（因为彼此之间不构成威胁）；而对于本性相同且能力成就势均力敌的两个人，往往就容易相互较劲彼此诋毁（因为这已经伤害到自身的利益了）；这就是本性相同者之间关系的一个变化规律，既可能相互帮助，又可能相互诋毁。而普通人并不了解这个规律与道理，从而常常对同体之人之间的关系变化产生疑惑。

　　依照原文，总结来讲，同体是彼此交好的重要决定性因素，但是如果这种同体的特征应用在对方身上，或者对对方的感受、利益产生了威胁，那么同体之好就变成了同体之恶。从生活经验上讲，这种现象比比皆是，比如，两个人刚认识的时候，一见如故，如胶似漆（这是同体相誉），但是随着交往的深入，最终分道扬镳甚至以仇人相待（这就是同体相毁）。

　　在人才测评的实践中，这种现象同样非常普遍。高估比自己强的人，低估（贬低）跟自己差不多的人，提携比自己差的人，其本质是以自己为标准来定义评价别人。相信每一个专业的人才测评顾问都体验过这样的心理过程。用一个图来表示的话大体如下图所示。

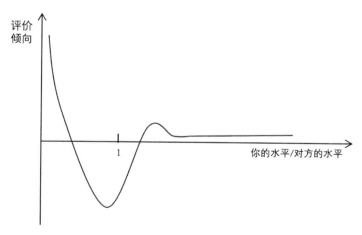

相对能力对人才评价的主观影响图

　　对人才测评顾问而言，其重点需要关注的应该在1附近，特别是1的左侧，在受测者的某些特质水平已经非常接近测评顾问的时候，测评顾问更倾向低估受测者甚至贬低受测者，比如，一个以思维能力而自豪的顾问，对于一个接近自己能力水平的受测者的感受可能是，"虽然这个人的思维能力表现不错，但是他考虑问题的颗粒度还不够……还不行……"。从而给受测者一个相对低的分数。这是一种本能反应，就像是躲避突然飞来的足球一样。为了超越这种本能反应，一般有两个办法，一个是测评顾问需要进行足够深刻的自我反省，以中立专业的考评态度来克服这个问题；另一个办法是测评顾问需要将自己的水平提升到一个更高的高度，远远超越1，这样才能维持一个中立偏正向的评价倾向。

六、六缪：忽视处境之缪

夫人所处异势，势有申压。富贵遂达，势之申也。**身处富贵，物不能屈，是以佩六国之印**①，父母迎于百里之外。贫贱穷匮，势之压也。**身在贫贱，志何申展，是以黑貂之裘弊，妻嫂堕于闺门之内**。上材之人，能行人所不能行。**凡云为动静，固非众人之所及**。是故达有劳谦之称，穷有著明之节。**材出于众，其进则哀多益寡，劳谦济世，退则履道坦坦，幽人贞吉**。

中材之人，则随世损益。**守常之智，申压在时，故势来则益，势去则损**。是故藉富贵则货财充于内，施惠周于外。**货财有余，恣意周济**。见赡者，求可称而誉之。**感其恩纪，匡救其恶，是以朱建**

① 此处引用的是苏秦的故事，《战国策·秦策一》：……说秦王书十上而说不行。黑貂之裘弊，黄金百斤尽。资用乏绝，去秦而归。负书担橐，形容枯槁，面目黧黑，状有愧色。归至家，妻不下纴，嫂不为炊，父母不与言。……乃夜发书，陈箧数十，得太公《阴符》之谋，伏而诵之，简练以为揣摩。读书欲睡，引锥自刺其股，血流至足，曰："安有说人主不能出其金玉锦绣，取卿相之尊者乎？"期年，揣摩成，曰："此真可以说当世之君矣。"……见说赵王于华屋之下。抵掌而谈，赵王大悦，封为武安君，受相印，革车百乘，锦绣千纯，白璧百双，黄金万溢，以随其后，约从散横，以抑强秦，故苏秦相于赵而关不通。……当（苏）秦之隆，黄金万溢为用，转毂连骑，炫熿于道，山东之国从风而服，使赵大重。……将说楚王，路过洛阳，父母闻之，清宫除道，张乐设饮，郊迎三十里。妻侧目而视，侧耳而听；嫂蛇行匍伏，四拜自跪而谢。苏秦曰："嫂，何前倨而后卑也？"嫂曰："以季子之位尊而多金。"苏秦曰："嗟乎！贫穷则父母不子，富贵则亲戚畏惧。人生世上，势位富贵，盖可忽乎哉！"

受金，而为食其画计①。见援者，阐小美而大之。**感其引援，将顺其美，是以曹丘见接，为季布扬名**②。虽无异材，犹行成而名立。**夫富与贵可不欣哉，乃至无善而行成，无智而名立。是以富贵妻嫂恭，况他人乎**。处贫贱，则欲施而无财，欲援而无势。**有慈心而无以拯，识奇材而不能援**。亲戚不能恤，朋友不见济。**内无蔬食之馈，外无缊袍之赠**。分义不复立，恩爱浸以离。**意气皆空薄，分意何由立**。怨望者并至，归非者日多。**非徒薄己，遂生怨谤之言**。虽无罪尤，犹无故而废也。**夫贫与贱可不慑哉，乃至无由而生谤，无罪而见废，是故贫贱妻子慢，况他人乎**。

故世有侈俭，名由进退，**行虽在我，而名称在世，是以良农能稼，未必能穑**。天下皆富，则清贫者虽苦，必无委顿之忧，**家给人足，路人皆馈之**。且有辞施之高，以获荣名之利。**得辞施之高名，受余光之善利**。皆贫，则求假无所告，**家贫户乏，粟成珠玉**。而有穷乏之患，且生鄙吝之讼。**乞假无遗与，嫂叔争糟糠**③。

是故钧材而进有与之者，则体益而茂遂。**己既自足，复须给赐，则名美行成，所为遂达**。私理卑抑有累之者，**己既不足，亲戚并困**。则微降而稍退。**上等不援，下等不推**。而众人之观，不理其本，各指其所在，**谓申达者为材能，压屈者为愚短**。是疑于申压者也。**材智虽钧，贵贱殊途，申压之变，在乎贫富**。

每个人的处境是不一样的，而处境对人的才能素质的展现是有正向增益或者负向压制作用的。好的富有的处境会有效地帮助一个人充分地展现自己

---

① 朱建、申食其皆为人名，申食其为人不正派，想与当时的辩士朱建建立关系，朱建看不上他，至朱建母亲过世，没钱发丧，这个时候是申食其出钱发丧的，朱建感念其恩，在申食其被惠帝怀疑，准备诛杀的时候，朱建替其谋划辩护，躲过一劫。

② 曹丘生是当时的辩士，唯利是图，想结交当时的名士季布，被拒绝。后来曹丘生就四处宣扬季布的美名，季布知道后，非常高兴，将曹丘生引入府中，以厚礼待之，还住了好几个月。

③ 据《史记·陈丞相世家》，汉朝有名的谋士陈平，家里很穷，小时候与叔嫂同住，光喜欢读书，不劳动，被嫂子嫌弃说："都是吃糟糠的，有这样的小叔子，还不如没有！"

的才能素质；而坏的穷困的处境则会对一个人的才能素质产生压制作用。当然，上等才能的人，通常都能做到绝大部分人做不到的事情，所以处境对他们的影响不大，在处境良好时能兼济天下，在处境不好的时候也能独善其身。

中等才能的人，受所处环境的影响就比较大。比如，在自己经济条件比较好的时候，会接济帮助其他的人。被他接济的人感念他的帮助，而总想回报他；被他提携的人感念他的扶持，总是找机会放大他的美德。这种人虽然没有非常杰出的才能，但是在个人条件比较好的时候，也会得到别人比较高的评价。那么中材之人在穷困的时候会有什么样的境遇呢？想帮助别人没钱，想提携别人无势，既无法帮助亲戚，也没有能力接济朋友，在别人看来，就是不尽本分、没有义气，然后各种埋怨诽谤的话就多了起来。虽然他也没有犯什么过错，但是仍然会被人嫌弃。

所以，世道有富裕也有贫穷，对人的评价也有好有坏。天下都富裕，那么清贫之人虽然贫苦，但也不必为了生存温饱问题而担忧。只要能够拒绝别人的施舍，这样就能得到好的名声。然而要是穷得连温饱都成问题，那么就容易为了一点东西相互争斗。

所以，在能力差不多的情况下，处境好一点的人，除了自己努力上进，还有别人从旁帮助提携，那么不论是外部评价还是仕途升迁都会有不错的表现。处境差一点的人，内心往往会比较压抑，再加上周围的人和事情的拖累，其外部评价和仕途升迁往往都不会太好。然而在众人看来，前一种人是有能力的人，而后一种人是没有能力的人，这是不公平的。以上所讲的就是人们在人才评价过程中产生的忽视财富影响的错误。

这一部分把财富地位对人才评价的影响讲得非常透彻，绝大部分人都是中材之人，财富多地位高的人往往能够得到相应的加成，而财富少地位低的人不仅得不到相应的加成，反而会受到各种各样的拖累，来自社会的、来自亲戚朋友的、来自自己内心的等，这些影响又会进一步影响人们对他们的评价，富有者得到更高的评价更多的机会，而贫穷者则一无所有。就如同马太效应所说的："凡有的，还要加给他更多。没有的，连他所有的也要夺过来。"

在具体的人才评价场景中，你会发现家境更好者，一般穿着更得体，谈吐更放松，给考官的印象也更好；而家境较差者，一般在形象气质上就输了一成，在见识谈吐上就更加不占优势。一个人运势比较好，顺风顺水的时候往往热情开朗，乐意帮助别人，周围的人都愿意跟他做朋友，自然评价就比较高；一个人时运不济，处处碰壁的时候，往往不愿意参与各种社会活动，人人避而远之，自然评价就比较低。这些都会在一定程度上影响考官的判断。为了规避这种影响，一般会要求考官在评价的时候将注意力放在所要考核的内容上。从考评方法上，尽量使用多种相对客观的考评方法，比如，心理测验、案例分析等，以期通过多种方法的相互印证来得到一个相对客观的评价结果。

七、七缪：二尤不摄①之缪

夫清雅之美，著乎形质，察之寡失。**形色外著，故可得而察之。**失缪之由，恒在二尤②。二尤之生，与物异列。**是故非常人之所见。**故尤妙之人，含精于内，外无饰姿。**譬金冰③内明而不外朗，故冯唐白首屈于郎署④。**尤虚之人，硕言瑰姿，内实乖反。**犹烛火外照，灰烬内暗，故主父偃⑤辞丽，一岁四迁。**而人之求奇，不可以精微测其玄机，明其异希。**其尤奇异，非精不察。**或以貌少为不足，**睹邎蔑貌恶，便疑其浅陋，**或以瑰姿为巨伟。**见江充貌丽，便谓其巨伟。**或以直露为虚华，**以其款尽，疑无厚实。**或以巧饬为真实。**巧言如流，悦而睹之。**

---

① 不摄：不了解，无法把握之意。

② 尤，特别非常之意。

③ 冰应为水。本书第一章"九征第一"中的"金水内映不能外光"可证。

④ 西汉文帝时，冯唐做了很久的中郎署长，以至于文帝见了都很怪异。后用其比喻对人才的浪费。

⑤ 据《汉书·主父偃传》，主父偃学长短纵横之术，晚乃学《易》《春秋》、百家之言。整体而言就是走到哪里都不受人待见，后来无路可走就上书武帝，没想到时来运转，得到重用。于是主父偃就时常上书，非常善于拿捏武帝心思，一年之内就升迁了四次。后因为得罪诸侯，又贪污腐败，被汉武帝诛杀，牵连三族，数千宾客，竟无人为其收尸。

一个人是否清新脱俗高雅卓绝，从外在形象上很容易就能够看出来，所以判断起来很少会出错；真正容易出错的还是以下两种人：尤妙之人与尤虚之人。这两种人跟正常人不太一样，是突破我们日常人才判断经验的，所以需要单独拿出来说。尤妙之人指的是其内在具有丰富的学识和卓越的智慧，而外在形象上又跟普通人没什么差异的人；尤虚之人指的是形象上风度翩翩，表达上也很有说服力和煽动力，但是其内在却非常不堪的人。

而人们在识别他们奇特之处的时候，往往因为自己识别人才的能力不够，看不出来他们区别于常人的地方。要么因为对方的形象气质不好而错误地推定其才能也不佳①，要么因为对方形象气质俱好而错误地推定其才能也是卓越的，要么因为对方浅露直白的表达而错误地推定对方是一个浮夸小人，要么被对方设计精巧的言辞而蒙蔽，错误地推定对方是一个有真才实学的人。

是以早拔多误，不如顺次。**或以甘罗**②**为早成，而用之于早岁，或误复欲顺次也。**夫顺次，常度也。苟不察其实，亦焉往而不失。**征质不明，不能识奇，故使顺次，亦不能得。**

故遗贤而贤有济，则恨在不早拔。**故郑伯谢之于烛武**③。拔奇而奇有败，则患在不素别。**故光武悔之于朱浮**④。任意而独缪，则悔在不广问。**秦穆不从蹇叔**⑤**，虽追誓而无及。**广问而误己，则怨

---

① 在魏晋时期，认为才和貌具有某种潜在的对应关系，一般认为貌不佳者其先天必有欠缺，刘劭此处正式驳斥了这一思想。
② 据《史记·甘茂列传》，甘罗十三岁的时候就已经奉命出使赵国，游说赵王与秦国联合攻打燕国，最终拔燕三十城。此例意在说明，早拔不一定是错的，关键还是看个人的才华。
③ 谢，致歉的意思。据《左传·鲁僖公三十年》秦国和晋国的军队包围了郑国，然后郑伯面见烛之武，为自己早年没有重用他而道歉，并请他面见秦王游说救郑国，然后烛之武同意了，并面见秦王，陈以利害，然后秦军撤退，郑国得救。
④ 朱浮乃西汉开国功臣，为光武帝刘秀所器重，但是朱浮为人跋扈，卖弄国恩，与彭宠不睦，光武帝一直因为其有战功，不忍杀他。最后朱浮屡次被人告发，由显宗赐死。
⑤ 据《左传》秦穆公攻打遥远的晋国，蹇叔认为晋国太远了，大军到达的时候对方肯定已经准备停当以逸待劳，秦国定然讨不到便宜，果然大败而归，秦穆公后悔没有听蹇叔的意见。

己不自信。**隗嚣心存于汉，而为王元所误**①。是以骥子发足，众士乃误。韩信立功，淮阴乃震。夫岂恶奇而好疑哉，乃尤物不世见，而奇逸美异也。**故非常人之所识也**。是以张良体弱而精强，为众智之隽也。**不以质弱而伤于智**。荆叔②色平而神勇，为众勇之杰也。**不以色和而伤于勇**。然则隽杰者，众人之尤也。**奇逸过于众人，故众人不能及**。圣人者，众尤之尤也。**通达过于众奇，故众奇不能逮**。其尤弥出者，其道弥远。**非天下之至精，其孰能与于此**。

既然在人才还没有特别的成就的时候提前提拔人才很容易出现错误，那么干脆就选择相对保守的方式吧，以年龄履历来作为选拔任用之标准；当然，按照年龄履历来选拔任用人才也是一个常用的思路，但是究其根本，还是要具备人才识别的能力和知识，没有这样的能力，在人才识别之路上必定会面对这样或者那样的失败。

比如，错过了真正的贤才，当贤才在别的地方取得了大成就的时候，才后悔为什么不早点提拔任用。又如，开始认为某个人有极其杰出的才干，委以重任，但是对方不过是虚有其表之徒，最终酿成大祸，这个时候才后悔为什么早点没看出来。在人才鉴别的时候，按照自己的偏好独断专行，事后后悔没有先广泛征询意见；广泛地征求了别人的意见最后还是出现错误，又埋怨自己当初为什么不能坚持自己的意见。正如当年庞德为马超挑选了瘦弱的马，众人都以为这匹马不是良马，直到这匹马奋蹄疾驰的时候，人们才知道自己眼拙；当年韩信立功受封之后，淮阴家乡的父老乡亲才大为震惊。这难道是因为人们天然就讨厌有杰出才华的人而故意忽视他们吗？不是的，是因为有杰出才华的人本来就很少，而且他们的才能之奇、品格之美是跟一般人不一样的。比如，张良虽然身体不好，但是精神强健，反而是众多聪明人当

---

① 据《后汉书·隗嚣传》载，隗嚣初辅光武帝刘秀，屡立战功，光武帝对其也非常器重信任。但是他的部将王元则劝说他，天下未来还不一定是刘秀的，不能把希望都放在刘秀身上，所以要发展自己，保存实力。所以后来与汉为敌，被围于城，部将皆降，隗嚣又病又饿，出城找吃的，忧愤而死。

② 此处指荆轲。

中的聪明人；荆轲虽然性格温和，但是非常勇敢，反而是众多勇敢者当中的勇敢者。然而，不论是张良还是荆轲，都只是比一般人杰出而已；而真正的圣人，是比杰出更杰出的存在。总体来讲，越是素质能力杰出的人才，其学识与境界越是深远，没有足够的人才识别能力是无法识别出来的。

故一国之隽，于州为辈，未得为第也。**郡国之所隽异，比于州郡，未及其第目。**一州之第，于天下为辈。**州郡之所第目，以比天下之隽，辈而不可及。辈，一回反，枢也。**天下之辈，世有优劣。**英人不世继，是以伊、召、管、齐**①**，应运乃出。**

是故众人之所贵，各贵其出己之尤，**智材胜己，则以为贵。**而不贵尤之所尤。**尤之尤者，非众人之所识。**是故众人之明，能知辈士之数，**众人明者，粗知郡国出辈之士而已。**而不能知第目之度。**乃未识郡国品第之隽。**辈士之明，能知第目之度，**出辈明者，粗知郡国第目之良。**不能识出尤之良也。**未识出尤奇异之理。**出尤之人，能知圣人之教，**瞻之在前，忽焉在后。**不能究之入室之奥也。**如有所立卓尔，虽欲从之，末由也已。**由是论之，人物之理，妙不可得而穷已。**为当拟诸形容，象其物宜，观其会通，举其一隅而已。**

所以在诸侯国中还算不错的人才，在州郡中通常只能作为一般人才，还不能当作高层次的人才；州郡当中的高层次人才，才是天下的重要人才；然而即使是天下的重要人才，不同的时代之间也是有优劣之分的。

所以，一般人所能识别出来的只是比自己高出一个级别的人才，而识别不了超出自己太多的人才。比如，以一般人的智慧，只能大概判定郡国当中哪些人是相对优秀的，但是无法判定这些人当中哪些是真正的翘楚；郡国一级中的翘楚之人，也只能大概判定天下人才当中哪些人是相对优秀的，而很难识别出其中极其杰出奇特的人才；即使是这些于天下而言都极其杰出奇特

---

① 据伏俊琏：当作"伊吕管晏"，指伊尹、吕尚、管仲、晏婴。

的人才，能够通晓圣人的教化，但是终究也很难领会圣人识人之奥妙。由此说来，人才学的道理真的是太深奥玄妙了，没有办法完全搞清楚。

回顾原文，二尤只是一个由头，对人才识别的一般规律的揭示才是目的。即人才识别者的自身修养应该不断提高，这个修养简单来讲应该包含两方面，一个是你要比好人好，即你能领悟到真正的德行、才能是什么样子的，即使做不到但是要能感受领悟到；另一个是你要比坏人坏，即你能够一针见血地发现对方虚有其表的部分，即使自己是抗拒的但是要能揣摩和体会。回到我们之前的概念，这就是要求人才测评者需要充分地扩大自己的人性地图，既了解善，又了解恶，既亲近善又能不因这亲近而影响评判的客观性，既讨厌恶又能不因这讨厌而影响评判的客观性。

基于七缪的内容，我们可以将一个合格的人才测评师应该遵循的基本原则总结为以下三点，称之为人才测评师执行测评任务的三立原则。

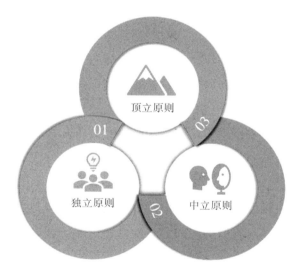

人才测评的三立原则

（1）独立原则。人才评价工作是一份非常严肃的工作，误判一位才能卓越的人可能会毁了他的前程，错评一位虚有其表的人可能陷组织利益于风险之中，不能不慎重，而首先就是坚持独立评价的原则。独立评价的原则要求评价者有一颗沉静之心，与可能影响评价结果的各种论断保持距离。比如，外部顾问在进行人才评价的时候，可能有来自甲方的意见影响，递条子使眼色等都是有可能的；而内部评价者在进行人才测评的时候，面临的情况就更加复杂了，可能有日常同事的风评，可能有来自业务部门领导的意见，也有可能有同为人力资源工作者的同事的意见。这些信息、意见看似并不具有强制性，但是会潜移默化地给人才测评者带来某种心理上的压力。害怕违背要求带来的后果，害怕因为独立判断可能面临的指责或挑战，可能让评价者选择跟随别人的意见。其实这个时候最需要的是人才测评工作者稳住心神，从自己的专业出发，做出独立判断，尽管判断可能会有疏漏，但是坚持独立判断是降低整个职业生涯错误率的先决条件。

（2）中立原则。中立原则指的是测评者在测评过程中应该隔绝个人偏好的影响，以做出中立客观的评价。个人偏好的影响主要有两个亚型，一个亚型是分裂型中立挑战，另一个亚型是自恋型中立挑战。分裂型比较极端的表现是片面地将自己喜欢的人／讨厌的人误认为是全好／全坏的，又或者发现本来全好的人的一个缺点后，将其划归入全坏的一类。分裂型不那么极端但是更加隐蔽的形式是一个形象气质俱佳的异性可能让评估者认为对方才能方面也更好，所以更偏向给其较高的评价，而形象气质稍差的异性可能让评估者不自觉地推断其才能也是不足的，从而更倾向给其打低分。自恋型中立挑战指的是每个人都有亲善类似者的倾向，比如，兴趣爱好的类似、能力类似、价值观类似甚至是口音类似，当面对这些有类似特征的个体时，评分者倾向于打高分，而面对相反特征的个体，评分者倾向打低分。关于自恋型中立挑战还有一个小的细节，我们称之为竞争性自恋，即面对能力或者境遇接近甚至比自己更好的个体时，评分者可能会在潜意识中进入竞争模式，可能会产生蔑视、嫉妒等消极情绪，从而打出相对较低的分数。中立原则要求测评者在测评活动中，隔绝自己的价值判断、态度倾向等因素的影响，这难以做到，需要经过长时间的专业训练或者同行师父的带教才能不断修正克服。

（3）顶立原则。顶立原则指的是测评者在德行、视野、认知等层面应该比受测者高一个层级，只有当测评者的德行、视野、认知比受测者高一个层级的时候，才能以宽厚的心态全然地看待对方的全部，才能以敏锐的眼光犀利地穿透对方的伪饰。就像一个历经风霜的老者欣欣然地汪视着年青一辈，既能分辨出这个年轻人的真诚与炽热，也能分辨出那个年轻人的狂傲与虚荣。进而对受测者的命运做出推论，这种推论不是依着某个纯粹理性的理论或者逻辑，而是依靠见过，见过这种心思，见过这种行为，见过这种命运。所以一般情况下，选用经验丰富的测评师是有一定道理的，但是需要特别注意的是经验丰富不等同于经历丰富，很多项目经历丰富的测评师本身的感受性、思辨能力并不足以支撑其将项目经历转化为项目经验，就像你很难将一个缺乏数学直觉的人培养成数学家一样。那么如果违背顶立原则会怎么样呢？我们将这种现象命名为迷雾现象，迷雾现象让测评者在评分时无法笃定和确信自己已经把握了对方的真实自我。处在迷雾之中的测评师会被受测者的自我表演所蒙蔽，从而会给水平一般的行为打出过高的分数，会机械化对照测评条目打分，会偏执于细节而忽视整体。破除迷雾的方法首先需要确证自己对人的内在世界的兴趣，其次花时间去学习领悟各种人文学科的思想，注意一定要兼容并蓄，融会贯通，对同一个现象可以多角度解释；最后需要勤于观察，观察的对象一般都是身边人，描述、解释、预测三者达到一定的准确度的时候，迷雾自然就破除了。

然而把握住三立原则只能让你在人才测评过程中少犯错，但是没有错误的判断并不代表着是一个好的判断，也有可能是一个平庸的判断，比如，"治世之能臣，乱世之奸雄"的判断就是一个优秀的判断，而如果用"这个人比较有野心"来代替的话，就变成了一个中规中矩的判断。关于如何把握主线，最优化地呈现判断结果的内容请参见《八观》篇。

效难十一

人材精微，实自难知，知之难审，效荐之难

【导读】《效难》篇是从宏观的角度来阐述人才工作的两大难处。其中一大难处是识别人才的难，这种难度一方面体现在人才识别客观上是个高技能性的工作，且每个人人才识别的角度和侧重点又是不一样的，很难统一标准；另一大难处是任用人才的难，即使能够将相应的人才识别出来，也不代表着人才就能发挥相应的效用，原因可能是人才工作者有自己的顾虑或者自身缺乏影响力，也可能是人才自身能力太过超群不被别人认可、人才的思想不符合社会主流价值观等。总之人才选用之路是一条非常难走的路。

盖知人之效有二难。有难知之难，**尤奇游杂，是以难知**。有知之而无由得效之难。**己虽知之，无由得荐**。

让人才充分发挥他的效用有两个难点：第一是识人之难，第二是识别之后又没有办法举荐任用之难。

一、识人之难

何谓难知之难？人物精微，**智无形状，奇逸精妙**。能神而明，**欲入其神**[①]，**而明其智**[②]。其道甚难，固难知之难也。**知人则哲**[③]，

---

① 神：指精神领域。

② 智：指把握其智慧。

③ 《尚书·皋陶谟》："知人则哲，能官人。"

惟帝难之，况常人乎。

是以众人之察不能尽备。**各守其一方而已**。故各自立度，以相观采。**以己所能，历观众才**。或相其形容，**以貌状取人**。或候其动作，**以进趋取人**。或揆其终始，**以发正取人**。或揆其儳象，**以旨意取人**。或推其细微，**以情理取人**。或恐其过误，**以简恕取人**。或循其所言，**以辞旨取人**。或稽其行事。**以功效取人**。八者游杂，**各以意之所可为准，是以杂而无纪**。故其得者少，所失者多。**但取其同于己，而失其异于己，己不必兼，故失者多**。是故必有草创信形之误，**或色貌取人而行违**。又有居止变化之谬。**或身在江海，心存魏阙①**。

为什么说识人难呢？因为人的内在世界非常精妙复杂，很难直接观察到，只有非常厉害的人才能做到入其神、明其智，把握全部人性，所以说识人难。

一般人在识人的时候，不能做到全面把握；往往会各自按照自己的偏好和想法来作为人才评估的标准：要么过于关注其外在形象，认为长得俊美的就是好的；要么过于注重行为表现，认为忙碌努力的人就是优秀的；要么过于在乎其内在动机，认为心是好的就是好的；要么过于在乎气质展现，认为气质高雅的就是优秀的；要么过于在乎待人接物的细节，认为在人际交往中周到得体的就是好的；要么过于在乎脾气秉性，认为温柔宽和的就是好的；要么过于在乎语言，认为能说会道辞旨高雅就是好的；要么过于在乎做事的结果，认为做事有成效的人就是好的。上述这八种片面的人才评价方式混杂在一起，每种方式的支持者都认为自己掌握了人才品评的真谛，然而事实上，做出错误判断的人远远多于做出正确判断的人。所以必定会产生两种人才品断之错误，一种是草率地根据外在表象对人进行判断所导致的信形之误；一种是简单根据语言行为对人进行判断所导致的变化之谬。

故其接遇观人也，随行信名，失其中情。**是以圣人听言观行**，

---

① 阙：巍峨雄伟的楼阁，代指庙堂。

如有所誉,必有所试。故浅美扬露,则以为有异。**智浅易见,状似异美。**深明沉漠,则以为空虚。**智深内明,状似无实。**分别妙理,则以为离娄。**研精至理,状似离娄。**口传甲乙,则以为义理。**强指物类,状似有理。**好说是非,则以为臧否。**妄说是非,似明善否。**讲目成名,则以为人物。**强议贤愚,似明人物。**平道政事,则以为国体。**妄论时事,似识国体。**犹听有声之类,名随其音。**七者不能明,物皆随行而为之名,犹听猫音而谓之猫,听雀音而谓之雀,不知二虫竟谓何名也。世之疑惑,皆此类也。是以鲁国儒服者,众人皆谓之儒,立而问之,一人而已**[①]。

所以在与人交往的过程中,如果按照一个人的行为去评估一个人,往往不能了解其真实的情况。比如,思想浅薄但是善于表现自己的人,会让你以为他是个独特的人才。沉稳聪明但是比较木讷淡漠的人,会让你以为他没什么才能。伶牙俐齿善于分析事理的人,会让你以为他的内在也如精雕一样精美绝伦。信口开河给事物分类分级的人,会让你以为他精通各种学理。喜欢评论是非的人,会让你以为其很擅长分辨善恶且品行正直。喜欢对人进行评价并冠以相应名号的人,会让你以为他是个能够识别人才的人。平时喜欢谈论国家大事,会让你以为他是个国体之材。这些做法就像听动物的叫声一样,随意地根据听到的声音去判断其是哪种动物,听起来像猫就说它是猫,听起来像鹊就说它是鹊,实际上其可能是也可能不是。

夫名非实,用之不效。**南箕不可以簸扬,北斗不可挹酒浆**[②]。故曰:名犹口进,而实从事退。**众睹形而名之,故用而不验也。**中

---

① 《庄子·田子方》载鲁哀公看到鲁国穿儒服的人很多,就以为自己国家儒生很多,而庄子告诉鲁哀公说"鲁少儒""为其服者未必知其道",鲁哀公不服,令:"无此道而为此服者,其罪死!"结果,鲁国只有一个人穿儒服了。

② 《诗经·小雅·大东》:"维南有箕,不可以簸扬。维北有斗,不可以挹酒浆。"箕,星座名。由四星联成簸箕形。斗,星座名,即斗宿。因位于箕星之北,所以与箕星并称南箕北斗。簸(bò),上下抖动以分离并扬去其中的糠秕、沙土等杂物。挹(yì),舀取。

情之人，名不副实，用之有效。**真智在中，众不能见，故无外名而有内实**。故名由众退，而实从事章。**效立则名章**。此草创之常失也。**浅智无终，深智无始，故众人之察物，常失之于初**。

如果名不副实，那么用起来就不能得到想要的效果。比如，一个人的好名声由于口口相传而宣扬开来，但是如果其名与实是不符的，就会在事情当中暴露出来。虽然有真才实学的人，其名与实也是不一致的，但是在实际的事情当中却能取得好的效果，没有名气只是由于人们低看了他而已。这就是一般人草率地进行人物品评常见的错误。

故必待居止[1]，然后识之。**视其所止，观其所居，而焉不知**。

故居，视其所安[2]。**安其旧者，敦于仁[3]**。

达，视其所举。**举刚直者，厚于义**。

富，视其所与。**与严壮者，明于礼**。

穷，视其所为。**为经术者，勤于智**。

贫，视其所取。**取其分者，存于信**。

然后乃能知贤否。**行此者贤，反此者否**。

所以要识别人才，必须经过长期全面的观察才能做出准确的判断。那么该如何看呢？

居，视其所安，在日常情况下，看他把时间都花在什么地方。

达，视其所举，在仕途腾达的时候，看他举荐任用什么样的人。

富，视其所与，在富有的时候看他与什么样的人交往。

穷，视其所为，在不得志的时候看他选择什么方法摆脱困境。

---

[1] 指日常行为。向秀《〈思旧赋〉序》："余与嵇康、吕安，居止接近。"孟郊《劝善吟》："顾余昧时调，居止多疏慵。"

[2] 辜鸿铭《论语 大学 中庸》中，将察其所安当中的"安"译作嗜好，应该是准确的。

[3] 出自《易·系辞上》，全句："乐天知命，故不忧；安土敦乎仁，故能爱。"

贫，视其所取，在贫穷的时候看他通过什么手段获得金钱。

通过以上的综合性观察，然后才能知道这个人是不是贤德之人。

达	富	居	穷	穷
视其所举	视其所与	视其所安	视其所取	视其所为
在他飞黄腾达，拥有了权势地位的时候，看他如何运用自己的权力，会支持举荐什么样的人	在他富有的时候，看他如何支配自己的财富，会帮助什么样的人，跟什么样的人在一起	在他的日常生活中，看他倾向过什么样的生活，喜欢做什么事情，有怎样的爱好，把时间花在哪里	在他贫穷的时候，看他通过什么方式获取金钱，是否会为了摆脱贫困而使用不合乎道义的手段	在他郁郁不得志，个人理想得不到实现的时候，看他会做些什么，是继续努力学习还是自暴自弃

人才评价之长期观察法

　　此又已试，非始相也。**试而知之，岂相也哉**。所以知质，未足以知其略。**略在变通，不可常准**。且天下之人，不可得皆与游处。**故视其外状，可以得一，未足尽知**。或志趣变易，随物而化。**是以世祖失之庞萌[①]，曹公失之董卓**。或未至而悬欲，或已至而易顾。**李轶始专心于光武，终改顾于圣公[②]**。或穷约而力行，或得志而从欲。**王莽初则布衣折节，卒则穷奢极侈**。此又居止之所失也。**情变如此，谁能定之**。

　　由是论之，能两得其要，是难知之难。**既知其情，又察其变，故非常人之所审**。

以上这些需要通过长期的观察才能得出结论，并不是用初次见面时的人

---

① 见《后汉书·庞萌传》。庞萌为人谦逊顺从，深得光武帝刘秀信任，刘秀甚至认为庞萌是可以托付江山和性命的，但是后来庞萌谋反了，刘秀大为震惊，亲自讨伐之。

② 王莽篡权时，李轶开始拥护光武帝刘秀，后来又蛇鼠两端，最终被刘秀以离间计杀之。

才评估方法了。所以可以更好地探求到一个人的内在本质，但是仍然不能准确预测其可能的变化，而且天下人数众多，我们也不可能对每个人都进行这样长期的观察，所以我们一般无法了解得太多。又因为有的人的志向与兴趣可能会随着环境的变化而变化；有的人可能会因为时机不成熟而把自己内心的欲望暂时搁置隐藏起来，在时机成熟的时候原形毕露让人大跌眼镜；有的人可能在形势不利的时候努力约束自己而身体力行，而在目标达成之后就开始随心所欲自我放纵。这就是察其居止这种方法的弊端所在。

由此可见，不论是短期观察还是长期观察，这两种方法都有弊端，就是前文所说的知人之难。

二、用人之难

何谓无由得效之难？

上材已莫知，**己难识知**。或所识者在幼贱之中，未达而丧。**未及进达，其人已丧**。或所识者未拔而先没。**未及拔举，已先没世**。或曲高和寡，唱不见赞。**公叔座荐商鞅，而魏王不能用**①。或身卑力微，言不见亮。**禽息举百里奚，首足皆碎**②。或器非时好，不见信贵。**窦后方好黄老，儒者何由见进**③。或不在其位，无由得拔。**卞和非因匠，所以抱璞泣**④。或在其位，以有所屈迫。**何武举公孙禄，而为王氏所推**⑤。是以良材识真，万不一遇也。**材能虽良，当遇知己**。

---

① 见《战国策·魏策一》《史记·商君列传》。公叔座曾经向魏君举荐商鞅，但是商鞅没有得到重用，后来商鞅才入秦，帮助秦国变法。

② 见《韩诗外传》。禽息向秦穆公举荐百里奚，穆公未纳，禽息以头碰柱而死。

③ 西汉景帝时期，窦太后喜欢黄老之术，不重用儒家。

④ 见《韩非子·和氏篇》。楚人和氏得到了一块玉璞，先给厉王，厉王不识货，认为是普通石头，砍了和氏的左脚，后来武王即位，和氏又来献玉，武王也不识货，砍了和氏的右脚。后来文王即位，和氏抱着玉在楚山之下哭了三天三夜，悲叹宝玉被误认为石，自己的一片真心被当作是欺骗，文王于是找来匠人理其璞，发现果然是价值连城的璧，所以取名为"和氏璧"。

⑤ 见《汉书·何武传》。汉哀帝死后，太后让大家推举大司马的人选，所有人都推荐王莽，只有何武推荐了公孙禄，后来王莽上位之后，立刻革了何武和公孙禄的职。

知己虽遇，当值明王。三者之遭，万不一会。

什么是用人之难呢？

首先，上材之人本来就很难识别，还可能因为年龄太小或者生活环境太差等原因而早夭。即便没有早夭，人才举荐官自己也可能还没来得及举荐，自己先去世了。还有很多的情况会导致上材最终被埋没，比如，才华太过超常，别人理解不了；推荐人自身人微言轻，影响力不够；其想法跟主流价值观不太一致；想举荐他的人自己不在其位，无法举荐；识别者本身是有安置任用的权利的，但是受一些外在因素的影响而不得举荐。所以说真正的人才和有人才鉴别能力的官员两者恰好遇见的概率是极低的，可能万分之一都不到。

须识真在位，识①百不一有也。**虽识己真，或不在位。**以位势②值③可荐致之宜，十不一合也。**识己须在位，智达复须宜。**或明足识真，有所妨夺，不欲贡荐。**虽识辨贤愚而屈于妨夺，故有不欲。**或好贡荐，而不能识真。**在位之人，虽心好贤善，而明不能识。**是故知与不知，相与分④乱于总猥之中。**或好贤而不识，或知贤而心妒，故用与不用，同于众总，纷然淆乱。**实知者，患于不得达效。**身无位次，无由效达。**不知者，亦自以为未识。**身虽在位，而不能识。**所谓无由得效之难也。

故曰知人之效有二难。**是以人主常当运其聪智，广其视听，明扬侧陋，旁求俊乂⑤，举能不避仇雠，拔贤不弃幽隐，然后国家可得而治，功业可得而济也。**

---

① 四库本作"诚"，顺原文意，应为诚字。

② 职位权势。

③ 值，刚好遇见之意。

④ 分通"纷"。

⑤ 俊乂（yì）：指才德出众的人。

　　首先这个官员要有人才鉴别的能力，又刚好有选拔举荐人才的权限，同时满足这两个条件的概率本来就不足百分之一；好不容易有一个人有权限也有鉴别人才的能力，但是又因为这样或者那样的条件不适合，导致最终能推举上去的概率又更低了。

　　有些人才举荐官有能力识别人才，但是因为顾及自身利益，而选择不举荐；而有些人才举荐官是真的惜才爱才一心想为国举贤，但是又缺乏识别人才的能力。在人才选拔与任用的问题上，这些相互矛盾的因素总是纠缠在一起，使人才之路无法真正畅通起来。真正知道这个道理的人，往往有识人能力但是又没有权势，所以天天担心人才被浪费；而不知道这个道理的人，往往有权势但是又没有识人能力，总认为自己没有看到过真正的人才。这就是没办法发挥人才价值的难处。

　　总结来讲，让人才实现自己应有的价值有两个难点，一个是识别人才，另一个是任用人才。所以君主应该充分发挥自己的聪明才智，举贤不避仇，拔擢不避亲，这样社会才能得到很好的治理，国家才能繁荣昌盛。

释争十二

贤善不伐，况小事乎！释忿去争，必荷荣福

【导读】"不争"一直都是中国传统文化当中的核心词汇，但是对于这个词的理解一直存在含混不清的倾向，认为不争就是软弱，不争就是没有立场没有原则的老好人，以至于社会上有一种摒弃不争思想的倾向。《释争》篇就以精练有力的语言，翔实的案例，生动地阐述清楚了什么是不争，不争就是不伐不矜，就是不自夸不自傲，就是莫与他人争能力功劳上的大小、面子地位上的高下。是一种人际交往的哲学，更是一种君子修身的要求，其内在核心是去掉"我执"，以达到与他人、社会平衡合一的境界。

对"不争"的理解可以有两重境界，一重是高明的处事方法，可以以此获利，甚至获得更大的利，是以退为进的术；另一重是顺应天道的人生修为，万事万物本该如此，是为顺应自然的道。那么哪种才是《释争》篇所支持的"不争"呢？在篇末刘劭以孟子和管仲的例子对这个问题进行了明确，孟子和管仲是不是为了得到更大的美名和更多的奖赏而故意表现出谦虚和辞让呢？答案非常确定，不是的。他们是因为懂得了这个世界至真至纯的道理，才决定依道而行的。而想利用这个规律得到更多回报的人，虽然可以得到一时的好处，但是最后必然都会失去，因为从术的层面来理解和运用不争是不考究的，是违背"不争"这一教义本身的，而人不可能永远用自己不懂得的东西而持续获益，真正地相信，提高自己的修为和认知才是正途。

盖善以不伐为大，**为善而自伐其能，众人之所小**。贤以自矜为损。**行贤而去自贤之心，何往而不益哉**。是故舜让于德^①，而显义登闻。

---

① 见《尚书·舜典》。传说尧帝让位于舜，舜以自己才德不足为由而推辞。

汤降不迟①，而圣敬日跻②。**彼二帝虽天挺圣德，生而上哲，犹怀劳谦，疾行退下**。然后信义登闻，光宅天位。郤至③上人，而抑下滋甚。王叔④好争，而终于出奔。**此二大夫矜功陵物，或宗移族灭，或逃祸出奔**。**由此观之，争让之道，岂不悬欤**。然则卑让降下者，茂进之遂路也。**江海所以为百谷王，以其处下也**。矜奋侵陵者，毁塞之险途也。**兕虎所以婴牢槛，以其性犷噬也**。

做了好事而不去自我标榜宣传，这样反而能获得更高的评价；有点能力就觉得自己了不起，最后往往会招致灾祸。所以，在尧要让位于舜的时候，舜推辞说自己德行不够，不能担此大任，天下人反而觉得舜是真的德行高尚。商汤在位的时候，时常不顾及自己的身份，在臣下面前都保持着谦虚恭敬、不敢怠慢的态度，反而声望日盛。相反地，晋国大夫郤至就喜欢结交权贵，恃强凌弱，最终招致杀身之祸；卿士王叔陈生因为和同事政见不合结下私怨，最后不得不走上逃亡之路。由此看来，谦让居下才是人们万事顺遂的不二法门，而骄横傲慢好勇斗狠则只能将人们一步步引向毁灭。

是以君子举不敢越仪准，志不敢凌轨等。**足不苟蹈，常怀退下**。内勤己以自济，外谦让以敬惧。**独处不敢为非，出门如见大宾**。是以怨难不在于身，而荣福通于长久也。**外物不见伤，子孙赖以免**。彼小人则不然。矜功伐能，好以陵人，**初无巨细，心发扬以陵物**。是以在前者人害之，**矜能奔纵，人情所害**。有功者人毁之，**恃功骄盈，人情所毁**。毁败者人幸之。**及其覆败，人情所幸**。是故并辔争先，而不能相夺。**小人竞进，智不相过，并驱争险，更相蹈籍**。两顿俱折，

---

① 《诗经·商颂·长发》："汤降不迟，圣敬日跻。"降：礼贤下士，不迟：不怠慢。

② 日跻：越来越多，越来越高。

③ 郤（qiè），郤姓（注：江苏省东海县"郤"作为姓氏读 kè，山东省青州市、内蒙古、山西"郤"作为姓氏读 qí）。郤至，人名，春秋时期晋国大夫，据《国语·周语中》记载，郤至喜欢结交权贵，欺压同僚，最终被杀。

④ 据《左传·襄公十年》，王叔陈生，乃周灵王卿士，跟同事政见不合，产生矛盾，最终逃亡晋国。

而为后者所趋。**中道而毙，后者乘之，譬兔殭犬疲，而田父收其功。由是论之，争让之途，其别明矣。君子尚让，故涉万里而途清。小人好争，足未动而路塞。**

所以君子不论是在思想上还是行为上，都不敢越轨；独处的时候严格要求自己，反躬自省，在人际交往中也时刻保持恭敬谦卑的态度不与人争高论低。这样他们就不容易招惹是非，从而能得到平安幸福的生活。而小人就不这样了，有了一点功劳就四处炫耀，有点本事就骄傲得不行，处处都想把别人比下去。所以对于小人而言，即使是真的有点本事，人家也不服，即使是真的有功劳，人家也总是想找机会欲毁之而后快，在遭遇困境的时候别人不但不会伸手帮忙，反而还会幸灾乐祸。所以说，争并没有什么意义，根本得不到什么好处，其结果反而是两败俱伤而让渔翁得利。由此论之，争让之途孰优孰劣就一目了然了。

然好胜之人，犹谓不然。**贪则好胜，虽闻德让之风，意犹昧然，乃云古人让以得，今人让以失，心之所是，起而争之。**以在前为速锐，以处后为留滞，**故行坐汲汲**①，**不暇脂车**②。以下众为卑屈，以**蹑等**③为异杰，**苟矜起等，不羞负乘**④。以让敌为回辱，以陵上为高厉。**故赵穿不顾元帅，郤子以偏师陷**，是故抗奋遂往，不能自反也。**譬虎狼食生物，遂有杀人之怒。**

夫以抗遇贤，必见逊下。**相如为廉颇逡巡，两得其利。**以抗遇暴，必构敌难。**灌夫不为田蚡持下，两得其尤。**敌难既构，则是非之理必溷而难明。**俱自是而非彼，谁明之耶。**溷而难明，则其与自毁何以异哉。**两虎共斗，小者死，大者伤，焉得而两全。**且人之毁己，

---

① 汲汲：急急忙忙。
② 此处评为没有时间给车轮上润滑油脂。
③ 蹑等：逾越等级。
④ 负乘：负，背负；乘，乘坐。比喻小人居于君子之位。

皆发怨憾而变生衅也。**若本无憾恨，遭事际会，亦不致毁害。必依讬于事，饰成端末。凡相毁谤，必因事类而饰成之。**其于听者虽不尽信，犹半以为然也。**由言有端角，故信之者半。**己之校报，亦又如之。**复当报谤，为生翅尾。**终其所归，亦各有半信著于远近也。**俱有形状，不知其实，是以近远之听，皆半信于此，半信于彼。**然则交气疾争者，为易口而自毁也。**己说人之瑕，人亦说己之秽，虽署人，自取其署也。**并辞竞说者，为贷手以自殴。**辞忿则力争，己既殴人，人亦殴己，此其为借手以自殴。**为惑缪岂不甚哉！**借手自殴，借口自署，非惑如何。**

然而那些争强好胜的人，仍然不认同这个道理。在他们看来，生活就是一场竞争，只有居于人前自己才是有价值的，如果落后于人往往就意味着巨大的耻辱。他们通常会认为礼貌客气意味着软弱可欺，而胡作非为反而是有胆有识；面对敌人，只想着进攻，认为只有打赢了对手才能捍卫自己的荣耀，其实质不过是为了保护自己脆弱的自尊。所以这种人最终只会在争强斗狠的路上越走越远，无法自拔。

如果以傲慢不恭的态度对待贤明之人，一般来讲，问题不大，贤明者自身修养较好，通常都会退让三分，但是以同样的态度对待凶暴者则必然会结下仇怨。当仇怨结下之后，事情就分不清是非曲直了。既然已经无所谓是非曲直了，那这一切不就是纯粹的麻烦吗？况且如果别人有意诋毁你，肯定是带着怨气来的。所以他们必定会以某件事情为借口，将事情添油加醋编得有须有尾，对于大部分人而言，即使不是完全相信，但是至少也是将信将疑。然后你要么回击要么澄清，但是人们仍是半信半疑而已。最后，大家对你们双方的说法都是信一半疑一半，谁又能得到半点好处呢？由此可见，相互造谣诋毁不过是借着别人的嘴来损毁自己的声誉，而相互指责争吵也不过是借由对方的手来打自己。"借手自殴，借口自署"难道还不荒谬愚蠢吗？

然原其所由，岂有躬自厚责，以致变讼者乎。**己能自责，人亦**

自责，两不言竞，变讼何由生哉。皆由内恕不足，外望①不已。**所以争者，由内不能恕己自责，而外望于人不已也**。或怨彼轻我，或疾彼胜己。**是故心争终无休已**。夫我薄而彼轻之，则由我曲而彼直也。**曲而见轻，固其宜矣**。我贤而彼不知，则见轻非我咎也。**亲反伤也，固其宜矣**。若彼贤而处我前，则我德之未至也。**德轻在彼，固所宜也**。若德钧而彼先我，则我德之近次也。**德均年次，固其常矣**。夫何怨哉！

如果我们以客观理性的态度来分析一下这类事情，你会发现那些真正习惯反躬自省的人是不会招致这些麻烦事的，那么为什么有些人会招惹这些事情呢？其根本原因就是因为内心不够宽容，总是不由自主地责备别人：要么怨别人轻视自己，要么忌恨别人超过了自己。如果是因为我自己的德行不够而别人轻视我，那么确实是应该的；如果是我贤德但是别人不知道，那么他轻视我就不是我的过错了。如果是对方比我贤德，那是我自己的德行还没修到位；如果我们两人的德行差不多，但是对方的声望比我要高，那大概是因为人家起步比我早，而我自己的德行最近进步很快。这样说来，有什么好怨恨的呢？

且两贤未别，则能让者为隽矣。**材钧而不争优劣，众人善其让**。争隽未别，则用力者为愆矣。**隽等而名未别，众人恶其斗**。是故蔺相如以回车决胜于廉颇，寇恂以不斗取贤于贾复。**此二贤者，知争途不可由，故回车退避，或酒炙迎送，故廉贾肉袒，争尚泯矣**。物势之反，乃君子所谓道也。**龙蛇之蛰以存身，尺蠖之屈以求伸，虫微物耳，尚知蟠屈，况于人乎**！是故君子知屈之可以为伸，故含辱而不辞。**韩信屈于胯下之辱**。知卑让之可以胜敌，故下之而不疑。**展喜犒齐师之谓也**。及其终极，乃转祸而为福，**晋文避楚三舍，而有城濮之勋**。屈仇而为友。**相如下廉颇，而为刎颈之交**。使怨仇不

---

① 望：怨恨，责备。《后汉书·贾彪传》："时人望之。"

延于后嗣，而美名宣于无穷。**子孙荷其荣荫，竹帛纪其高义。**君子
之道岂不裕乎。**若偏急好争，则身危当年，何后来之能福。**

当两个人的能力水平很难分出高下的时候，能保持谦让的那一方往往更
为优秀一些；两个人在争高下的时候，那个越是在乎的人往往要差一些。所
以蔺相如退避让路给廉颇，反而使廉颇自愧不如，寇恂谦让不争反而赢得了
比贾复更加贤德的美名。事物的态势总是向相反的方向发展，这就是君子所
说的道。所以，真正的君子是知道以退为进以屈为伸的道理的，受到羞辱的
时候能够做到忍，不争一日短长；知道谦卑退让可以战胜敌人，所以时时刻
刻都能选择保持谦下的行事态度。到最后，就会转祸为福，使对手心服口服
而成为朋友，使仇怨不至于绵延到子孙后世，并且让大气的美名万古流芳。
君子的这种处事方式实在是高明啊！

且君子能受纤微之小嫌，故无变斗之大讼。**大讼起于纤芥，故
君子慎其小。**小人不能忍小忿之故，终有赫赫之败辱。**小人以小恶
为无伤而不去，故罪大不可解，恶积不可救。**怨在微而下之，犹可
以为谦德也。**怨在纤微，则谦德可以除之。**变在萌而争之，则祸成
而不救矣。**涓涓不息，遂成江河，水漏覆舟，胡可救哉。**是故陈馀
以张耳之变，卒受离身之害。**思复须臾之忿，忘终身之恶，是以身
灭而嗣绝也。**彭宠以朱浮之郄，终有覆亡之祸。**恨督责之小故，违
终始之大计，是以宗夷而族覆也。**祸福之机，可不慎哉！**二女争桑，
吴楚之难作，季郈斗鸡，鲁国之衅作。可不畏欤！可不畏欤！**

君子能承受别人微小的冒犯，所以不会招致巨大的冲突；一般人却受不
了一点气，最终可能会因为争斗升级而身败名裂。在对方怨恨的情绪还不是
太过强烈的时候，就以谦下的态度对待，还可以说有谦虚的德行；在矛盾处
于萌芽状态反而争执不休，那么就会酿成无法挽回的灾祸。所以，陈馀因为
张耳的事情而最后被杀；彭宠因为与朱浮之间的嫌隙，最后殒命。是祸是福

往往就在一念之间，能不慎重吗？

> 是故君子之求胜也，以推让为利锐，**推让所往，前无坚敌**。以自修为棚橹。**修己以敬，物无害者**。静则闭嘿泯之玄门，动则由恭顺之通路。**时可以静，则重闭而玄嘿。时可以动，则履正而后进**。是以战胜而争不形，**动静得节，故胜无与争**。**争不以力，故胜功见耳**。敌服而怨不构。**干戈不用，何怨构之有**。若然者悔悋不存于声色，夫何显争之有哉。**色貌犹不动，况力争乎**。

所以，君子在追求成功的道路上，是以推功让名作为前进的利器的，以自我修养作为行走于世的铠甲；在安静的时候则默默修身，在需要行动的时候，则能时刻保持谦恭的态度，顺势而为，最终达到无往而不利的效果。虽然最后战胜了对手，但是丝毫没有留下争斗的痕迹，还能让对手真正的心悦诚服且不忌恨你。做到这样，往往什么事情都能做到不动声色，如此怎么会有明显争斗的痕迹呢！

> 彼显争者，必自以为贤人，而人以为险诐[①]者。**以己为贤，专固自是，是己非人，人得不争乎**！实无险德，则无可毁之义。若信有险德，又何可与讼乎。险而与之讼，是柙兕而撄虎，其可乎。怒而害人，亦必矣。《易》曰："险而违者讼。讼必有众起。"**言险而行违，必起众而成讼矣**。《老子》曰："夫惟不争，故天下莫能与之争。"**以谦让为务者，所往而无争**。是故君子以争途之不可由也。**由于争途者，必覆轮而致祸**。
>
> 是以越俗乘高，独行于三等之上。何谓三等？大无功而自矜，一等。**空虚自矜，故为下等也**。有功而伐之，二等。**自伐其能，故为中等**。功大而不伐，三等。**推功于物，故为上等**。愚而好胜，一等。**不自量度，故为下等**。贤而尚人，二等。**自美其能，故为中等**。贤而

---

① 诐读作 bì，险诐：阴险邪僻。

能让，三等。**归善于物，故为上等**。缓己急人，一等。**性不恕人，故为下等**。急己急人，二等。**褊戾峭刻，故为中等**。急己宽人，三等。**谨身恕物，故为上等**。凡此数者，皆道之奇，物之变也。**心不纯一，是为奇变**。三变而后得之，故人莫能远也。**小人安其下等，何由能及哉**。

那些喜欢与人直接争斗的人，必定认为自己是贤德的、是正确的，而认为别人是坏的、是险恶的。如果不是这样，那就没有攻击对方的理由了。如果对方确实是个大恶之人，那么跟这样的人争辩又会有什么好结果呢？明知道对方是个恶人，又去跟对方争是非对错，这无异于去做抓犀牛和捕老虎这类危险的事情，明智吗？如果犀牛或者老虎发怒，则必然会置人于危险之中，所以《周易》说："在言语上喜欢争一时短长，在行为上又乖戾无常，最后必定会引起争斗，而争斗必定会使很多人卷入其中。"《老子》说："夫惟不争，故天下莫能与之争。"所以，君子明白与人做意气之争是行不通的。

所以君子之路应该是超越的，是高境界的，而这种高境界大体分为三个等级，那么这三个等级分别指的是什么呢？一等，毫无功劳而自高自大；二等，有一点功劳而喜欢自夸；三等，有很大功劳但是并不觉得自己了不起。一等，愚昧无知但是又喜欢争强好胜；二等，聪明能干但是骄傲跋扈；三等，才能卓著而能谦恭有礼。一等，宽以律己，严以待人；二等，对别人和自己都很严苛；三等，严于律己，宽以待人。以上所描述的等级，皆是"道"，是万事万物变化的基本规律。在深刻地理解了三等变化之后，才能真正懂得"道"的原理，这个时候即使人处在低层级的位置上，也是能够发展得很好的。

为人处世三等表

类别	一等	二等	三等
对待功劳	无大功而自矜	有功而伐之	功大而不伐
对待能力	愚而好胜	贤而尚人	贤而能让
宽容心	缓己急人	急己急人	急己宽人

夫唯知道通变者，然后能处之。**处上等而不失者也**。是故孟之反以不伐，获圣人之誉。**不伐其功，美誉自生**。管叔以辞赏，受嘉重之赐①。**不贪其赏，嘉赐自致**。夫岂诡遇以求之哉，乃纯德自然之所合也。**岂故不伐、辞赏、诡情求名耶？乃至直发于中，自与理会也**。彼君子知自损之为益，故功一而美二。**自损而行成名立**。小人不知自益之为损，故一伐而并失。**自伐而行毁名丧**。由此论之，则不伐者，伐之也。不争者，争之也。**不伐而名章，不争而理得**。让敌者，胜之也。下众者，上之也。**退让而敌服，谦尊而德光**。君子诚能睹争途之名险，独乘高于玄路，则光晖焕而日新，德声伦于古人矣。**避忿肆之险途，独逍遥于上等，远燕雀于啁啾，匹鸣凤于玄旷，然后德辉耀于来今，清光侔于往代**。

只有那种能够洞见"道"且能应时而变的人，才能按照上等的处事方法行事。所以，孟子不自夸其功反而能获得圣人之美誉，管仲拒绝赏赐反而能获得更多的赏赐。这是他们有意为之的以退为进的战术吗？不是的，这是他们纯粹的德行与事物本来的规律相符合的结果。是因为君子知道自损才是真正对自己有益的，所以他们往往有一份功劳却得到了两分赞誉；而小人不知道自益反而为损的道理，所以在有一份功劳的时候，就自吹自擂，结果不但没有争到所谓的赞誉，反而连最初的一份功劳也损耗殆尽。从这个地方我们可以看出来，不自夸的人别人会夸他，不强争的人别人会为他争；以退让的姿态对待敌人，反而能让敌人真正顺从，以卑下的姿态对待众人，反而能在众人的心里留下比较高尚的印象。君子非常清楚地看见了争斗这条路的危险性，所以选择了在一条符合天道的玄路上，使其声名远播，高德之声比肩古人。

---

① 管叔即管仲。据《左传·僖公十二年》，管仲受命于齐王，促进戎人和周襄王讲和，周襄王以上卿的礼节设宴招待管仲。管仲认为这种礼遇太高了，最后接受了下卿之礼。后世因管仲的美好品德而纪念歌颂他。